历代名著精选集

[唐]刘知几 撰
张三夕 李程 注评

史通

凤凰出版社

图书在版编目（CIP）数据

史通 / 张三夕，李程注评. -- 南京 ：凤凰出版社，2013.12
（历代名著精选集）
ISBN 978-7-5506-1948-7

Ⅰ. ①史… Ⅱ. ①张… ②李… Ⅲ. ①史学理论－中国－唐代②《史通》－注释 Ⅳ. ①K092.42

中国版本图书馆CIP数据核字(2013)第311298号

书　　名	史通
著　　者	(唐)刘知几　著　张三夕　李　程　注评
责任编辑	林日波
出版发行	凤凰出版传媒股份有限公司 凤凰出版社(原江苏古籍出版社) 发行部电话025-83223462
出版社地址	南京市中央路165号，邮编:210009
出版社网址	http://www.fhcbs.com
经　　销	凤凰出版传媒股份有限公司
照　　排	江苏凤凰制版有限公司
印　　刷	江苏凤凰新华印务有限公司 中国江苏南京经济技术开发区尧新大道399号，邮编:210038
开　　本	960×1304毫米　1/32
印　　张	6.875
字　　数	205千字
版　　次	2013年12月第1版　2013年12月第1次印刷
标准书号	ISBN 978-7-5506-1948-7
定　　价	19.80元

(本书凡印装错误可向承印厂调换，电话:025-68037410)

目　录

外篇

附录

前　言

《史通》是我国最早的一部系统的史学理论著作，在中国史学发展史上占有极其重要的地位。刘知几的《史通》与章学诚的《文史通义》，一直被视为中国古代史学理论的"双璧"。历史学家傅振伦认为："盖我国史籍起于皇古，而历史之学则始于刘氏《史通》。"（《刘知几年谱》）这一评价实非过誉。

《史通》的作者刘知几，字子玄，唐代彭城（今江苏省徐州市）人，生于唐高宗龙朔元年（661），死于唐玄宗开元九年（721）。刘知几出生于书香门第，官宦世家，幼年时期，就表现出对史学的特殊兴趣和过人的领悟能力，至十七岁时已经博览历代史籍。他二十岁考中进士，任获嘉县（今河南省获嘉县）主簿十九年。武后圣历二年（699），他三十九岁的时候，调任定王府仓曹，参与《三教珠英》的修撰。三年后，《三教珠英》修成，他以著作郎兼修国史，寻迁左史，自此以后，"三为史臣，再入东观"（《史通·自叙》），先后任著作佐郎、左史、著作郎、秘书少监等史职，撰修国史。刘知几对史书编撰有自己独立的思考，因为史学见解与一同修史的众史官"凿枘相违，龃龉难入"（《史通·自叙》），同时有感于当时史学风气的种种弊端，所以私下撰述成《史通》一书。

《史通》共二十卷，分为内篇和外篇两部分，各十卷。内篇原有三十九篇，其中《体统》、《纰缪》、《弛张》三篇早已亡佚，现在能看到的只有三十六篇，外篇有十三篇，全书共五十二篇，流传下来的有四十九篇。有人认为，《体统》即《自叙》。王应麟《玉海·序史通》谓尚有《文质》、《褒贬》两篇"亡"。《四库全书总目》："内篇皆论史家体例，辨别是非；外篇则述史籍源流及杂评古人得失。"全书体系完整，建立了一整套史学批评方法和原则，充溢着强烈的史学批判精神。清人黄叔琳说："观其议论，如老吏断狱，难更平反；如夷人嗅金，暗识高下；如神医眼，照垣一方，洞见五藏症结。间有过执己见，以裁量往古，泥定体而少变通，如谓《尚书》为例不纯，史论淡薄无味之类。然其荟萃搜择，钩釽排击，上下数千年，贯穿数万卷，心细而眼明，舌长而笔辣，虽马、班亦有不能自解免者，何况其余。书在文史类中，允与刘彦和之《雕龙》相匹。徐坚谓史氏宜置座右，信也。”(《〈史通训故补〉序》)

明代以前，《史通》没有得到应有的重视，《旧唐书·经籍志》未曾著录，《新唐书·艺文志》将之附列于集部，至宋代晁公武《郡斋读书志》始列之于史评类。从明代中后期开始，学者们开始关注《史通》，研究者渐多，《史通》也出现了多种评释本，其中影响较大的有明人陆深《史通会要》，李维祯、郭延年《史通评释》，陈继儒《史通订注》，王惟俭《史通训故》和清人黄叔琳《史通训故补》、浦起龙《史通通释》、纪昀《史通削繁》等。

本书为《史通》的选注导读本，共选篇目二十八篇，其中内篇二十六篇，外篇两篇。程千帆先生对《史通》有专深的研究，在《〈史通〉读法》一文中，他将书中篇目按内容区分类别，排列先后，指示初学者依次阅读，所列篇目有二十九篇。程千帆先生在依次列举这些篇目后指出“以上二十余篇，可以算是《史通》全书最主要的部分。把它们通读以后，再看其它各篇，也就容易了”(《〈史通〉读法》)。本书在篇目的选择和确定上，基本上依据程先生所列举的篇目。

在《史通》的诸多版本中，浦起龙的《史通通释》是影响较大和流传较广的一个版本，本书即以浦本作为注释的底本。因为本书是面向普通读者的普及读物，所以略去底本的原注和浦注，只取原文。在注释工作中，如果不同版本的文字对于读者理解文意没有影响，或者虽然有影响，但是浦本较为合理者，皆以浦本为据，一般不在注释中出校勘记，浦本确实有误者，则在注释中说明。对于文中生僻的字词，标注现代汉语拼音，地名标注现代所属行政区划，人名、史实的注释，以正史记载为主要依据。注释力求简明、通俗。导读部分的写作，以提示各篇主要观点、结构、内容为主，同时附以能帮助读者理解各篇的前代学者评论。

《史通》的今人校注、译注本，主要有张振珮先生的《史通笺注》(贵州人民出版社 1985 年版)、赵吕甫先生的《史通新校注》(重庆出版社 1990 年版)以及姚松、朱恒夫先生的《史通全译》(贵州人民出版社 1997 年版)。

这三种校注、译注本以及吕思勉先生的《史通评》(《史学与史籍七种》,上海古籍出版社 2009 年版)、张舜徽先生的《史通平议》(《史学三书平议》,华中师范大学出版社 2005 年版)、程千帆先生的《史通笺记》(中华书局 1980 年版),都给本书的注释和导读工作提供了很多有益的启发和参考。

本书作为凤凰出版社《历代名著精选集》的一种,主要面向普通读者和文史爱好者,希望读者通过阅读本书,能够大略了解中国古代史学批评的门径,获得相关文史知识和教益。

内　篇

卷　一

六家第一

自古帝王编述文籍,《外篇》[①]言之备矣。古往今来,质文递变[②],诸史之作,不恒厥体[③]。榷而为论[④],其流有六:一曰《尚书》家,二曰《春秋》家,三曰《左传》家,四曰《国语》家,五曰《史记》家,六曰《汉书》家。今略陈其义,列之于后。

【注 释】

①《外篇》:指《史通》卷十一《外篇》第一《史官建置》与卷十二《外篇》第二《古今正史》两篇。② 质文递变:崇尚朴实与崇尚文采的时代风尚交替演变。《论语·雍也》:"质胜文则野,文胜质则史。文质彬彬,然后君子。" ③ 不恒厥体:没有恒定的体例。恒:恒定,固定。厥:代词,相当于"其"。④ 榷(què):商讨,研究。

《尚书》家者,其先出于太古。《易》曰:"河出《图》,洛出《书》,圣人则之。"故知《书》之所起远矣。至孔子观书于周室,得虞、夏、商、周四代之典,乃删其善者,定为《尚书》百篇。孔安国[①]曰:"以其上古之书,谓之《尚书》。"《尚书璇玑钤》[②]曰:"尚者,上也。上天垂文象,布节度,如天行也。"王肃[③]曰:"上所言,下为史所书,故曰《尚书》也。"推此三说,其义不同。盖《书》之所主,本于号令,所以宣王道之正义,发话言于臣下,故其所载,皆典、谟、训、诰、誓、命之文。至如《尧》、《舜》二典直序人事,《禹贡》一篇唯言地理，《洪范》总述灾祥，《顾命》都陈丧礼，兹亦为例不纯者也。

又有《周书》[4]者，与《尚书》相类，即孔氏刊约百篇之外，凡为七十一章。上自文、武，下终灵、景。甚有明允笃诚[5]，典雅高义；时亦有浅末恒说，滓秽相参，殆似后之好事者所增益也。至若《职方》之言，与《周官》无异；《时训》之说，比《月令》多同。斯百王之正书，《五经》之别录者也。

自宗周既殒，《书》体遂废，迄乎汉、魏，无能继者。至晋广陵相鲁国孔衍[6]，以为国史所以表言行，昭法式，至于人理常事，不足备列。乃删汉、魏诸史，取其美词典言，足为龟镜[7]者，定以篇第，纂成一家。由是有《汉尚书》、《后汉尚书》、《汉魏尚书》，凡为二十六卷。至隋秘书监太原王劭[8]，又录开皇、仁寿时事，编而次之，以类相从，各为其目，勒成《隋书》八十卷。寻其义例，皆准《尚书》。

【注 释】

① 孔安国：汉初儒家学者，孔子十一世孙，汉武帝时官谏议大夫、临淮太守。治《尚书》，传《古文尚书》。②《尚书璇玑钤(qián)》：汉代谶纬之书，原书在隋时已经亡佚，明清学者有辑本，以清儒赵在翰所辑最为完备。③ 王肃：字子雍，东海郯(今山东省郯城县)人。三国魏儒家学者，著名经学家，遍注群经，其所注经学在魏晋时期被称作“王学”。④《周书》：即后世所称《逸周书》。《汉书·艺文志》著录《周书》七十一篇。⑤ 明允笃诚：笃厚真诚。《左传·文公十八年》：“齐圣广渊，明允笃诚。”⑥ 孔衍：字舒元，晋代学者，孔子二十二世孙，元帝引为安东参军，专掌记室，明帝时出为广陵太守。著述颇多。传见《晋书·儒林传》。《隋书·经籍志》杂史类著录“《魏尚书》八卷，孔衍撰”。《旧唐书·经籍志》著录“《汉尚书》十卷，《后汉尚书》六卷”。《新唐书·艺文志》著录“《汉尚书》十卷，《后汉尚书》六卷，《后魏尚书》十四卷”。⑦ 龟镜：也作“龟鉴”。古代用龟甲占卜，以定吉凶；用铜镜整容，以正衣冠。龟镜，有借鉴历史之意。⑧ 王劭：各本原作王邵，浦起龙《史通通释》依史传改“邵”为“劭”。张振珮先生《史通笺注》认为应作“邵”。字君懋，太原晋阳(今山西省太原市南)人。隋代史学家，文帝时任著作佐郎，专门负责撰写国史，著有《隋书》八十卷。

原夫《尚书》之所记也，若君臣相对，词旨可称，则一时之言，累篇咸载。如言无足纪，语无可述，若此故事，虽有脱略，而观者不以为非。爰逮中叶，文籍大备，必翦截今文，摸拟[1]古法，事非改辙，理涉守株[2]。故舒元所撰《汉》、《魏》等书，不行于代[3]也。若乃帝王无纪，公卿缺传，则年月失序，爵里难详，斯并昔之所忽，而今之所要。如君懋《隋书》，虽欲祖述商、周，宪章虞、夏，观其所述，乃似《孔子家语》[4]、临川《世说》[5]，可谓画虎不成，反类犬也。故其书受嗤当代，良有以焉。

【注 释】

① 摸拟：即摹拟。② 守株：即“守株待兔”，典出《韩非子·五蠹》。比喻墨守成规而不知变通。③ 代：应为“世”。此处避唐太宗李世民讳。④《孔子家语》：此书最早著录于《汉书·艺文志》，二十七卷，孔子门人所撰，其书早佚。唐代学者颜师古注《汉书》时曾指出二十七卷本“非今所有《家语》”，今所见《孔子家语》十卷本为三国魏学者王肃所收集编撰的。⑤ 临川《世说》：南朝宋临川王刘义庆撰有《世说新语》。《世说新语》全书原八卷，刘孝标注本分为十卷，今传本皆为三卷，分为德行、言语、政事等三十六门，全书一千多则，记述自汉末到刘宋时的人物言谈轶事。《隋书·经籍志》子部小说家类著录“《世说》八卷，宋临川王刘义庆撰”。

《春秋》家者，其先出于三代。案《汲冢琐语》太丁时事，目为《夏殷春秋》。孔子曰：“疏通知远，《书》教也”；“属辞比事，《春秋》之教也”。知《春秋》始作，与《尚书》同时。《琐语》又有《晋春秋》，记献公十七年事。《国语》云：晋羊舌肸[1]习于春秋，悼公使传其太子。《左传》昭二年，晋韩宣子来聘，见《鲁春秋》曰：“周礼尽在鲁矣。”斯则春秋之目，事匪[2]一家。至于隐没无闻者，不可胜载。又案《竹书纪年》，其所纪事皆与《鲁春秋》同。孟子曰：“晋谓之乘[3]，楚谓之梼杌[4]，而鲁谓之春秋，其实一也。”然则乘与纪年、梼杌，其皆春秋之别名者乎！故《墨子》曰：“吾见百国春秋。”盖皆指此也。

逮仲尼之修《春秋》也，乃观周礼之旧法，遵鲁史之遗文；据行事，仍人道；就败以明罚，因兴以立功；假日月而定历数，籍朝聘[5]而正礼乐；微婉其说，志晦其文；为不刊[⑥]之言，著将来之法，故能弥历千载，而其书独行。

又案儒者之说春秋也，以事系日，以日系月；言春以包夏，举秋以兼冬，年有四时，故错举以为所记之名也。苟如是，则晏子[⑦]、虞卿[⑧]、吕氏[⑨]、陆贾[⑩]，其书篇第，本无年月，而亦谓之春秋，盖有异于此者也。

【注释】

① 羊舌肸(xī)：字叔向，春秋时晋国大夫，因食邑在杨，又称杨肸。②匪(fēi)：同“非”。③ 乘(shèng)：晋国史书别名。④梼杌(táo wù)：楚国史书别名。⑤ 籍：通“藉”。朝聘：古代诸侯亲自或派使臣定期朝见天子。⑥ 不刊：不可改易。刊，订正，修订。⑦ 晏子：名婴，字平仲，春秋时期齐国政治家。《晏子春秋》旧题晏婴所撰，后人疑为战国汉初人伪托之作。记晏婴思想、言行、事迹，未编年。《汉书·艺文志》著录《晏子》八篇。今本七卷。⑧ 虞卿：战国时期赵国卿士，善于游说。《汉书·艺文志》著录《虞氏春秋》十五篇，今佚。⑨ 吕氏：即吕不韦，卫国濮阳(今河南省濮阳市西南)人。战国末年著名商人、政治家。《吕氏春秋》又称《吕览》，为吕不韦组织门客共同编纂，此书分八览、六论、十二纪，保存了先秦学术思想的很多重要资料。《汉书·艺文志》著录《吕氏春秋》二十六篇。⑩ 陆贾：汉初思想家、政治家。著有《楚汉春秋》，共九篇，记录楚汉之争以及汉初惠帝、文帝时事。原书已佚，后有多种辑本，清洪颐煊《经典集林》辑有一卷。《汉书·艺文志》著录《楚汉春秋》九篇。

至太史公著《史记》，始以天子为本纪，考其宗旨，如法《春秋》。自是为国史者，皆用斯法。然时移世异，体式不同。其所书之事也，皆言罕褒讳，事无黜陟[①]，故马迁所谓整齐故事耳[②]，安得比于《春秋》哉！

【注释】

① 黜陟(chù zhì)：人才的进退，官吏的升降。这里指对历史人物或历史事件的褒贬。② 整齐故事：整理旧事。故事，旧事。《史记·太史公自序》：“余所谓述故事，整齐其世传，非所谓作也。而君比之于《春秋》，谬矣。”

《左传》家者，其先出于左丘明①。孔子既著《春秋》，而丘明受经作传。盖传者，转也，转受经旨，以授后人。或曰传者，传也，所以传示来世。案孔安国注《尚书》，亦谓之传，斯则传者，亦训释之义乎。观《左传》之释经也，言见经文而事详传内，或传无而经有，或经阙而传存。其言简而要，其事详而博，信圣人之羽翮②，而述者之冠冕也。

逮孔子云没，经传不作。于时文籍，唯有《战国策》及《太史公书》而已。至晋著作郎鲁国乐资③，乃追采二史，撰为《春秋后传》。其书始以周贞王续前传鲁哀公后，至王赧入秦，又以秦文王之继周，终于二世之灭，合成三十卷。当汉代史书，以迁、固为主，而纪传互出，表志相重，于文为烦，颇难周览。至孝献帝，始命荀悦④撮其书为编年体，依《左传》著《汉纪》三十篇。自是每代国史，皆有斯作，起自后汉，至于高齐⑤。如张璠、孙盛、干宝、徐贾、裴子野、吴均、何之元、王劭等⑥，其所著书，或谓之春秋，或谓之纪，或谓之略，或谓之典，或谓之志。虽名各异，大抵皆依《左传》以为的准⑤焉。

【注释】

① 左丘明：春秋末鲁国史官，司马迁称其为“鲁君子”。相传其依孔子《春秋》撰成《春秋左氏传》。② 羽翮（hé）：本指鸟羽。此处比喻辅翼或辅佐者。翮，羽轴下段不生羽瓣而中空的部分。③ 乐资：晋著作郎，曾编纂国史，《晋书》无传。著《春秋后传》。《隋书·经籍志》著录“《春秋后传》三十一卷”，《旧唐书·经籍志》与《新唐书·艺文志》均著录乐资《春秋后传》三十卷。④ 荀悦：字仲豫，颍川颍阴（今河南省许昌市）人。东汉史学家、政论家。汉献帝时历任黄门侍郎，累迁秘书监、侍中等职。著有《汉纪》三十卷。⑤ 高齐：指南北朝时期北方的北齐政权，高姓，历经六帝，共享国二十八年。⑥ 张璠（fán）：北齐安定（今甘肃省泾川县）人，曾任秘书郎。著有《后汉纪》三十卷，书已佚。《隋书·经籍志》著录“《后汉纪》三十卷，张璠撰”。孙盛：字安国，太原中都（今山西省平遥县）人，东晋史学家，曾任长沙太守、秘书监加给事中。著有《魏氏春秋》二十卷、《晋阳秋》三十二卷，都已亡佚。《隋书·经籍志》著录“《魏氏春秋》二十卷，《晋阳秋》十二卷，讫哀帝，孙盛撰”。干宝：字令升，新蔡（今河南省新蔡县）人，东晋史

学家，任著作郎，修撰国史。著有《晋纪》二十卷，书已佚。另著有《搜神记》二十卷。《隋书·经籍志》著录“《晋纪》二十三卷，干宝撰，讫愍帝”。徐贾：浦起龙《史通通释》认为当为“徐广”。徐广，字野民，东莞姑幕(今山东省莒县)人。东晋时曾任秘书郎、散骑常侍，领著作，奉朝廷之命撰写国史，著有《晋纪》四十六卷，书已佚。《隋书·经籍志》著录“《晋纪》四十五卷，宋中散大夫徐广撰”。裴子野：字几原，河东闻喜(今山西省闻喜县)人。仕齐、梁两朝，南朝著名文学家、史学家。著有《宋略》二十卷，书已佚。《隋书·经籍志》著录“《宋略》二十卷，梁通直郎裴子野撰”。吴均：字叔庠，吴兴故鄣(今浙江省湖州市安吉县)人。南朝齐、梁时期的文学家、史学家。著有《齐春秋》三十卷。《隋书·艺文志》著录“《齐春秋》三十卷，梁奉朝请吴均撰”。何之元：南朝庐江灊(qián)(今安徽省霍山县东北)人，曾撰《梁典》三十卷，其书已佚。《隋书·艺文志》著录“《梁典》三十卷，陈始兴王谘议何之元撰”。王劭：生平见前注。著作除《隋书》八十卷外，另有《齐志》十卷，其书已佚。《隋书·经籍志》著录“《齐志》十卷，后齐事，王劭撰”。⑦ 的准：标准、准则。

《国语》家者，其先亦出于左丘明。既为《春秋内传》，又稽其逸文，纂其别说，分周、鲁、齐、晋、郑、楚、吴、越八国事，起自周穆王，终于鲁悼公，别为《春秋外传国语》，合为二十一篇。其文以方《内传》，或重出而小异。然自古名儒贾逵、王肃、虞翻、韦曜之徒[①]，并申以注释，治其章句，此亦《六经》[②]之流，《三传》[③]之亚也。

暨纵横互起[④]，力战争雄，秦兼天下，而著《战国策》。其篇有东西二周、秦、齐、燕、楚、三晋、宋、卫、中山，合十二国，分为三十三卷。夫谓之策者，盖录而不序，故即简以为名。或云，汉代刘向[⑤]以战国游士为之策谋，因谓之《战国策》。

至孔衍，又以《战国策》所书，未为尽善。乃引太史公所记，参其异同，删彼二家，聚为一录，号为《春秋后语》[⑥]。除二周及宋、卫、中山，其所留者，七国而已。始自秦孝公，终于楚、汉之际，比于《春秋》，亦尽二百三十余年行事。始衍撰《春秋时国语》，复撰《春秋后语》，勒成二书，各为十卷。今行于世者，唯《后语》存焉。按其书《序》云：“虽左氏莫能加。”世人皆尤[7]其不量力，不度德。寻衍之此义，自比于丘明者，当谓《国语》，非《春秋传》也。必方以类聚，岂多嗤乎！

【注释】

① 贾逵：字景伯，扶风平陵（今陕西省咸阳市西北）人，东汉儒家学者、古文经学家，官至侍中。撰有《左氏传解诂》三十篇，《国语解诂》二十一篇，已佚。《隋书·经籍志》著录"《春秋外传国语》二十卷，贾逵注"。王肃：生平见前注。《隋书·经籍志》著录"《春秋外传》章句一卷，王肃撰"。虞翻：字仲翔，会稽余姚（今浙江省余姚市）人，三国吴经学家。撰有《易注》、《老子注》、《论语注》、《国语注》，已佚。清代学者马国翰辑有《国语注》一卷。《隋书·经籍志》著录"《春秋外传国语》二十卷，虞翻注"。韦曜：即韦昭，陈寿《三国志》避司马昭讳改。字弘嗣，吴郡云阳（今江苏省丹阳市）人。官太子中庶子，领左国史。其《国语注》二十二卷，是现存最早的《国语》注本。②《六经》：即《诗》、《书》、《礼》、《乐》、《易》、《春秋》。③《三传》：即《春秋左氏传》、《春秋公羊传》、《春秋谷梁传》。④ 纵横：即合纵、连横。⑤ 刘向：字子政，西汉著名经学家、目录学家、文学家。著有《新序》、《说苑》、《七略》等。⑥《春秋后语》：《旧唐书·经籍志》、《新唐书·艺文志》皆著录孔衍撰《春秋后国语》十卷，书已佚，清代学者黄奭《汉学堂丛书》辑有一卷。⑦ 尤：批评、责怪。

当汉氏失驭，英雄角力。司马彪[1]又录其行事，因为《九州春秋》[2]，州为一篇，合为九卷。寻其体统，亦近代之《国语》也。

自魏都许、洛，三方鼎峙；晋宅江、淮，四海幅裂。其君虽号同王者，而地实诸侯。所在史官，记其国事，为纪传者则规模班、马[3]，创编年者则议拟荀、袁[4]。于是《史》、《汉》之体大行，而《国语》之风替矣。

【注释】

① 司马彪：字绍统，西晋史学家。历任秘书郎、秘书丞。著有《续汉书》八十篇、《九州春秋》十卷。②《九州春秋》：《隋书·经籍志》著录"《九州春秋》十卷，司马彪撰，记汉末事"。书已佚，清代学者黄奭《汉学堂丛

书》辑有一卷。③ 规模班、马：模仿班固和司马迁。④ 议拟荀、袁：效仿荀悦和袁宏。袁宏：字彦伯，陈郡阳夏（今河南省太康县）人，东晋文学家、史学家。著有《后汉纪》三十卷。

《史记》家者，其先出于司马迁。自《五经》间行，百家竞列，事迹错糅，前后乖舛。至迁乃鸠集[①]国史，采访家人[②]，上起黄帝，下穷汉武，纪传以统君臣，书表以谱年爵，合百三十卷。因鲁史旧名，目之曰《史记》。自是汉世史官所续，皆以《史记》为名。迄乎东京[③]著书，犹称《汉记》[④]。

至梁武帝，又敕其群臣，上至太初，下终齐室，撰成《通史》六百二十卷。其书自秦以上，皆以《史记》为本，而别采他说，以广异闻；至两汉已还，则全录当时纪传，而上下通达，臭味相依；又吴、蜀二主皆入世家，五胡[⑤]及拓拔氏[⑥]列于《夷狄传》。大抵其体皆如《史记》，其所为异者，唯无表而已。其后元魏济阴王晖业，又著《科录》二百七十卷，其断限亦起自上古，而终于宋年。其编次多依放《通史》，而取其行事尤相似者，共为一科，故以《科录》为号。皇家显庆[⑦]中，符玺郎陇西李延寿[⑧]抄撮近代诸史，南起自宋，终于陈，北始自魏，卒于隋，合一百八十篇，号曰《南》、《北史》。其君臣流例，纪传群分，皆以类相从，各附于本国。凡此诸作，皆《史记》之流也。

寻《史记》疆宇辽阔，年月遐长，而分以纪传，散以书表。每论国家一政，而胡、越相悬[⑨]；叙君臣一时，而参、商是隔[⑩]。此其为体之失者也。兼其所载，多聚旧记，时采杂言，故使览之者事罕异闻，而语饶重出。此撰录之烦者也。况《通史》以降，芜累尤深，遂使学者宁习本书，而怠窥新录。且撰次无几，而残缺遽多，可谓劳而无功，述者所宜深诫也。

【注 释】

① 鸠(jiū)集：聚集、搜集。② 采访家人：收集整理民间传说和私家著述。③ 东京：本指东汉都城洛阳，常被用来代指东汉。④《汉记》：指东汉时所编撰的史书《东观汉记》。⑤ 五胡：指东晋时期统治中国北方地区的匈奴、鲜卑、羯、氐、羌五个少数民族。⑥ 拓拔氏：也作“拓跋氏”。鲜卑族的拓拔部，南北朝时期在中国北方建立了北魏。⑦ 显庆：唐高宗李治的

年号(656—661)。⑧ 李延寿:字遐龄,相州(今河南省安阳市)人,唐代史学家。他参加了唐代官修史书《隋书》、《五代史志》、《晋书》和唐朝当代国史的修撰工作,著有《南史》八十卷、《北史》一百卷、《太宗政典》三十卷。⑨ 胡、越相悬:胡、越二民族,胡居北方,越居南方,地域远离,相距甚远。此处比喻地域上相差太远。⑩ 参、商是隔:参、商二星宿,参居西方,商居东方,此出彼落,不能相见。此处比喻时间上相隔太久。

《汉书》家者,其先出于班固。马迁撰《史记》,终于今上。自太初[①]已下,阙而不录。班彪因之,演成《后记》,以续前编。至子固,乃断自高祖,尽于王莽,为十二纪、十志、八表、七十列传,勒成一史,目为《汉书》。昔虞、夏之典,商、周之诰,孔氏所撰,皆谓之"书"。夫以"书"为名,亦稽古[②]之伟称。寻其创造,皆准子长,但不为"世家",改"书"曰"志"而已。自东汉以后,作者相仍,皆袭其名号,无所变革,唯《东观》曰"记",《三国》曰"志"。然称谓虽别,而体制皆同。

历观自古,史之所载也,《尚书》记周事,终秦穆,《春秋》述鲁文,止哀公,《纪年》不逮于魏亡,《史记》唯论于汉始。如《汉书》者,究西都[③]之首末,穷刘氏之废兴,包举一代,撰成一书。言皆精炼,事甚该密[④],故学者寻讨,易为其功。自尔迄今,无改斯道。

于是考兹六家,商榷千载,盖史之流品,亦穷之于此矣。而朴散淳销,时移世异,《尚书》等四家[⑤],其体久废,所可祖述者,唯《左氏》及《汉书》二家而已。

【注 释】

① 太初:汉武帝年号(前104—前101)。② 稽古:援引古人的事迹来证实自己的论点。③ 西都:本指西汉都城长安,常被用来代指西汉。④ 该密:齐备而详细。⑤四家:指《尚书》、《春秋》、《国语》、《史记》。

【导 读】

此篇是《史通》全书的首篇,也是《内篇》的第一篇。

四库馆臣在《史通》的提要中说"内篇皆论史家体例,辨别是非",这个概括还是比较准确的。以《六家》而论，作者刘知几在宏观的史学视野下对史书编撰体例做出了细致划分，同时又辨别是非，指陈优劣得失。

刘知几首先提出“古往今来，质文递变，诸史之作，不恒厥体”，试图将其后的论述置于一个符合历史实际的变化发展之中。在此基础上，他沿波讨源，把自古以来的史书编撰体例分成了六家，即六个派别：《尚书》开启的纪言派，《春秋》开启的纪事派，《左传》开启的编年派，《国语》开启的国别派，《史记》开启的通古纪传派，《汉书》开启的断代纪传派。

刘知几在对各派进行具体论述时，各有侧重。有的详谈体例特点，如称《尚书》曰“盖《书》之所主，本于号令，所以宣王道之正义，发话言于臣下，故其所载，皆典、谟、训、诰、誓、命之文”，称《史记》曰“上起黄帝，下穷汉武，纪传以统君臣，书表以谱年爵”；有的细论其派别流变，如称《左传》家曰“自是每代国史，皆有斯作，起自后汉，至于高齐。如张璠、孙盛、干宝、徐贾、裴子野、吴均、何之元、王劭等，其所著书，或谓之春秋，或谓之纪，或谓之略，或谓之典，或谓之志。虽名各异，大抵皆依《左传》以为的准焉”；有的分析这一派别的兴衰之因，如称《春秋》家在后世之繁盛，曰“逮仲尼之修《春秋》也，乃观周礼之旧法，遵鲁史之遗文；据行事，仍人道；就败以明罚，因兴以立功；假日月而定历数，藉朝聘而正礼乐；微婉其说，志晦其文；为不刊之言，著将来之法，故能弥历千载，而其书独行”，称《国语》家在后世之衰微，曰“自魏都许、洛，三方鼎峙；晋宅江、淮，四海幅裂。其君虽号同王者，而地实诸侯。所在史官，记其国事，为纪传者则规模班、马，创编年者则议拟荀、袁。于是《史》、《汉》之体大行，而《国语》之风替矣”；有的重在指出这一体例的优劣得失，如称赞《汉书》体例之优，曰“言皆精炼，事甚该密，故学者寻讨，易为其功。自尔迄今，无改斯道”，批评《史记》体例之短，曰“寻《史记》疆宇辽阔，年月遐长，而分以纪传，散以书表。每论国家一政，而胡、越相悬；叙君臣一时，而参、商是隔。此其为体之失者也”。

我们还要能够看到《六家》篇所体现出的作者的史学精神和史学素养。

刘知几具有冷静客观的史学批判眼光。例如他论《尚书》体例特点，在肯定其编撰优点的同时也对这部历代被奉为儒家之经典的“为例不纯”提出了批评。在对待史家经典之作《史记》的态度上，他也是详细具体地指出了其体例上的不足与缺失，提醒后来的历史编撰者应当谨慎。孔衍在《春秋后语》的序言中说自己编撰的这部书“虽左氏莫能加”，世人都讥笑孔衍自不量力。刘知几给孔衍做了“平反”，他说孔衍跟左丘明相比的，是左丘明《国语》一书，而不是《左传》，如果真是这样同类相比，又哪能多讥笑呢？

《六家》篇体现出刘知几对于历史演变发展的认识。如此篇开篇就谈到了古往今来，崇尚质朴和崇尚文辞的时代风尚的递相转变，史书编撰体例也不是固定的。《尚书》体例为后世所继承，但是在秦汉以后，文书图籍日益增多，刘知几认为，这个时候史书编撰者如果还要剪裁文辞去模拟《尚书》的笔法，就是不知变通，像守株待兔的人一样，他们编出的书受到当代人的嘲笑也是理所当然的。在文末，刘知几对六个派别的演变做了一个总结：“而朴散淳销，时移世异，《尚书》等四家，其体久废，所可祖述者，唯《左氏》及《汉书》二家而已。”

《尚书》、《春秋》在刘知几以前通常是作为儒家经典被尊为“经”，地位在“史”之上。刘知几却能从历史实际出发，突破前人尊经的定见，把这两部书还原到史学的框架中加以论述，这也反映了他忠于史学的态度。

需要指出的是，中国古代的史书编撰体例，按照不同的标准，可以有多种划分，没有绝对的对与错，刘知几把它们分成六个主要的派别，对于我们把握隋、唐以前史书的编撰体例及派别流变具有积极的指导意义。

浦起龙《史通通释》评论本篇说：“是篇如弈者开枰布子，通领全局，以该史家之体，即以辨史体之家。该体故备陈，辨家在协用，就于篇尾，预作转枢。记言而不著岁序也，记事而详颠末也，国别而不归典式也，代远而不立断限也，此所谓四家体废者也。若乃经年纬月，叙时事则铨次分明，纪、志、表、传，举一朝则起讫完具，此则所谓祖述惟有二家者矣。即结本篇‘六’字，即提下篇‘二’字，脉理连络。《史通》通部为全局，即此可见。”浦氏总结，深得本篇旨要。

卷 二

二体第二

三、五之代[1]，书有典、坟[2]，悠哉邈矣，不可得而详。自唐、虞以下迄于周，是为《古文尚书》。然世犹淳质，文从简略，求诸备体，固以阙如。既而丘明传《春秋》，子长著《史记》，载笔之体，于斯备矣。后来继作，相与因循，假有改张，变其名目，区域有限，孰能逾此！盖荀悦、张璠[3]，丘明之党也；班固、华峤[4]，子长之流也。惟此二家，各相矜尚。必辨其利害，可得而言之。

【注 释】

① 三、五之代：上古三皇、五帝的时代。② 典、坟：即《三坟》、《五典》。相传为中国最古老的典籍。《左传·昭公十二年》："是能读《三坟》、《五典》、《八索》、《九丘》。" ③ 荀悦、张璠：二人生平见《六家》注。此处指荀悦所著《前汉纪》与张璠所著《后汉纪》，二书皆为编年体，与左丘明《左传》同。④ 班固、华峤：此处指班固所著《汉书》与华峤所著《后汉书》，二书皆为纪传体，与司马迁《史记》同。华峤：字叔骏，平原高唐（今山东省高唐县）人，魏晋著名学者，史学家。著有《后汉书》九十七卷，已佚。

夫《春秋》者，系日月而为次，列时岁以相续，中国外夷，同年共世，莫不备载其事，形于目前。理尽一言，语无重出。此其所以为长也。至于贤士贞女，高才俊德，事当冲要者，必盱衡[1]而备言；迹在沈冥者，不枉道而详说。如绛县之老[2]，杞梁之妻[3]，或以酬晋卿而获记，或以对齐君而见录。其有贤如柳惠[4]，仁若颜回[5]，终不得彰其名氏，显其言行。故论其细也，则纤芥无遗[6]；语其粗也，则丘山是弃[7]。此其所以为短也。

【注释】

① 盱(xū)衡：本指扬眉举目，此处指观察、纵观。② 绛县之老：绛县的年长之人。绛县有年龄四百五十四岁的老者，晋卿赵孟获知以后聘请其为绛县师。绛县，治所在今山西省翼城县东南。事见《左传·襄公三十年》。③ 杞梁之妻：杞梁的妻子。杞梁为春秋时齐国大夫，战争中被俘而死，其妻孟姜哭夫十日，城墙为之倒塌。事见《左传·襄公二十三年》。④ 柳惠：展氏，名获，字禽，春秋时鲁国大夫，著名贤人。"柳下"是他的食邑，"惠"是他的谥号，所以后人称其为"柳下惠"。《春秋》中没有关于他的记载。⑤ 颜回：字子渊，又被称为颜渊，春秋末鲁国人，孔子弟子。《春秋》中没有关于他的记载。⑥ 纤芥无遗：细小如纤芥的东西都没有遗漏。这里指《春秋》记事详备，很细微的事情都没有漏掉。纤芥，细微、细小的事物。⑦ 丘山是弃：形象高大如山丘的人物都被抛弃。这里指《春秋》记人粗疏，一些很著名的人物也被抛弃而无记载。

《史记》者，纪以包举大端，传以委曲细事，表以谱列年爵，志以总括遗漏，逮于天文、地理、国典、朝章，显隐必该[①]，洪纤靡失[②]。此其所以为长也。若乃同为一事，分在数篇，断续相离，前后屡出，于《高纪》则云语在《项传》[③]，于《项传》则云事具《高纪》。又编次同类，不求年月，后生而擢居首帙，先辈而抑归末章，遂使汉之贾谊将楚屈原同列[④]，鲁之曹沫与燕荆轲并编[⑤]。此其所以为短也。

【注释】

① 显隐必该：事情明显和隐晦的地方记载都很详细完备。该：同"赅"，完备。② 洪纤靡失：大大小小的事情没有遗漏缺失。③《高纪》：指《史记·高祖本纪》。《项传》：指《史记·项羽本纪》。④ 贾谊：洛阳(今河南省洛阳市东)人，汉代著名政论家、文学家。文帝时任大中大夫，因群臣忌恨，后被贬为长沙王太傅，因此又被称为"贾太傅"、"贾长沙"。赋作有《吊屈原赋》、《鵩鸟赋》，政论文代表作有《过秦论》、《论积贮疏》、《陈政事疏》等。屈原：名平，字原，战国末期楚国人，政治家、文学家。著有《离骚》等，创立"楚辞"文体，中国最伟大的浪漫主义诗人之一。《史记》中，二人

合传为《屈原贾生列传》。⑤ 曹沫：春秋时鲁国人，以勇力事鲁庄公。齐鲁会盟于柯，曹沫劫持齐桓公，收回了鲁国被齐国侵占的地方。荆轲：战国末期卫国人，著名刺客。受燕太子丹之托入刺秦王，失败被杀。《史记》中，二人同入《刺客列传》。

考兹胜负，互有得失。而晋世干宝著书，乃盛誉丘明而深抑子长，其义云：能以三十卷之约，括囊[①]二百四十年之事，靡有遗也。寻其此说，可谓劲挺之词乎？案春秋时事，入于左氏所书者，盖三分得其一耳。丘明自知其略也，故为《国语》以广之。然《国语》之外，尚多亡逸，安得言其括囊靡遗者哉？向使丘明世为史官，皆仿《左传》也，至于前汉之严君平、郑子真[②]，后汉之郭林宗、黄叔度[③]，晁错、董生之对策[④]，刘向、谷永之上书[⑤]，斯并德冠人伦，名驰海内，识洞幽显，言穷军国。或以身隐位卑，不预朝政；或以文烦事博，难为次序。皆略而不书，斯则可也。必情有所吝，不加刊削，则汉氏之志传百卷，并列于十二纪中，将恐碎琐多芜，阑单失力者矣[⑥]。故班固知其若此，设纪传以区分，使其历然可观，纲纪有别。荀悦厌其迂阔，又依左氏成书，翦截班史，篇才三十，历代褒之，有逾本传。

然则班、荀二体，角力争先，欲废其一，固亦难矣。后来作者，不出二途。故晋史有王、虞[⑦]，而副以干《纪》[⑧]；《宋书》有徐、沈[⑨]，而分为裴《略》[⑩]。各有其美，并行于世。异夫令升之言，唯守一家而已。

【注 释】

① 括囊：扎束袋口。这里指收罗全部。② 严君平：名遵，西汉著名学者，思想家。隐居成都市井中，精老庄之学，著有《老子指归》。郑子真：名朴，西汉隐士。汉成帝时，大将军王凤礼聘他做官，坚辞不受。③ 郭林宗：名泰，太原介休（今山西省介休市）人，东汉著名学者。淡泊名利，不愿为官，同时又对政治有深刻认识，反对宦官专权。黄叔度：名宪，汝南慎阳（今河南省正阳县）人，东汉著名学者。受朝廷征召为官，暂居洛阳而还。④ 晁错：颍川（今河南省禹州市南）人。汉文帝时为太子家令，有辩才，号称“智囊”，景帝时为内史，迁御史大夫。曾多次上书主张加强中央集权、削减诸侯封地，贵农重粟。吴楚七国叛乱时被诛。董生：指董仲舒，汉广

川郡(今河北省枣强县东)人,西汉著名儒家学者,思想家。为汉武帝器重,提出罢黜百家、独尊儒术,核心思想为"天人感应"。著有《春秋繁露》。⑤ 刘向、谷永:刘向生平见《六家》注。刘向历经宣帝、元帝、成帝三朝,曾屡次上书称引灾异,弹劾宦官外戚专权。谷永,字子云,长安(今陕西省西安市)人,西汉学者。成帝时任光禄大夫,通晓儒家经典,干预直言进谏。⑥ 阘单:也作"阘殚",疲软委顿的样子。⑦ 王、虞:指王隐、庾预。王隐,字处叔,陈郡(今河南省淮阳县)人,西晋史学家。晋元帝时为著作郎,后遭庾预诽谤被免官。著有《晋书》八十余卷,书已佚。庾预,字叔宁,余姚(今浙江省余姚市)人,晋元帝时曾任著作郎,窃王隐书稿写成《晋书》四十余卷,书已佚。⑧ 干《纪》:指干宝《晋纪》。⑨ 徐、沈:指徐爰、沈约。徐爰,本名瑗,字长玉,琅玡(今江苏省句容市北)人。南朝史学家、文学家。著有《宋书》六十五卷,书已佚。沈约,字休文,吴兴武康(今浙江省湖州市德清县)人,南朝史学家、文学家。历仕宋、齐、梁三朝。诗歌声律上,提出"四声八病"之说。著有《宋书》一百卷,即列入"二十四史"之一种。⑩ 裴《略》:指裴子野《宋略》。

【导读】

此篇紧承前篇《六家》展开。

《六家》详论六种史书的编撰体例,最后于篇末总结说:"《尚书》等四家,其体久废,所可祖述者,唯《左氏》及《汉书》二家而已。"此篇就是对以《左传》家为代表的编年体与以《汉书》家为代表的断代纪传体这"二体"所进行的更为细致深入的探讨。

在对这两种体例的考察上,刘知几首先探其源流,追溯至"三、五之代",客观地指出了《尚书》体例不够完备的历史原因,指出编年、纪传体例的相对完备及其对于后世的影响。

编年体以《左传》为代表,而其首创为《春秋》;纪传体以《汉书》为代表,而其首创为《史记》。因为刘知几强调史书体例之"源",所以本篇对于二体的论述,是以《春秋》和《史记》这两部史书为例。

刘知几指出,以《春秋》为首的编年体的优点是按照具体时间先后排列史实,事情叙述条理清晰,话语记录没有重出的现象。缺点是以国家大事为纲，与之有联系者皆记录在案，即便微小如绛县之老、杞梁之妻，而与之无关者，即便是非常著名的贤士仁人如柳下惠、颜回也会缺漏，这样就形成了记述详略失当的情况，即“论其细也，则纤芥无遗；语其粗也，则丘山是弃”。

刘知几认为，以《史记》为首的纪传体的优点是采用纪、传、表、志的体例框架，涵盖的历史内容更为广泛，天文、地理、国家典章、朝廷制度，明显的、隐晦的，全都详尽完备。缺点是同一事件的叙述被分散到各篇，“断续相离，前后屡出”，如《史记》关于刘邦和项羽二人相关事件的叙述；同时，因为以类群分，造成了贾谊与屈原同列、曹沫与荆轲并编的时序混乱。

史学批评往往会由于各种因素的影响而带有作者浓厚的主观倾向，如晋代史官干宝“盛誉丘明而深抑子长”，表现出对《左传》的过高评价。刘知几却能以公允之心，客观看待这两种体例的利与弊，指出二体“考兹胜负，互有得失”。在《春秋》、《史记》之后，二体的发展呈现出齐头并进的局面，刘知几举班固《汉书》与荀悦《汉纪》为代表，“然则班、荀二体，角力争先，欲废其一，固亦难矣。后来作者，不出二途”。史学史的事实也如刘知几所言，中国后来的史书编撰基本上形成了编年、纪传这两种体例互补共存的发展格局。

浦起龙《史通通释》指出本篇与上篇《六家》之关系：“此篇与《六家》顶接。《六家》举史体之大全，《二体》定史家之正用。先分论其得失，不以有失而不行；后合勘其两行，不得偏任而废一。以‘左’、‘荀’等字当‘编年’字观，以‘班’、‘马’等字当‘纪传’字观，会此替身，乃得县(悬)解。自后秘省敕撰，唯此二途；艺文史部，必先二类。知几是篇，诚百代之质的也。”此一概括，大体允当。

载言第三

古者言为《尚书》，事为《春秋》，左右二史，分尸其职。盖桓、文作霸[①]，纠合[②]同盟，春秋之时，事之大者也，而《尚书》阙纪。秦师败绩，缪公诫誓[③]，《尚书》之中，言之大者也，而《春秋》靡录。此则言、事有别，断可知矣。

逮左氏为书，不遵古法，言之与事，同在传中。然而言事相兼，烦省合理，故使读者寻绎不倦[④]，览讽忘疲[⑤]。

至于《史》、《汉》则不然，凡所包举，务存恢博，文辞入记，繁富为多。是以贾谊、晁错、董仲舒、东方朔等传[⑥]，唯上录言，罕逢载事。夫方述一事，得其纪纲，而隔以大篇，分其次序。遂令披阅之者，有所懵然[⑦]。后史相承，不改其辙，交错分扰[⑧]，古今是同。

【注 释】

① 桓、文作霸：指春秋时期齐桓公、晋文公相继成为霸主。② 纠合：集合。③“秦师”二句：秦缪公为春秋五霸之一，公元前627年，秦缪公派大夫孟明等攻打郑国，被晋襄公大败于崤，孟明等人被俘，秦缪公还归作《秦誓》，见载于《尚书》。④ 寻绎：反复探索，推求。⑤ 讽：诵读。⑥ 贾谊、晁错、董仲舒、东方朔等传：贾谊、晁错、董仲舒见《二体》篇注。东方朔，字曼倩，平原厌次（今山东省陵县）人。汉武帝时，东方朔上书自荐，诏拜为郎，后任常侍郎、太中大夫等职。他言词敏捷、滑稽多智，虽被视为俳优之臣，然对武帝多有讽谏。作有《答客难》等篇。⑦ 懵(měng)然：不明白，无知。⑧ 交错分扰：指言词与史事交相出现。

案迁、固列君臣于纪传，统遗逸于表志，虽篇名甚广而言无独录。愚谓凡为史者，宜于表志之外，更立一书[①]。若人主之制册、诰令，群臣之章表、移檄，收之纪传，悉入书部，题为“制册”、“章表书”，以类区别。他皆放此[②]。亦犹志之有“礼乐志”、“刑法志”者也。又诗人之什[③]，自成一家。故风、雅、比、兴，非《三传》所取。自六义不作[④]，文章生焉。若韦孟讽谏之诗[⑤]，扬雄出师之颂[⑥]，马卿之书封禅[⑦]，贾谊之论过秦[⑧]，诸如此文，皆施纪传。窃谓宜从古诗例，断入书中。亦犹《舜典》列《元首之歌》，《夏书》包《五子之咏》者也。夫能使史体如是，庶几《春秋》、《尚书》之道备矣。

昔干宝议撰晋史，以为宜准丘明，其臣下委曲[⑨]，仍为谱注。于时议者，莫不宗之。故前史之所未安，后史之所宜革。是用敢同有识，爰立兹篇，庶世之作者，睹其利害。如谓不然，请俟来哲。

【注 释】

① 更立一书：指纪传体史书应在纪、传、表、志之外增立一“书”部。

②放：通“仿”，仿照。③什：篇章。④六义：《诗序》指出“诗有六义焉，一曰风、二曰赋、三曰比、四曰兴、五曰雅、六曰颂”。⑤韦孟讽谏之诗：韦孟，彭城（今江苏省徐州市）人，为楚元王傅，历辅其子楚夷王刘郢客及孙刘戊。刘戊荒淫不守礼法，韦孟作诗讽谏。见《汉书·韦贤传》。⑥扬雄出师之颂：《汉书·扬雄传》载扬雄文赋有《反离骚》、《甘泉》、《河东》、《校猎》、《长杨》、《解嘲》、《解难》等，无《出师赋》。《文选》扬雄《赵充国赋》后有史孝山《出师赋》一篇，《史通评释》以为刘知几误记。⑦马卿之书封禅：司马相如，字长卿，蜀郡（今四川省成都市）人，汉代著名文学家。《汉书·司马相如传》载有其《封禅书》。⑧贾谊之论过秦：指贾谊所作之《过秦论》。⑨委曲：指事情的底细原委和琐屑细节。

【导读】

此篇是从宏观角度讨论史书编撰中如何协调记事与记言的关系问题。

在最初的史家著述中，言事有别，记言与记事各由左右二史分别负责，左史记言，右史记事，所以才有《尚书》记言不记事，《春秋》记事不记言的情况。至《左传》，始有“言事相兼”的体例创新，且记言与记事详略得当。刘知几对《左传》的这种变革传统体例的做法给予了充分的肯定。

《史记》、《汉书》继承了《左传》“言事相兼”的编撰体例，但在具体的编撰中却务求广博，记言以繁富为原则。这就导致贾谊等人的传文中言辞占据了大量的篇幅，而他们的生平事迹却记载很少。在纪传中，正在叙述一件事情，忽然插入大段文辞篇章，叙事的节奏就被打乱了，让读者困惑不解。而且《史记》、《汉书》的这种做法对其后的史书编撰影响很大，记言记事交错混杂的体例一直沿袭。刘知几虽然对《左传》开创的“言事相兼”的编撰方法极为赞赏，但却对《史记》、《汉书》及其影响下的史书中言事混杂的现象较为不满。他提出的解决方法是在表、志之外，再立一个“书”部，将言辞从纪传中移出，全部放入“书”中，然后分类。比如，君主的制、册、诰、令，大臣的章、表、移、檄，就可以归入“书”中的“制策章表”类。对于史书中的诗赋文章，刘知几认为应当依据古代史书收录诗歌的做法，也放入“书”中。比如，《尚书·舜典》中收录了《元首之歌》，《夏书》中收录了

《五子之咏》。在刘知几看来，如能在史书编撰中增设“书”类，且将收入的言辞恰当归类，就能较好处理史书编撰中言事协调的问题，使史书“记言”的功能更为完备。刘知几的这个提议，以完备纪传体史书编撰体例为目的，但随着文辞的日益繁多，即使增设书部也难以容纳，所以刘知几以后的史书编撰也未能增设书部。浦起龙在《史通通释》中分析此论不可行，“且使此册果立，几与挚虞《流别》同科。即刘于《载文》篇，亦言非复史书，更成文集，不且自矛乎？况乎后世，著述如林，弥滋轇轕矣。此论不可行”。张舜徽先生虽不赞成刘知几在此篇中对《史记》、《汉书》的批评，却对增设“书”予以肯定：“知几议于表志之外，更立一书，以收录文辞，使不与叙事相杂，其议是也。”(《史通平议》)而且认为后世如《唐文粹》、《宋文鉴》等断代总集的编纂是本于刘知几的提议的。

最后，刘知几以干宝修撰《晋史》为例，提出“前史之所未安，后史之所宜革”的观点，即前代史书编撰中未能很好处理的问题，后代史书就应当变革，使之更为完备。这个观点在古代史学理论的发展中，是具有非常积极的意义的。

本纪第四

昔汲冢竹书是曰《纪年》，《吕氏春秋》肇立纪号。盖纪者，纲纪庶品[1]，网罗万物。考篇目之大者，其莫过于此乎？及司马迁之著《史记》也，又列天子行事，以本纪名篇。后世因之，守而勿失。譬夫行夏时之正朔[2]，服孔门之教义者，虽地迁陵谷，时变质文，而此道常行，终莫之能易也。

然迁之以天子为本纪，诸侯为世家，斯诚谠矣[3]。但区域既定，而疆理不分，遂令后之学者罕详其义。案：姬自后稷至于西伯[4]，嬴自伯翳至于庄襄[5]，爵乃诸侯，而名隶本纪。若以西伯、庄襄以上，别作周、秦世家，持殷纣以对武王[6]，拔秦始以承周赧[7]，使帝王传授，昭然有别，岂不善乎？必以西伯以前，其事简约，别加一目，不足成篇。则伯翳之至庄襄，其书先成一卷，而不共世家等列，辄与本纪同编，此尤可怪也。项羽僭盗而死，未得成君，求之于古，则齐无知[8]、卫州吁[9]之类也。安得讳其名字，呼之曰王者乎？春秋吴、楚僭拟，书如列国。假使羽窃帝名，正可抑同群盗，况其名曰西楚，号止霸王者乎？霸王者，即当时诸侯。诸侯而称本纪，求名责实，再三乖谬。

【注释】

①纲纪庶品：统领众多门类。庶：众多。②正(zhēng)朔：正月一日，一年的第一天。正：正月，一年的开始。朔：朔日，每月的开始。③谠(dǎng)：正直。④姬自后稷至于西伯：姬，周朝王族的姓，此处指周王朝。后稷，周的始祖，名弃。西伯，即周文王。《史记·周本纪》叙述自后稷开始。⑤嬴自伯翳至于庄襄：嬴，秦族的姓。伯翳，嬴姓族的始祖，传说曾辅佐大禹治水，《史记》作"柏翳"。《史记·秦本纪》叙述自伯翳开始，至庄襄王结束。⑥殷纣：即商纣王，名受，商朝最后一代君主。武王：即周武王，名发，灭亡商朝者。⑦秦始：即秦始皇嬴政，秦王朝的开创者。周赧(nǎn)：即周赧王，东周的最后一位君主。⑧无知：春秋时期齐国公子，齐襄公被杀后，无知被拥立为君主，不久无知又被杀。⑨州吁：春秋时期卫国公子，杀卫桓公自立为君，不久又被卫人所杀。

盖纪之为体，犹《春秋》之经，系日月以成岁时，书君上以显国统。曹武[①]虽曰人臣，实同王者，以未登帝位，国不建元。陈《志》权假汉年[②]，编作《魏纪》，亦犹两《汉书》首列秦、莽之正朔也[③]。后来作者，宜准于斯。而陆机《晋书》[④]，列纪三祖[⑤]，直序其事，竟不编年。年既不编，何纪之有？夫位终北面，一概人臣，傥追加大号，止入传限，是以弘嗣《吴史》[⑥]，不纪孙和[⑦]，缅求故实[⑧]，非无往例。逮伯起之次《魏书》，乃编景穆于本纪[⑨]，以戾园虚谥，间厕武、昭[⑩]，欲使百世之中，若为鱼贯。

【注释】

①曹武：即曹操，曹丕称帝以后，追尊他为武帝。②陈《志》权假汉年：陈寿《三国志·魏书·武帝纪》起自汉献帝初平元年(190)，止于建安二十五年(220)，用汉献帝年号纪年。③两《汉书》首列秦、莽之正朔也：《汉书·高帝纪》在记述汉高祖刘邦称帝之前事情的时候，沿用的是秦二

世纪年；《后汉书·光武帝纪》在记述光武帝刘秀称帝之前事情的时候，沿用的是王莽纪年。④ 陆机《晋书》：陆机，字士衡，吴郡吴县（今江苏省苏州市）人，西晋文学家、史学家。著有《文赋》、《晋纪》等，《晋纪》很早就已亡佚。⑤ 三祖：晋武帝司马炎建立晋朝称帝以后，追尊司马懿为宣帝、司马师为景帝、司马昭为文帝。⑥ 弘嗣《吴史》：弘嗣，韦昭的字，韦昭生平见《六家》篇注。《隋书·经籍志》著录韦昭撰《吴书》二十五卷，已佚。⑦ 孙和：字子孝，三国时期吴国孙权第三子，曾被立为皇太子，因事被废，后被赐死，其子孙皓即位为帝以后，追尊其为文皇帝。⑧ 缅求故实：追寻以往所有的情况。缅：遥远。⑨“逮伯起”二句：魏收，字伯起，钜鹿下曲阳（今河北省晋州市）人，北齐文学家、史学家，奉诏撰《魏书》一百三十卷，收入“二十四史”。景穆：北魏拓跋晃的谥号。拓跋晃为北魏太武帝拓跋焘的长子，被立为皇太子，未即位而卒，他的儿子文成皇帝拓跋浚即位后，追尊他为景穆皇帝，庙号恭宗。《魏书》将拓跋晃的事迹撰成《恭宗纪》附在《世祖纪》的后面。⑩“戾园”二句：戾园，汉武帝戾太子。汉武帝太子刘据，因为巫蛊之乱被害，他的孙子汉宣帝刘询即位后，追谥刘据曰“戾”，置奉祀园邑为“戾园”。班固《汉书》将刘据事迹夹插于《武帝纪》和《昭帝纪》之间。

又纪者，既以编年为主，唯叙天子一人。有大事可书者，则见之于年月；其书事委曲，付之列传。此其义也。如近代述者魏著作①、李安平②之徒，其撰《魏》、《齐》二史，于诸帝篇，或杂载臣下，或兼言他事，巨细毕书，洪纤备录。全为传体，有异纪文，迷而不悟，无乃太甚。世之读者，幸为详焉。

【注释】

① 魏著作：即魏澹。魏澹，字彦深（本字彦渊），钜鹿下曲阳（今河北省晋州市）人。历仕北齐、北周，入隋以后，任行台礼部侍郎、散骑常侍、聘陈主使、太子舍人，后迁著作郎。隋文帝认为魏收所撰的《魏书》褒贬失实，诏令魏澹编撰《魏书》，书已亡佚。② 李安平：即李百药。李百药，字重规，定州安平（今河北省安平县）人。隋文帝时任太子舍人、东宫学士，

入唐以后，历任中书舍人、礼部侍郎等。他所编撰的《北齐书》被列入“二十四史”。

【导读】

本纪作为纪传体史书的重要组成部分，具有提纲挈领的意义。此篇论述本纪的体例及前代部分正史本纪编撰的得失优劣。由于评判标准的差异，篇中的某些观点在后代学者中引起了颇多争议，使得这一篇成为《史通》学术讨论中受到关注较多的一篇。

刘知几首先对“纪”何时进入史书编撰及其本义进行了探源，明确“纪”的重要意义。他认为，“纪”的发端始于汲冢竹书和《吕氏春秋》，而“纪”的体例至《史记》方创立。《史记》以“本纪”作为篇名，列天子行事，后世的史书相与因袭，成为定例。刘知几肯定《史记》的创例之功，但是接着对《史记》中“本纪”的具体编撰和书写提出批评，指出司马迁归类有误、界限不明，主要表现为“本纪”和“世家”的混淆以及将项羽列入本纪。后世学者有赞同者，亦有持批评意见者。如对争论较多的项羽能否列入本纪的问题，明代学者陈遇夫赞同刘知几的观点，认为：“刚悍如羽，终身不敢称帝。羽不称帝，而作者列之帝，岂理也哉！”（《史见》卷一）钱大昕、吕思勉等则认为应将项羽列入本纪，吕思勉先生说：“正统僭伪之别，亦后世始有。项籍虽号霸王，然秦已灭，汉未王，义帝又废，号令天下，权在于籍，编之本纪，宜也。”（《史通评》）刘知几的失误在于，以断代体的标准来衡量通史体的《史记》。

刘知几提出：“盖纪之为体，犹《春秋》之经，系日月以成岁时，书君上以显国统。”由此可知，他的本纪编撰的两条原则：以编年为主要功用，只有天子才能入选。张舜徽先生对刘知几的观点提出批评：“《史记正义》引裴松之《史目》云：‘天子称本纪，诸侯曰世家。’盖裴氏此说出，而《文心》及《史通》皆循用之。其实史公著书何尝有此区别？且其书既通贯古今，于人物进退自有权衡。又非后来断代为书之体，以一朝一姓为记载中心者所可比。知几乃谓必为天子而后可以称纪，纪必编年，只记大事，每事又只以简严之笔，记其大纲。此乃持后起之例，以诋诃古人，古人必不受也。”（《史通平议》）刘知几根据这两条原则衡量前代诸史，肯定陈寿《三国志》借用汉献帝年号编成《魏纪》，韦昭不列孙和为本纪；同时指斥陆机将晋朝追尊的三祖列入本纪，却不编年，魏收将景穆皇帝编入本纪，等等。

最后，刘知几严格本纪体例，依据魏收《魏书》、李百药《北齐书》在本纪书写中混杂臣下记载，事情不分大小全部录入的现象，对史书编撰中“纪”与“传”的关系提出要求：“又纪者，既以编年为主，唯叙天子一人。有大事可书者，则见之于年月；其书事委曲，付之列传。”

刘知几对史书的编撰体例有严格的标准和原则，此篇集中表现为他对“纪”的规范，这种规范对于史书体例的确立和完善有积极意义，但是在对《史记》和前代史书的评价上，他用断代体的体例衡量通史，且用后代史书编撰体例的发展来要求前代史书，这样得出的结论就难免会引起后世学者的争议。同时，他以《春秋》经为样本来约束本纪的编年和纪事，使得此后史书的本纪功用趋向于单纯的日月相系、罗列天子大事，形式单一而无灵活变通，这也是刘知几严格的本纪观对后代史书本纪编撰的消极影响。

世家第五

自有王者，便置诸侯，列以五等[①]，疏[②]为万国。当周之东迁，王室大坏，于是礼乐征伐自诸侯出。迄乎秦世，分为七雄[③]。司马迁之记诸国也，其编次之体，与本纪不殊。盖欲抑彼诸侯，异乎天子，故假以他称，名为世家。

案世家之为义也，岂不以开国承家，世代相续？至如陈胜起自群盗，称王六月而死，子孙不嗣，社稷[④]靡闻，无世可传，无家可宅，而以世家为称，岂当然乎？夫史之篇目，皆迁所创，岂以自我作故[⑤]，而名实无准。

且诸侯、大夫，家国本别。三晋之与田氏[⑥]，自未为君而前，齿列陪臣，屈身藩后，而前后一统，俱归世家。使君臣相杂，升降失序，何以责季孙之八佾舞庭[⑦]，管氏之三归反坫[⑧]？又列号东帝[⑨]，抗衡西秦，地方千里，高视六国，而没其本号，唯以田完制名[⑩]，求之人情，孰谓其可？

【注释】

① 五等：指公、侯、伯、子、男五个等级的爵位。② 疏：分散，这里指分封。③ 七雄：指战国时期割据称雄的齐、楚、燕、韩、赵、魏、秦七个国家。

④ 社稷：古代帝王、诸侯所祭祀的土神和谷神，常用作国家的代称。社：土神。稷：谷神。⑤ 自我作故：由我创造，指不沿袭前人。作故：创始。⑥ 三晋之与田氏：三晋，指瓜分晋国的韩、赵、魏三家，三家原为晋国卿大夫。田氏：指取代姜氏统治齐国的田和，其先世为齐国卿大夫。⑦ 季孙之八佾(yì)舞庭：《论语·八佾》："孔子谓季氏：'八佾舞于庭，是可忍也，孰不可忍也？'"季孙，即春秋时期鲁国大夫季孙氏。佾，古时乐舞的行列，八个人为一行，这一行叫一佾。按照周代的礼制，天子八佾，诸侯六佾，大夫四佾，士二佾。季孙以大夫的身份僭用天子的乐舞，所以被孔子斥责。⑧ 管氏之三归反坫(diàn)：《论语·八佾》："子曰：'管仲之器小哉！'或曰：'管仲俭乎？'曰：'管氏有三归，官事不摄，焉得俭？''然则管仲知礼乎？'曰：'邦君树塞门，管氏亦树塞门。邦君为两君之好，有反坫，管氏亦有反坫。管氏而知礼，孰不知礼？'"三归：此处指市租。反坫：用来放置器物的设备，用土筑成，形似土堆，筑于两楹之间，常于诸侯宴会时用。管仲以大夫的身份收取市租，僭用诸侯宴会器物，所以被孔子斥责。⑨ 东帝：指齐湣王。公元前288年，秦昭王自称"西帝"，齐湣王称"东帝"。⑩ 田完制名：指《史记·田敬仲完世家》。

当汉氏之有天下也，其诸侯与古不同。夫古者诸侯，皆即位建元，专制一国，绵绵瓜瓞①，卜世长久②。至于汉代则不然。其宗子③称王者，皆受制京邑，自同州郡；异姓封侯者，必从宦天朝，不临方域④。或传国唯止一身，或袭爵方经数世，虽名班胙土⑤，而礼异人君，必编世家，实同列传。而马迁强加别录，以类相从，虽得画一⑥之宜，讵⑦识随时之义？

【注 释】

① 绵绵瓜瓞(dié)：《诗经·大雅·文王之什·绵》："绵绵瓜瓞，民之初生，自土沮漆。"本意为一根连绵不断的藤上长了很多大大小小的瓜，后常被用来比喻子孙后代的繁衍之盛。绵绵：延续不断的样子。瓞：小瓜。② 卜世长久：占卜预测传世长久。③ 宗子：王室同宗子弟。④ 方域：这里指封邑。⑤ 名班胙(zuò)土：名义上被赐予了祭祀的土地。班：赋予，赐予。胙：祭祀用的肉，此处用作动词，赐予、分封的意思。⑥ 画一：一

致、一律。⑦ 讵(jù):岂,怎。

盖班《汉》知其若是,厘革[1]前非。至如萧、曹茅土之封[2],荆、楚葭莩之属[3],并一概称传,无复世家,事势当然,非矫枉也。自兹已降,年将四百。及魏有中夏,而扬、益不宾[4],终亦受屈中朝,见称伪主。为史者必题之以纪,则上通帝王;榜[5]之以传,则下同臣妾。梁主敕撰《通史》[6],定为吴、蜀世家。持彼僭君,比诸列国,去太去甚[7],其得折中[8]之规乎!次有子显《齐书》,北编《魏虏》[9];牛弘《周史》,南记萧詧[10]。考其传体,宜曰世家。但近古著书,通无此称。用使马迁之目,湮没不行;班固之名,相传靡易者矣。

【注 释】

① 厘革:改革。② 萧、曹茅土之封:萧何、曹参都是辅佐汉高祖刘邦夺取天下的功臣,汉朝建立以后,萧何被封为酂侯、安平侯,曹参被封为平阳侯。司马迁在《史记》中将二人列入"世家",撰《萧相国世家》、《曹相国世家》;班固《汉书》将二人列入"列传",撰《萧何曹参传》。③ 荆、楚葭(jiā)莩(fú)之属:汉朝建立以后,汉高祖刘邦封其兄贾为荆王,泽为燕王,弟交为楚王。司马迁在史记中将三人列入"世家",撰《荆燕世家》、《楚元王世家》;班固《汉书》将三人列入"列传",撰《荆燕吴传》和《楚元王传》。葭:初生的芦苇。莩:芦苇秆里面的薄膜。葭莩:在古代用来指关系疏远的亲戚。④ "魏有"二句:曹魏占有统治中原,而孙吴和蜀汉却不归顺。中夏:指中原。扬:扬州。这里指三国时期的吴国。益:益州。这里指三国时期的蜀国。宾:服从、归顺。⑤ 榜:原指张贴,此处指标记。⑥ 梁主敕撰《通史》:梁武帝萧衍敕令群臣将上自远古之初下至南朝萧齐之间的历史编撰为《通史》一书。此书先由吴均撰写,后由他人续写。⑦ 去太去甚:适可而止,不可过分。同"去泰去甚"。《老子》:"圣人去甚、去奢、去泰。" ⑧ 折中:即折冲,使敌人的战车后撤,即制敌取胜。⑨ "子显"二句:南朝梁萧子显编撰有《齐书》,此书北宋以后称《南齐书》,其中把北朝元魏事列入《魏虏传》。⑩ "牛弘"二句:隋代牛弘编撰有《周史》,其中有为投靠北魏的梁武帝之孙萧詧(chá)所立的传。

【导读】

本篇论述纪传体史书中“世家”一目在史书编撰中的兴衰。

周王朝东迁以后，形成诸侯割据的局面，礼乐征伐自诸侯出，直到秦王朝建立，才结束这种态势，这段时期就是历史上通常所说的春秋和战国。在这段时间里，虽然各诸侯国都受封于天子，但是都各自传位建元，形同天子。司马迁在编撰《史记》的时候，考虑到各诸侯比天子的地位低，而又比群臣的地位高，所以设立“世家”类目。世家记载各诸侯国的历史事实，依照各国的纪元，编年叙述，体例与本纪相同。

刘知几将“世家”的含义概括为“开国承家，世代相续”，总的来说还是较为符合世家的本义的。《史记索隐》言：“系（世）家者，记诸侯本系也，言其下及子孙，常有国。故孟子曰：‘陈仲子，齐之世家也。’又董仲舒曰：‘王者封诸侯，非官之也，得以世其家也。’”此说与刘知几说法一致，浦起龙也表示赞同：“由周而来，五等相仍。当子长时，汉封犹在，故立此名目，以处夫臣人而亦君人者。”（《史通通释》）如果司马迁确实是以此义立世家名目，但是《史记》“世家”的具体编撰又与此义例不合，这就难怪刘知几对司马迁提出“岂以自我作故，而名实无准”的责难了。

刘知几认为《史记》“世家”义例不纯者有四：一、列陈胜入世家；二、将三晋和田氏成为诸侯国前的世系列入世家；三、埋没齐国本号，以《田仲敬完世家》名篇；四、列汉代诸侯入世家。与《本纪》篇相似，此篇中刘知几对司马迁的驳难在后世也有颇多争议。仅以陈胜能否列入世家的问题而言，后世学者多有认同司马迁的做法者。吕思勉先生说：“史公以陈涉比汤、武，其不容侪之匹夫可知。然涉之功止于发难，未尝如项羽分裂天下，而封王侯，政由己出，编之本纪，又不可也，则不入之世家，而焉置之乎？后世天泽分严，人臣而侪之于君，人莫不以为骇，在古代则不如此。”（《史通评》）如果以确定的史书体例标准严格来看，刘知几的观点毫无疑问都是正确的，但是，如果司马迁设立世家名目原非专列诸侯，刘知几则有据后议前的苛责之嫌。朱东润先生就认为世家专载社稷重臣：“开国可也，不开国亦可也；世代相续可也，不能相续亦可也；乃至身在草野，或不旋踵而亡，亦无不可也。”（《史记考索》）这种观点是有一定道理的。

在讨论汉代诸侯是否应入世家的问题中，刘知几以汉代诸侯不同于春秋战国时候的诸侯为根据，肯定班固《汉书》将汉代诸侯归入列传的做法，认为史书编撰应当根据时代的变化而变化，顺应事势发展，不能强求整齐划一的效果。这种认识体现出刘知几统揽全局的史学眼光和时移事异的史学识见。

最后，刘知几描述了自《汉书》以后世家类目在史书编撰中很少被采用，以致湮没不行的情况，他举梁武帝编《通史》时将孙吴、蜀汉定为吴、蜀世家的做法，认为在适当的时候，以"世家"编目还是较为符合折中的原则的。刘知几的这个建议，影响到其后的史书编撰，《新五代史》有十国世家，《宋史》也有世家六卷，都能遵循司马迁开创的世家体例，恰当地将史实归类于其中。

列传第六

夫纪传之兴，肇于《史》、《汉》。盖纪者，编年也；传者，列事也。编年者，历①帝王之岁月，犹《春秋》之经；列事者，录人臣之行状②，犹《春秋》之传。《春秋》则传以解经，《史》、《汉》则传以释纪。

寻兹例草创，始自子长，而朴略犹存，区分未尽。如项王宜传，而以本纪为名，非惟羽之僭盗，不可同于天子；且推其序事，皆作传言，求谓之纪，不可得也。或曰："迁纪五帝、夏、殷，亦皆列事而已。子曾③不之怪，何独尤④于《项纪》哉？"对曰：不然。夫五帝之与夏、殷也，正朔相承，子孙递及，虽无年可著，纪亦何伤！如项羽者，事起秦余，身终汉始，殊夏氏之后羿⑤，似黄帝⑥之蚩尤⑦。譬诸闰位⑧，容可列纪；方之骈拇⑨，难以成编。且夏、殷之纪，不引他事。夷、齐谏周⑩，实当纣日，而析为列传，不入殷篇。《项纪》则上下同载，君臣交杂，纪名传体，所以成嗤。

【注释】

① 历：排列。② 行状：履历，事迹。③ 曾：竟。④ 尤：怨恨，归咎。⑤ 夏氏之后羿：后羿是夏王朝东夷族有穷氏的首领，取代相统治夏王朝，是夏王朝第六任帝，后为寒浞所杀。⑥ 黄帝：华夏民族始祖，上古时期部落联盟首领。⑦ 蚩(chī)尤：上古时期九黎族部落酋长，在与黄帝的争战中兵败被杀。⑧ 闰位：非正统的帝位。⑨ 骈拇：脚的大拇指和第二指相

连合为一指。⑩ 夷、齐谏周：伯夷和叔齐是孤竹国国君的两个儿子，周武王起兵讨伐商纣王时，两人曾在马前劝谏罢兵，殷商灭亡后，周王朝建立，他们不食周粟，饿死于首阳山上。

夫纪传之不同，犹诗赋之有别，而后来继作，亦多所未详。案范晔[①]《汉书》记后妃六宫，其实传也，而谓之为纪；陈寿[②]《国志》载孙、刘二帝，其实纪也，而呼之曰传。考数家之所作，其未达纪传之情乎？苟上智犹且若斯，则中庸故可知矣。

又传之为体，大抵相同，而述者多方，有时而异。如二人行事，首尾相随，则有一传兼书，包括令尽。若陈馀、张耳合体成篇[③]，陈胜、吴广相参并录[④]是也。亦有事迹虽寡，名行可崇，寄在他篇，为其标冠[⑤]。若商山四皓，事列王阳之首[⑥]；庐江毛义，名在刘平之上[⑦]是也。

【注 释】

① 范晔(yè)：字蔚宗，南朝宋顺阳(今河南省淅川县南部)人，著名史学家，编撰有《后汉书》九十篇。② 陈寿：字承祚，安汉(今四川省南充市南)人，西晋史学家，编撰有《三国志》六十五卷。③ 陈馀、张耳合体成篇：陈馀和张耳为至交，二人共同参加了陈胜、吴广领导的秦末农民起义，拥立武臣为赵王，后来二人交恶，张耳归顺刘邦，陈馀被韩信和张耳所杀。《史记》卷八十九有《张耳陈馀列传》，《汉书》卷三十二有《张耳陈馀传》。④ 陈胜、吴广相参并录：《史记》卷四十八《陈涉世家》合录陈胜、吴广二人事迹，《汉书》卷三十一《陈胜项籍传》也是将陈胜、吴广二人列传合为一编。⑤ 标冠：首位。⑥“商山”二句：《汉书·王贡两龚鲍传》在叙述王吉等人事迹之前，在篇首的传序文字中追溯了自伯夷、叔齐以来的隐逸高士，其中就有汉初隐居商山的被称为“商山四皓”的四名高士。⑦“庐江”二句：《后汉书·刘赵淳于江刘周赵列传》在叙述刘平等人事迹之前，在篇首的传序文字中首先讲述了孝行为时人所敬的庐江(今安徽省合肥市)人毛义的事迹。

自兹已后，史氏相承，述作虽多，斯道都废。其同于古者，唯有附出[①]

而已。寻附出之为义，攀列传以垂名，若纪季之入齐[2]，颛臾之事鲁[3]，皆附庸自托，得厕[4]朋流。然世之求名者，咸以附出为小。盖以其因人成事，不足称多故也。窃以书名竹素[5]，岂限详略，但问其事竟如何耳。借如召平、纪信、沮授、陈容[6]，或运一异谋，树一奇节，并能传之不朽，人到于今称之。岂假编名作传，然后播其遗烈也！嗟乎！自班、马以来，获书于国史者多矣。其间则有生无令闻[7]，死无异迹，用使游谈者靡征其事，讲习者罕记其名，而虚班[8]史传，妄占篇目。若斯人者，可胜纪哉！古人以没而不朽为难，盖为此也。

【注释】

① 附出：纪传体史书的一种编撰方法，把与主传人物相关的一些无需单独列传的人物的事迹附于传后。如《史记·苏秦列传》附其弟苏代、苏厉二人事迹。② 纪季之入齐：纪，春秋时期的小国，在今天山东寿光南。季是纪侯的弟弟，将酅（xī）邑送给齐国，求为附庸。③ 颛臾（zhuān yú）之事鲁：颛臾，春秋国名，风姓，相传是伏羲之后，为鲁国的附庸，在今山东省费县西北。④ 厕：加入，参与。⑤ 书名竹素：留名史书。竹，简策。素，绢帛。⑥ 召平：秦东陵侯，秦亡后，隐居长安城东，种瓜为业，萧何被封相国时，他建议萧何让封勿受，以解刘邦之疑。事迹附见《史记·萧相国世家》。纪信：刘邦部将，项羽围困刘邦于荥阳的时候，形势危急，纪信乘刘邦的王车往见项羽，刘邦得以逃脱，而纪信被杀。事迹附见《史记·高祖本纪》。沮授：东汉末年人，袁绍帐下谋士，曾劝袁绍挟天子以令诸侯，被曹操俘获后，不降而死。事迹附见《后汉书·袁绍传》。陈容：东汉末年人，魏将臧洪的部属，被袁绍俘获后，慷慨陈词，与臧洪同死。事迹附见《三国志·魏书·臧洪传》。⑦ 令闻：美好的名誉。⑧ 班：排列。

【导读】

本篇详细论述了列传设立的缘起、列传与本纪的紧密关系和界限区别、列传的各种编撰方法、编撰列传所应具有的史学精神。

本纪和列传是纪传体史书的两个最重要的组成部分。与本纪相同，列传类目的设立同样发端于《史记》。二者互为表里、相得益彰，共同构成了纪传体的经纬。刘知几以《春秋》经和传作比，揭示了纪传体史书本纪和列传的紧密关系及各自承担的目的功用："盖纪者，编年也；传者，列事也。编年者，历帝王之岁月，犹《春秋》之经；列事者，录人臣之行状，犹《春秋》之传。《春秋》则传以解经，《史》、《汉》则传以释纪。"

刘知几肯定司马迁创立列传类目的史学贡献，同时又以《史记·项羽本纪》为例，指出司马迁在具体撰述中纪与传区分不清、纪名传体的问题。刘知几有很强的正统观念，他将项羽视为"僭盗"，对司马迁将项羽列入本纪极为不满。在《本纪》篇中，他已经就此问题对司马迁进行贬斥，此篇又以此为例申明态度，这种态度显然是有一定历史局限的，后世学者多有讨论。而且，刘知几进一步指出，项羽既为僭盗，不同于天子，却被列入本纪，项羽之传以本纪为名，但叙事却是列传的方法，找不出可以称为"纪"的原由："《项纪》则上下同载，君臣交杂，纪名传体，所以成嗤。"刘知几从本纪与列传各自的编撰体例出发，提出项羽本纪"纪名传体"的问题，进一步明确了本纪与列传的区分，是有一定道理的，但是项羽这个历史人物具有其特殊性和复杂性，对于司马迁在编撰中的做法也是需要加以理解的。

刘知几认为纪、传之区分犹如诗与赋之有别，各自都有严格的编撰体例，以此衡量前代诸史，多有不合义例者。如范晔《后汉书》记载后妃六宫事迹，其实是传，却称为纪；陈寿《三国志》记载吴国君主和蜀国君主的事迹，其实是纪，却叫做传。这些批评与刘知几对史书体例的一贯严格要求是相一致的。从体例上看，《后汉书》和《三国志》确实有违规范，但是，如同司马迁编撰项羽本纪"纪名传体"不合体例的原因一样，范晔和陈寿的违例也都受到其所处时代环境和具体政治原因的限制，不能过分苛责。

就列传的具体编撰方法而言，刘知几认为，在相同的体例范围内，可以有灵活多样的写作方法。刘知几所举有合传、附传两种。如果二人的行为事迹首尾相随，就可以用一传兼写二人，把他们的事情全部包括进去；如果有些人生平事迹不多，但名望品行值得推崇，就寄附在别人的传中。合传和附传这两种编撰方法，符合刘知几对于治史谨严、简要的要求。他感慨后世读史者往往轻视附出的现象，认为不应局限于此人事迹史书中写得详细还是简略，而应看其气节、英名。同时，他对魏晋以来史官修史时将一些"生无令闻，死无异迹"的权贵佞幸列入附传而妄占篇目的现象提出批评，强调史官要有严肃的撰史态度和史学精神，这种要求也是贯穿《史通》全书的主旨之一。张舜徽先生对刘知几提出这一批评观点深为赞赏，而且进一步揭示了其深意："知几大张附出之义，力斥滥立传文之非。高识渊怀，信为不刊之论！非特有以纠唐以上诸史之失，抑亦后来修史者之准臬也。《史》、《汉》、《三国》，成于私门。权衡取舍，自有义例。故传之可立与否，不以势利为进退。自被诏修书之制行，于是子孙为大官者，欲为先人立传，贿赂请谒，肆行无忌。是以魏收立传，黜陟不公；牛弘撰史，爱憎无准。亦有子孙躬居史职，恒欲贻美其亲，是以房玄龄董史册，而房彦谦擅美名；虞世南预修书，而虞荔、虞寄有嘉传，前人论之备矣。知几斯议，实亦有为而发。"(《史通平议》)

卷　三

表历第七

盖谱之建名，起于周代，表之所作，因谱象形。故桓君山[①]有云："太史公《三代世表》旁行邪上，并效周谱[②]。"此其证欤？夫以表为文，用述时事，施彼谱牒，容或可取，载诸史传，未见其宜。何则？《易》以六爻穷变化[③]，《经》以一字成褒贬[④]，《传》包五始[⑤]，《诗》含六义[⑥]。故知文尚简要，语恶烦芜，何必款曲重沓[⑦]，方称周备。

【注释】

① 桓君山：东汉学者桓谭。② 周谱：清代学者洪饴荪认为"周谱"即《世本》，近人陈汉章根据《汉书·沟洫志》引《周谱》认为另有《周谱》一书。③《易》以六爻(yáo)穷变化：《周易》六十四卦，每一卦的卦象由六爻组成，以此探究世间万物的交错变动。爻，组成八卦每一卦的长短横道。④《经》以一字成褒贬：《经》指《春秋》。杜预《春秋序》："《春秋》虽以一字为褒贬。"⑤《传》包五始：《汉书·王褒传》："共惟春秋法五始之要。"颜

师古注："元者，气之始；春者，四时之始；王者，受命之始；正月者，政教之始；公即位者，一国之始。"⑥《诗》含六义：见《载言》篇注。⑦ 款曲重沓：委婉曲折，详尽重复。款：缓慢。沓：多，重复。

观马迁《史记》则不然矣。天子有本纪，诸侯有世家，公卿以下有列传，至于祖孙昭穆①，年月职官，各在其篇，具有其说，用相考核，居然可知。而重列之以表，成其烦费，岂非谬乎？且表次在篇第，编诸卷轴，得之不为益，失之不为损。用使读者莫不先看本纪，越至世家，表在其间，缄②而不视，语其无用，可胜道哉！既而班、《东》二史，各相祖述，迷而不悟，无异逐狂③。必曲为铨择④，强加引进，则列国年表或可存焉。何者？当春秋、战国之时，天下无主，群雄错峙，各自年世。若申之于表以统其时，则诸国分年，一时尽见。如两汉御历⑤，四海成家，公卿既为臣子，王侯才比郡县，何用表其年数以别于天子者哉！

【注释】

① 昭穆：古代宗法制度，宗庙中神主的排列次序，始祖居中，以下父子（祖、父）递为昭穆，左为昭，右为穆。此处指人物的世系。② 缄：封，闭。③ 逐狂：不加考虑地追随别人。《韩非子·说林》上："狂者东走，逐者亦东走。其东走则同，其所以东走则异。"④ 铨（quán）择：选择。铨，本义为衡量轻重。⑤ 御历：指皇帝登位，君临天下。

又有甚于斯者。异哉，班氏之《人表》①也！区别九品②，网罗千载，论世则异时，语姓则他族。自可方以类聚，物以群分，使善恶相从，先后为次，何藉而为表乎？且其书上自庖牺③，下穷嬴氏④，不言汉事，而编入《汉书》，鸠居鹊巢⑤，茑施松上⑥，附生疣赘⑦，不知翦截，何断而为限乎？

【注释】

① 班氏之《人表》：指《汉书·古今人表》。② 九品：《汉书·古今人表》把秦以前的人物按照上上、上中、上下、中上、中中、中下、下上、下中、下下九等排列。③ 庖牺：即伏羲。④ 嬴氏：秦族姓，这里指秦王朝。

⑤ 鸠居鹊巢：比喻强占他人的居处或措置不当等。《诗·召南·鹊巢》："维鹊有巢，维鸠居之。" ⑥ 茑(niǎo)施松上：《诗·小雅·頍弁》："茑与女萝，施于松柏。"茑，古书上所说的一种小灌木，茎能攀缘别的树木。⑦ 附生疣赘：《庄子·骈拇》："附赘悬疣。"疣赘，皮肤上生的瘊子，比喻多余的、无用的东西。

至法盛书载中兴[①]，改表为注，名目虽巧，芜累亦多。当晋氏播迁[②]，南据扬、越，魏宗勃起，北雄燕、代，其间诸伪，十有六家，不附正朔，自相君长[③]。崔鸿著表[④]，颇有甄明[⑤]，比于《史》、《汉》群篇，其要为切者矣。

若诸子小说，编年杂记，如韦昭《洞纪》[⑥]、陶弘景《帝代年历》[⑦]，皆因表而作，用成其书。既非国史之流，故存而不述。

【注 释】

① 法盛书载中兴：《隋书·经籍志》"正史类"著录"宋湘东太守何法盛《晋中兴书》七十八卷"，今佚。何法盛，南朝宋孝武帝时曾任奉朝请、湘东太守。据《南史·徐广传》，《晋中兴书》本为高平人郗绍编撰，被何法盛盗走。② 播迁：迁徙，流离。③ 自相君长：各自自立为君王。④ 崔鸿著表：崔鸿，字彦鸾，清河(今山东临清市东)人。北魏著名史学家，编撰《十六国春秋》九十五卷、《序例》一卷、《年表》一卷，已佚，今所见《十六国春秋》为明人屠乔孙等伪托本。⑤ 甄明：显明。甄，审查，鉴别。⑥ 韦昭《洞纪》：韦昭，见《六家》篇注。韦昭下狱以后，上书吴末帝孙皓，称流行的古历注多虚妄不实，自己曾撰成《洞纪》三卷，上起庖羲，下至秦汉，请求赦还，以便将孙权黄武以来，再编一卷，不许，被杀。⑦ 陶弘景《帝代年历》：陶弘景，字通明，南朝丹阳秣陵(今江苏省南京市)人。齐高帝时，曾任齐诸王侍读，后隐居句曲山中，梁武帝常以朝廷大事与他商讨，人称"山中宰相"。精通阴阳五行、医术本草，著有《本草经集注》、《帝代年历》等。

【导 读】

本篇通过对纪传体史书中"表"的起源、功用、发展流变的论述，集中讨论了以下三个问题：一、纪传体史书究竟应不应该列表；二、《汉书·古今人表》的编撰失误;三、前代部分列表史书的编撰得失。

刘知几以对表与谱之关系的描述开篇,援引东汉学者桓谭的言论,明确了表是根据谱的形式而作,“旁行邪上”是其基本特征。接着,提出“夫以表为文,用述时事,施彼谱牒,容或可取,载诸史传,未见其宜”的观点,以表的目的功用引出对第一个问题的讨论:纪传体史书究竟应不应该列表?首先,他举《易经》、《春秋》、《公羊传》、《诗经》为例,强调史书编撰贵在简要,无须周备。以这个标准来看,《史记》具备本纪、世家、列传,已经能够清楚反映出人物世系、年月职官,把这些内容重新编成表格,就有繁冗重复之嫌。同时,刘知几就《史记》列表于本纪和世家之间,读者对于表历往往“缄而不视”的现象,再次表明不赞成列表于其中的态度。《史记》之后的两部断代纪传体史书《汉书》和《东观汉记》继承了司马迁列表于史传的体例,均有表历,被刘知几斥为“迷而不悟,无异逐狂”。由此看来,刘知几是反对在纪传体史书中列表的。但是,在对《汉书》和《东观汉记》的贬斥中,刘知几又修正了对于《史记》列表的完全否定。他认为在《史记》那样的纪传体通史中,其他年表可以除去,列国年表则可以保留,列国年表排列各国纪年,将春秋战国时期的纷乱局面统一起来,便于观览。下文中,他对崔鸿《十六国年表》的肯定也是基于同样的原因。所以,他在《杂说》篇对于司马迁创制表历表现出的推崇态度,跟此篇的观点并不是完全矛盾的。张舜徽先生对这个问题也有评述:“盖表为史家要领,可订岁月之误,兼补纪、传之遗。又与书、志相表里,其大用尤在通纪、传之穷。知几论史,力主立传宜少,而又不以列表为然,不可解也。”(《史通平议》)

从史书编撰的体例出发,刘知几对班固的《汉书·古今人表》持完全否定的态度,指出其缺点有二:一是分类不伦,褒贬不当,《古今人表》将先秦以来人物归类九品,区分善恶;二是断限不明,有违史例,表中人物上起庖牺,下止秦帝,不谈汉代的事情,却编入汉代的史书。针对刘知几对《汉书·古今人表》的批评,后世学者有回护班固者,但多数都还是认同刘知几的观点,清代学者查慎行说:“《汉书》只应记汉事,而《古今人表》乃上下数千年,分为九等。圣、仁、智、愚四目而外,以上、中、下为次,其位置殊不可解。”(《得树楼杂钞》)纪昀也说:“此驳《古今人表》,本极精核。”(《史通削繁》)

在以上两个问题的认识基础上，就很容易理解刘知几在衡量前代部分有表历的史书时的观点和态度了。南朝何法盛的《晋中兴书》虽然把表改为注，名目巧妙，但是仍然有芜杂的弊端；北朝崔鸿的《十六国年表》，将南北朝时期混乱的局面统一到表中，十六家政权清楚排列，简要而贴切。因为刘知几把表的讨论范围限定在纪传体史书中，而不是泛论所有表历，所以，对于韦昭《洞纪》、陶弘景《帝王年历》等书都是存而不论，足见其立论谨严。

卷　四

论赞第九

《春秋左氏传》每有发论，假君子以称之①。二《传》云公羊子、谷梁子，《史记》云太史公。既而班固曰赞，荀悦曰论，《东观》曰序，谢承曰诠，陈寿曰评，王隐曰议，何法盛曰述，扬雄曰撰②，刘昞③曰奏，袁宏、裴子野自显姓名，皇甫谧④、葛洪⑤列其所号。史官所撰，通称史臣。其名万殊，其义一揆⑥。必取便于时者，则总归论赞焉。

夫论者所以辩疑惑，释凝滞。若愚智共了⑦，固无俟商榷。丘明“君子曰”者，其义实在于斯。司马迁始限以篇终，各书一论。必理有非要，则强生其文，史论之烦，实萌于此。夫拟《春秋》成史，持论尤宜阔略。其有本无疑事，辄设论以裁之，此皆私徇⑧笔端，苟衒文彩⑨，嘉辞美句，寄诸简册，岂知史书之大体，载削之指归⑩者哉？

【注释】

① 假君子以称之：《左传》在记述一段历史事件的结尾处常常引述“君子曰”作为评论。朱熹认为是刘歆的窜乱之词。② 扬雄曰撰：浦起龙《史通通释》认为：扬雄《法言》第一至第十三都有四言序，但不是论赞体，常璩《华阳国志》始有“撰曰”的论赞体，“扬雄”应当改作“常璩”。③ 刘

昞：字延明，敦煌（今甘肃省敦煌市）人。初隐居酒泉，后被西凉武昭王李暠召为儒林祭酒。刘昞深感《史记》、前后《汉书》文繁，删为《三史略记》一百三十篇，八十四卷，此书已佚。④ 皇甫谧：字士安，自号玄晏先生，西晋安定朝那（今甘肃省灵台县）人。精于医术，撰有《针灸甲乙经》，勤于著述，著有《帝王世系年表》、《高士传》、《玄晏春秋》等。⑤ 葛洪：字稚川，自号抱朴子，晋丹阳郡句容（今江苏省句容市）人。好神仙之术，隐居罗浮山炼丹。著有《抱朴子》内外篇五十一卷、《神仙传》十卷、《汉书钞》三十卷、《后汉书钞》三十卷、《史记钞》十四卷等。⑥ 其义一揆（kuí）：道理是一样的。揆，道理，准则。⑦ 了：明白、知道。⑧ 徇（xùn）：顺从、曲从。⑨ 苟衒（xuàn）文彩：随便炫耀文采。衒，同"炫"，炫耀。⑩ 指归：主旨，意向。

必寻其得失，考其异同，子长淡泊无味，承祚[①]偄缓[②]不切，贤才间出，隔世同科。孟坚[③]辞惟温雅，理多惬当。其尤美者，有典诰[④]之风，翩翩奕奕，良可咏也。仲豫[⑤]义理虽长，失在繁富。自兹以降，流宕忘返，大抵皆华多于实，理少于文，鼓其雄辞，夸其俪事。必择其善者，则干宝、范晔、裴子野是其最也，沈约、臧荣绪、萧子显抑其次也，孙安国都无足采，习凿齿[⑥]时有可观。若袁彦伯之务饰玄言，谢灵运[⑦]之虚张高论，玉卮无当[⑧]，曾何足云！王劭志在简直，言兼鄙野，苟得其理，遂忘其文。观过知仁[⑨]，斯之谓矣。大唐修《晋书》，作者皆当代词人，远弃史、班，近宗徐、庾[⑩]。夫以饰彼轻薄之句，而编为史籍之文，无异加粉黛于壮夫，服绮纨于高士者矣。

【注释】

① 承祚：陈寿字。② 偄（ruǎn）缓：委婉舒缓。偄，懦弱。③ 孟坚：班固字。④ 典诰：《尚书》中《尧典》、《汤诰》等篇的并称。⑤ 仲豫：荀悦字。⑥ 习凿齿：字彦威，东晋襄阳（今湖北省襄阳市）人。博学洽闻，以文笔著称于当时。桓温企图称帝，习凿齿著《汉晋春秋》以制桓温野心，以蜀汉为正统。《汉晋春秋》已佚。⑦ 谢灵运：陈郡阳夏（今河南省太康县）人，东晋著名文学家。南朝刘宋初年，受命编撰《晋书》，书未编完就因企图起兵而被杀。⑧ 玉卮（zhī）无当：玉杯没有底。比喻事物华丽而不合实用。语

出《韩非子·外储说右上》。卮，古代盛酒的器皿。⑨ 观过知仁：考察一个人的过失，就知道他有无仁德。《论语·里仁》："人之过也，各于其党。观过，斯知仁矣。"⑩ 徐、庾：徐陵、庾信。

史之有论也，盖欲事无重出，文省可知。如太史公曰：观张良貌如美妇人；项羽重瞳，岂舜苗裔[1]。此则别加他语，以补书中，所谓事无重出者也。又如班固赞曰：石建之浣衣[2]，君子非之；杨王孙裸葬[3]，贤于秦始皇远矣。此则片言如约，而诸义甚备，所谓文省可知者也。及后来赞语之作，多录纪传之言，其有所异，唯加文饰而已。至于甚者，则天子操行，具诸纪末，继以论曰，接武[4]前修，纪论不殊，徒为再列。

马迁《自序传》[5]后，历写诸篇，各叙其意。既而班固变为诗体，号之曰述。范晔改彼述名，呼之以赞。寻述赞为例，篇有一章，事多者则约之使少，理寡者则张之令大，名实多爽，详略不同。且欲观人之善恶，史之褒贬，盖无假于此也。

然固之总述合在一篇，使其条贯有序，历然可阅。蔚宗《后书》[6]，实同班氏，乃各附本事，书于卷末，篇目相离，断绝失次。而后生作者，不悟其非，如萧、李南、北《齐史》，大唐新修《晋史》，皆依范《书》误本，篇终有赞。夫每卷立论，其烦已多，而嗣论以赞，为黩[7]弥甚。亦犹文士制碑，序终而续以铭曰；释氏[8]演法，义尽而宣以偈言[9]。苟撰史若斯，难以议夫简要者矣。

【注 释】

① 苗裔：后代子孙。② 石建之浣衣：《汉书·万石卫直周张传》记汉文帝时万石君石奋之子石建在父亲年老后亲自为其浣洗衣服。班固在赞语中说："至石建之浣衣，周仁为垢污，君子讥之。"③ 杨王孙裸葬：《汉书·杨胡朱梅云传》记汉武帝时学黄老之术者杨王孙临死嘱咐儿子将其裸葬。班固在赞语中说："昔仲尼称不得中行，则思狂狷。观杨王孙之志，贤于秦始皇远矣。"④ 接武：步履相接。形容前后相接、继承。⑤《自序传》：《史记》最后一篇为《太史公自序》。⑥ 蔚宗《后书》：范晔《后汉书》。⑦ 黩（dú）：随随便便，滥用。⑧ 释氏：佛姓释迦的略称。亦指佛或佛教。

⑨ 偈(jì)言:佛经中的唱颂词。

至若与夺乖宜[①],是非失中,如班固之深排贾谊[②],范晔之虚美隗嚣[③],陈寿谓诸葛不逮管、萧[④],魏收称尔朱可方伊、霍[⑤],或言伤其实,或拟非其伦。必备加击难,则五车难尽。故略陈梗概,一言以蔽之。

【注释】

① 与夺乖宜:取舍不当。与夺,取舍。乖,违背。② 班固之深排贾谊:班固《汉书·贾谊传》赞曰:"及欲试属国,施五饵三表以系单于,其术固以疏矣。谊亦天年早终,虽不至公卿,未为不遇也。"③ 范晔之虚美隗嚣:范晔《后汉书·隗嚣公孙述列传》论曰:"若嚣命会符运,敌非天力,虽坐论西伯,岂多嗤乎?"④ 陈寿谓诸葛不逮管、萧:陈寿《三国志·蜀书·诸葛亮传》评曰:"诸葛亮之为相国也……可谓识治之良才,管、萧之亚匹矣。然连年动众,未能成功,盖应变将略,非其所长欤!"⑤ 魏收称尔朱可方伊、霍:魏收《魏书·尔朱荣传》史臣曰:"苟非荣之致力,克夷大难,则不知几人称帝,几人称王也。然则荣之功烈亦已茂乎?……向使荣无奸忍之失,修德义之风,则彭、韦、伊、霍,夫何足数?"

【导读】

本篇详细论述了纪传体史书中本纪和列传篇末论赞的起源、名目、功用、撰写方法及原则、诸史论赞的得失。

刘知几在一开始首先对论赞的起源和名目流变做了一个粗线条的描绘。《左传》记述历史事件,常常在结束的时候引述一段评论,冠以"君子曰",刘知几将此作为论赞的发端。《公羊传》和《谷梁传》也均有类似评论,名以"公羊子"、"谷梁子"。至司马迁史记,于本纪和列传篇末附"太史公曰",在撰写功用和撰写方法等方面对其后的史书有深远影响。《史记》之后,诸史有称"论"者,有称"赞"者,有称"序"者,有称"诠"者,等等,虽然名目繁多,称呼各异,但是其含义是相同的,刘知几在此篇中统称为"论赞"。

刘知几将设立论赞的目的功用明确为"辩疑惑,释凝滞",认为《左传》的"君子曰"用意就是在这里。《史记》在纪传各篇篇末都列论赞,自然就要受到他的贬斥了。在刘知几看来,《史记》的这一做法有强为议论、炫耀文采的嫌疑,正是后世史论繁杂的萌芽:“岂知史书之大体,载削之指归者哉?”虽然对《史记》论赞之数量繁冗有所批评,但是在衡量前代诸史时,刘知几还是以《史记》和《汉书》作为典范指摘诸史论赞写作的得失高下。他对于《史记》和《汉书》的推崇之处在于司马迁和班固在论赞的具体写作中,都能做到文辞简约而意义赅备,而后世史书论赞写作的弊病在于,往往只是摘录纪传中的话语稍加修饰,徒然重复。而在《史记》、《汉书》之后,纪传诸史沿袭范晔《后汉书》论赞编撰的失误,在各篇篇末“论”后又加“赞”,使繁冗更加严重,论赞的体例渐趋混乱。刘知几在此处再次强调了前此诸篇已经多次论述的文贵简要的原则。

篇末,刘知几以班固贬斥贾谊、范晔虚夸隗嚣等为例,提出论赞写作中褒贬不当的问题。此段论述虽然简约,但是突出体现了刘知几对于史官忠于真实的史学态度的强调和对严肃史学精神的维护。张舜徽先生评论说:“故知几此篇持论,大体精核。实为箴肓起废、惩前毖后之言。郑樵《通志总序》,章学诚《答甄秀才论修志第二书》,皆引申斯义,大畅其说。自此治史者,重在史实之求真,不尚虚文之敷论,皆知几斯议为之先导也。”(《史通平议》)

此篇对于论赞的全面而深刻的论述,对于后世史书编撰有深远影响。浦起龙说:“是篇不分编年、纪传,仍是纪传为多。论赞二字截讲:其于论也,辞严而不摈;于论后之赞,则辞决而加绝。自是唐后诸史,有论无赞,皆阴奉其诫。可知刘说之当理也。”(《史通通释》)傅振伦先生对此有更为详细的评述:“考《新唐书》、《旧五代史》及宋、辽、金三史,皆有论无赞。宋、辽二史本纪称赞,列传则称论,其体则皆论也。至于论赞并用者,则惟《旧唐书》而已。《纂修元史凡例》云:‘历代史书,纪志表传之末,各有论赞之辞。今修《元史》,不作论赞,但据事直书,具文见意,使其善恶自见,准《春秋》及钦奉圣旨事意。’其纪传不缀论赞,盖亦取刘氏之法。”(《史通要论》)

序例第十

孔安国有云:《序》者,所以叙作者之意也。窃以《书》列典谟,《诗》含比兴，若不先叙其意，难以曲得其情[①]。故每篇有序，敷畅厥义[②]。降逮《史》、《汉》，以记事为宗，至于表志杂传，亦时复立序。文兼史体，状若子书，然可与诰誓相参，风雅齐列矣。

迨华峤《后汉》，多同班氏。如《刘平》、《江革》等传，其序先言孝道，次述毛义养亲。此则《前汉·王贡传》体，其篇以四皓为始也。峤言辞简质，叙致温雅，味其宗旨，亦孟坚之亚欤？

爰洎[③]范晔，始革其流，遗弃史才，矜衒文彩。后来所作，他皆若斯。于是迁、固之道忽诸[④]，微婉之风替矣。若乃《后妃》、《列女》、《文苑》、《儒林》，凡此之流，范氏莫不列序。夫前史所有，而我书独无，世之作者，以为耻愧。故上自《晋》、《宋》，下及《陈》、《隋》，每书必序，课成其数[⑤]。盖为史之道，以古传今，古既有之，今何为者？滥觞肇迹[⑥]，容或可观；累屋重架[⑦]，无乃太甚。譬夫方朔始为《客难》，续以《宾戏》、《解嘲》；枚乘首唱《七发》，加以《七章》、《七辩》。音辞[⑧]虽异，旨趣皆同。此乃读者所厌闻，老生之恒说也。

【注释】

① 曲得其情：曲折地了解其含义。② 敷畅厥义：陈述其含义。敷，陈述。畅，通晓。厥，其。③ 爰洎(jì)：爰，句首发语词。洎：到，及。④ 忽诸：指忽然而亡。⑤ 课成其数：按惯例凑足数量。课，按规定的内容或分量完成任务。⑥ 滥觞肇迹：开始，开创。滥觞：指江河发源处水很小，仅可浮起酒杯。比喻事物的起源、发端。⑦ 累屋重架：指层次重叠。语出《世说新语》："庾仲初作《扬都赋》成，以呈庾亮。亮以亲族之怀，大为其名价云：'可三二京、四三都。'于此人人竞写，都下纸为之贵。谢太傅云：'不得尔，此是屋下架屋耳。'" ⑧ 音辞：语词。

夫史之有例，犹国之有法。国无法，则上下靡定；史无例，则是非莫准。昔夫子修经，始发凡例；左氏立传，显其区域。科条一辨，彪炳[①]可观。降及战国，迄乎有晋，年逾五百，史不乏才，虽其体屡变，而斯文终绝。唯令升[②]先觉，远述丘明，重立凡例，勒成《晋纪》。邓、孙[③]已下，遂蹑其踪。史例中兴，于斯为盛。若沈《宋》之志序，萧《齐》之序录，虽皆以序为名，其实例也。必定其臧否[4]，征其善恶，干宝、范晔，理切而多功，邓粲、道鸾[5]，词烦而寡要，子显虽文伤蹇踬[6]，而义甚优长。斯一二家，皆序例之美者。

夫事不师古，匪说攸闻[7]，苟模楷曩[8]贤，理非可讳。而魏收作例，全取蔚宗，贪天之功以为己力，异夫范依叔骏，班习子长。攘袂公行[9]，不陷穿窬[10]之罪也？

【注 释】

① 彪炳：照耀，文采焕发的样子。② 令升：干宝字。③ 邓、孙：邓粲、孙盛。邓粲，长沙（今属湖南省）人，东晋史学家。著《元明纪》十卷（《隋书·经籍志》作《晋纪》十一卷），已佚。孙盛，见《六家》注。④ 臧否（pǐ）：褒贬，评论。⑤ 道鸾：即檀道鸾，字万安，南北朝史学家，官国子博士、永嘉太守。撰有《续晋阳秋》二十卷，已佚。⑥ 蹇踬（jiǎn zhì）：文辞滞涩，不通畅。⑦“事不师古”二句：语出伪《尚书·说命下》：“事不师古，以克永世，匪说攸闻。”⑧ 曩（nǎng）：以往，从前，过去的。⑨ 攘袂（mèi）公行：公然攘夺。攘袂，挽起袖子，指抢夺。⑩ 穿窬（yú）：打洞穿墙行窃。窬，从墙上爬过去。

盖凡例既立，当与纪传相符。案皇朝《晋书》例云：“凡天子庙号，唯书于卷末。”依检孝武[1]崩后，竟不言庙曰烈宗。又案百药《齐书》例云：“人有本字行者，今并书其名。”依检如高慎、斛律光[2]之徒，多所仍旧，谓之仲密、明月。此并非言之难，行之难也。又《晋》、《齐》史例皆云：“坤道卑柔，中宫[3]不可为纪，今编同列传，以戒牝鸡之晨[4]。”窃惟录皇后者既为传体，自不可加以纪名。二史之以后为传，虽云允惬，而解释非理，成其偶中。所谓画蛇而加以足，反失杯中之酒[5]也。至于题目失据，褒贬多违，斯并散在诸篇，此可得而略矣。

【注 释】

① 孝武：指东晋孝武帝司马曜。② 高慎、斛律光：高慎字仲密，生平事迹附见于《齐书·高乾传》。斛律光字明月，生平事迹附见于《齐书·斛

律金传》。浦起龙《史通通释》中说："二人皆无'以字行'之文，传内亦不书字。其书字处，间于他传有之，无甚不准例之病，《史通》似误。" ③ 中宫：皇后居所的代称。④ 牝(pìn)鸡之晨：母鸡报晓。这里指皇后干预朝政。⑤ "画蛇"二句：《战国策·秦策二》："楚有祠者，赐其舍人卮酒。舍人相谓曰：'请画地为蛇，先成者饮酒。'一人蛇先成，乃左手持卮，右手画蛇曰：'吾能为之足。'未成，一人之蛇成，夺其卮曰：'蛇固无足，子安能为之足？'遂饮其酒。为蛇足者，终亡其酒。"这里指《晋书》和《齐书》的史例解释是多此一举。

【导读】

本篇前三段论述史书中的序，后三段论述史书中的例。序和例本来各自具有不同的功用，但是因为在很多史书中有以序为名，而内容实际为例的现象，所以此篇将序例合论。同前面诸篇类似，本篇探讨了序和例的起源、撰写序例的方法及原则、诸史序例的得失。

史书中的序可以分为全书之序和篇目之序两种，全书之序如太史公自序、《汉书》叙传等，本篇讨论的主要是篇目之序。孔安国认为序是用来叙述作者的用意的，刘知几深表赞同，举《尚书》、《诗经》为证，说明篇目之序撰写的必要。史书中"序"目的设立，始于《史记》、《汉书》，具有史书之序的文体特征，以记事为宗旨，以"敷畅厥义"为目的功用。同时，在体式上又与《尚书》、《诗经》之序有相同的地方，而且兼有子书议论的风格。沿着《史记》、《汉书》开创的体例规范，华峤《后汉书》中的序文在行文体式上多模仿《汉书》，言辞简洁质朴，叙述温和雅致，颇得刘知几赞赏。然而，到了范晔《后汉书》，开始改变前代优良传统，很多做法违背了史书序文的编撰体例，且影响到其后的史书，主要有两点：一、放弃史官所应恪守的质朴温婉的写作原则，炫耀文采；二、刻意追求形式完备，即使与前代史书立意相同或者无须作序的篇目也"每书必序，课成其书"，如《后妃》、《列女》、《文苑》、《儒林》，范晔无不列序，其后的《晋书》、《宋书》、《陈书》、《隋书》都受到这一观念的影响。然而，从今天的观念看，"序"也有其不可忽视之史学功用，如《后汉书·文苑传序》即可作为一篇东汉文学发展史论看。

对体例的严格要求是刘知几史学思想非常重要的主旨之一，此前诸篇他对历代史书的评论也多以是否有违体例作为衡量标准，强调例不可破，法不可违。此篇刘知几专门论述史书凡例。在刘知几看来，“史之有例，犹国之有法。国无法，则上下靡定；史无例，则是非莫准”，凡例在史书编撰中具有极其重要的地位。史书凡例创建于孔子修《春秋》和《左传》所举五十凡例，此后历经兴衰，于晋代为盛。对于诸史凡例的评价，刘知几以他认为较好的几家为例，品评优劣，从文辞来看，指出其中主要存在的问题是“理切而多功”、“词烦而寡要”、“文伤蹇踬”以及照搬抄袭等。前代诸史中，沈约《宋书》的志序和萧子显《齐书》的序录，虽然都是以“序”为名，但是内容实际上是义例，这就点明了本篇序例合论的原因。凡例既然已经确立，在具体的编撰过程中就应该遵守。最后，刘知几又举《晋书》、《齐书》中有例不依、自违其例的地方，对这种做法加以贬斥，进一步强调了其对义例的重视。

吕思勉先生说：“凡有系统条理之书，必有例，正不独作史为然；而作史其尤要者也。与其炫文采作无谓之序，毋宁述条理，明统系，而作切实之例。”（《史通评》）此言可谓深合此篇论旨。

题目第十一

上古之书有三坟、五典、八索、九丘[①]，其次有春秋、尚书、梼杌、志乘。自汉已下，其流渐繁，大抵史名多以书、记、纪、略为主。后生祖述，各从所好，沿革相因，循环递习。盖区域有限，莫逾于此焉。

至孙盛有《魏氏春秋》，孔衍有《汉魏尚书》，陈寿、王劭曰志[②]，何之元、刘璠曰典[③]。此又好奇厌俗，习旧捐新，虽得稽古之宜，未达从时之义。

榷而论之，其编年月者谓之纪，列纪传者谓之书，取顺于时，斯为最也。夫名以定体，为实之宾[④]，苟失其途，有乖至理。案吕、陆二氏[⑤]，各著一书，唯次篇章，不系时月。此乃子书杂记，而皆号曰春秋。鱼豢、姚察著魏、梁二史[⑥]，巨细毕载，芜累甚多，而俱榜之以略，考名责实，奚其爽[⑦]欤！

【注释】

① 三坟、五典、八索、九丘：传说中的古书名。三坟、五典见《二体》

注。八索、九丘,《左传·昭公十二年》孔颖达《疏》引孔安国《书序》:"八卦之说,谓之八索,求其义也。"又:"九州之志,谓之九丘。丘,聚也,言九州所有,土地所生,风气所宜,皆聚此书也。" ② 陈寿、王劭曰志:陈寿《三国志》,王劭《齐志》。王劭见《六家》注。③ 何之元、刘璠曰典:何之元《梁典》,刘璠《梁典》。何之元见《六家》注。刘璠,字宝义,沛(今江苏省沛县)人。南朝梁时为著作郎,北周时官至内史中大夫。著《梁典》三十卷,未定稿而卒,其子整理成书,已佚。④ "名以定体"二句:语出《庄子·逍遥游》:"名者,实之宾也。" ⑤ 吕、陆二氏:吕,指吕不韦《吕氏春秋》;陆,指陆贾《楚汉春秋》。⑥ 鱼豢、姚察著魏、梁二史:鱼豢,京兆人,三国时任魏郎中。《新唐书·艺文志》著录其《魏略》五十卷。姚察,陈汉章《史通补释》引柳诒徵的说法,认为应当改"察"为"最"。姚最为姚察之弟,字士会,博通经史,好著述,撰有《梁后略》十卷。⑦ 爽:差失,违背。

若乃史传杂篇,区分类聚,随事立号,谅无恒规。如马迁撰皇后传,而以外戚命章[1]。案外戚凭皇后以得名,犹宗室因天子而显称,若编皇后而曰外戚传,则书天子而曰宗室纪,可乎?班固撰《人表》[2],以古今为目。寻其所载也,皆自秦而往,非汉之事,古诚有之,今则安在?子长《史记》别创八书[3],孟坚既以汉为书,不可更标书号,改书为志,义在互文。而何氏《中兴》[4],易志为记,此则贵于革旧,未见其能取新。

夫战争方殷,雄雌未决,则有不奉正朔,自相君长。必国史为传,宜别立科条。至如陈、项[5]诸雄,寄编汉籍;董、袁[6]群贼,附列《魏志》。既同臣子之例,孰辨彼此之殊?唯《东观》以平林、下江诸人列为载记[7]。顾后来作者,莫之遵效。逮《新晋》[8],始以十六国主持,载记表名,可谓择善而行,巧于师古者矣。观夫旧史列传,题卷靡恒。文少者则具出姓名,若司马相如、东方朔是也。字烦者唯书姓氏,若毋将、盖、陈、卫、诸葛传[9]是也。必人多而姓同者,则结定其数,若二袁、四张、二公孙传[10]是也。如此标格,足为详审。

【注 释】

① 命章:作为传的名称。② 班固撰《人表》:指《汉书·古今人表》。

③《史记》别创八书：《史记》八书包括《礼书》、《乐书》、《律书》、《历书》、《天官书》、《封禅书》、《河渠书》、《平准书》。④ 何氏《中兴》：何法盛《晋中兴书》。⑤ 陈、项：陈胜、项羽。⑥ 董、袁：董卓、袁绍。⑦《东观》以平林、下江诸人列为载记：平林、下江，西汉末年两支农民起义军称号。《东观汉记》已佚。⑧《新晋》：指唐代新撰《晋书》。⑨ 毋将、盖、陈、卫、诸葛传：今本《汉书》卷七十七为盖宽饶、诸葛丰、刘辅、郑崇、孙宝、毋将隆、何并合传，没有陈、卫两姓，姓氏次序与刘知几所列的顺序也不同，或许是因为刘知几所见的《汉书》与今本不同。⑩ 二袁、四张、二公孙传：二袁，袁绍、袁术。四张，张杨、张燕、张绣、张鲁。二公孙，公孙瓒、公孙度。《三国志·魏书》卷六将二袁合为一传，卷八将四张、二公孙合为一传。

至范晔举例，始全录姓名，历短行于卷中，从细字于标外，其子孙附出者，注于祖先之下，乃类俗之文案孔目[①]、药草经方，烦碎之至，孰过于此？窃以《周易》六爻，义存象内；《春秋》万国，事具《传》中。读者研寻，篇中自晓，何必开帙解带[②]，便令昭然满目也。

自兹已降，多师蔚宗[③]。魏收因之，则又甚矣。其有魏世邻国编于魏史者，于其人姓名之上，又列之以邦域，申之以职官，至如江东帝主则云僭晋司马叡、岛夷刘裕；河西酋长，则云私署凉州牧张寔、私署凉王李暠。此皆篇中所具，又于卷首具列。必如收意，使其撰两《汉书》、《三国志》，题诸盗贼传，亦当云僭西楚霸王项羽、伪宁朔王隗嚣。自余陈涉、张步[④]、刘璋[⑤]、袁术[⑥]，其位号皆一一具言，无所不尽者也。

盖法令滋章[⑦]，古人所慎。若范、魏之裁篇目，可谓滋章之甚者乎？苟忘彼大体，好兹小数[⑧]，难与议夫“婉而成章”，“一字以为褒贬”者矣。

【注 释】

① 孔目：古代执掌文书事务的小官吏，这里指档案目录。② 开帙解带：打开书本。帙，书、画的封套，用布帛制成。③ 蔚宗：范晔字。④ 张步：字文公，琅玡不其(今山东省青岛市崂山区西北)人。西汉末年割据一隅，自号“五威将军”，东汉初任东莱太守，领十二郡，封安丘侯。后因起兵反叛被杀。⑤ 刘璋：字季玉，江夏竟陵(今湖北省天门市)人，东汉末继承父

亲刘焉封地为益州牧。⑥ 袁术：字公路，汝南汝阳（今河南省商水县西南）人，割据寿春（今安徽省寿县），建安二年（197）称帝。⑦ 法令滋章：法令繁多。语出《老子》第五十七章："法令滋章，盗贼多有。" ⑧ 小数：小技巧。

【导读】

本篇对史书的题目进行了具体而深入的探讨，问题范围包括全书之题目和书内各篇之题目，即书名和篇名。

就书名而论，历代史书多以"书"、"记"、"纪"、"略"为名。史书有编年和纪事二体，刘知几认为编年体史书以"纪"为名，纪传体史书以"书"为名，都是较为合乎准则且顺应时代的命名方式。他提出的原则是"名以定体，为实之宾"，即名称用来确定体例，是依附于史书的具体内容的，名和实应当相符。以此衡量前代典籍，则多有名实不符者：《吕氏春秋》非为史书，而以"春秋"为名；《楚汉春秋》非编年纪事，也号曰"春秋"；鱼豢、姚察二人所著之书，内容详细，繁冗芜杂，却以"略"命名。刘知几史学精神中很重要的一点就是史书编撰应当顺应时代发展，这个观念在此篇也有体现。刘知几举孙盛《魏氏春秋》、孔衍《汉魏尚书》等为例，指出有些著者虽然能遵守名实相符的原则，按照历代沿袭的传统来给史书命名，但是却未能顺应时代发展，有"好奇厌俗"的弊端，自然也是应当受到贬斥的。

就史书中的各篇篇名而论，刘知几同样坚持名实相符的原则。他指出司马迁撰皇后传却名为"外戚传"，班固撰《古今人表》却无今人，陈胜、项羽被编入汉代史书，董卓、袁绍被列为魏臣，都是属于名实不符的情况。明代学者李维桢对此段议论极为赞赏："马迁之以外戚传皇后也，此是疏略处，而子玄剔发精详，词气跌宕，可以解颐，可以捧腹，谓之史圣可也。"（《史通评释》）在这里，刘知几还专门讨论了纪传体史书中列传的篇名问题。他以范晔《后汉书》和魏收《魏书》为例，指出列传标题存在的琐碎繁杂和明著褒贬的弊端，推崇《史记》、《汉书》详审简约的命名方式。但章学诚却完全反对刘知几对于范晔的批评："马、班篇叙之法亡，而后史乃于篇首为目录。刘知几之讥范史也，谓其列传题目，全录姓氏。……然如刘氏所讥，则必书尽班、马家学，人皆裴、应专攻，然后约举篇名，首尾可挹。则范之繁目，诚多事矣。否则史传浩繁、端绪难究。昔项羽言书足以记姓名，言其粗也。今书具而求其姓名，博雅之儒，犹且难竟。则别编目录，而加子注，实后史志不得不然者也。”(《章氏遗书》本《文史通义》外篇一《史学别录例议》)这是从读者的角度所作的评论。

上篇《序例》篇末有“至于题目失据，褒贬多违，斯并散在诸篇，此可得而略矣”四句，可以较为明显的看出所讨论的是题目问题，而不是序例问题，张振珮先生认为此四句乃羼入上篇者，置于本篇“自兹已降，多师蔚宗”段末则较为恰当：“篇末数语，提出更不宜在题目中寓有褒贬之词，如岛夷索虏之类，然语意似有未尽。而上篇末‘至于题目失据’以下四句，置于《序例》之末，似难粘附。倘移置此篇之末，进一步提出题目不当，褒贬不实问题，不是这一篇讨论范围，似较顺畅。故疑彼四句系羼入上篇者，并志于此，以俟续考。”(《史通笺注》)此说可供读者参考。

断限第十二

夫书之立约，其来尚矣。如尼父之定《虞书》也[①]，以舜为始，而云“粤若稽古帝尧”；丘明之传鲁史也，以隐为先[②]，而云“惠公元妃孟子”。此皆正其疆里，开其首端。因有沿革，遂相交互，事势当然，非为滥轶[③]也。过此已往，可谓狂简不知所裁者焉[④]。

【注 释】

① 尼父之定《虞书》：尼父，孔子。《虞书》，即《尚书·虞夏书》，包括《尧典》等篇。② 以隐为先：《春秋》记事起自鲁隐公元年(前722)，左丘明作《传》，在隐公元年经文前叙述了隐公父惠公、嫡母孟子卒，继室声子生隐公等事。③ 滥轶：泛滥超越界限。轶，超过。④ 狂简不知所裁：语出《论语·公冶长》：“子在陈曰：‘归与，归与！吾党小子狂简，斐然成章，不知所以裁之。’”意谓志向远大，行为却粗率简单；文采可观，却不知怎样节制。

夫子曰：“不在其位，不谋其政。”[①]若《汉书》之立表志，其殆侵官离局[②]者乎？考其滥觞所出，起于司马氏。案马《记》以史制名，班《书》持汉标目。《史记》者，载数千年之事，无所不容；《汉书》者，纪十二帝之时[③]，有限斯极。固既分迁之记，判其去取，纪传所存，唯留汉日；表志所录，乃尽牺年[④]，举一反三，岂宜若是？胶柱调瑟[⑤]，不亦谬欤！但固之踳驳[⑥]，既往不谏[⑦]，而后之作者，咸习其迷。《宋史》则上括魏朝[⑧]，《隋书》则仰包梁代[⑨]。求其所书之事，得十一于千百。一成其例，莫之敢移；永言其理，可为叹息！

【注释】

①"不在其位"二句：语出《论语·泰伯》。② 侵官离局：超越职权范围，擅离职守。③ 纪十二帝之时：指西汉高祖、惠、文、景、武、昭、宣、元、成、哀、平及孺子婴等。④ 牺年：伏羲的时代。⑤ 胶柱调瑟：同"胶柱鼓瑟"。用胶粘住瑟上用以调音的短木，使其不能再调整音的高低缓急。比喻拘泥死板，缺少变通。⑥ 踳(chuǎn)驳：错乱，驳杂。踳，同"舛"，乖违，相背。⑦ 既往不谏：过去的事情无法挽回。语出《论语·微子》："往者不可谏。"⑧《宋史》则上括魏朝：指沈约《宋书》的志。其《志序》中说："《魏书》阙志，自魏至宋，宜入今书。"⑨《隋书》则仰包梁代：唐初修《隋书》的时候，考虑到南朝梁、陈，北朝齐、周等史都无志，所以修《五代史志》编入《隋书》。

当魏武乘时拨乱，电扫群雄，锋镝[①]之所交，网罗之所及者，盖唯二袁、刘、吕[②]而已。若进鸩行弑[③]，燃脐就戮[④]，总关王室，不涉霸图，而陈寿《国志》引居传首。夫汉之董卓，犹秦之赵高，昔车令之诛，既不列于《汉史》，何太师之毙，遂刊于《魏书》乎？兼复臧洪、陶谦、刘虞、孙瓒生于季末[⑤]，自相吞噬。其于曹氏也，非唯理异犬牙[⑥]，固亦事同风马[⑦]，汉典[⑧]所具，而魏册[⑨]仍编，岂非流宕忘归[⑩]，迷而不悟者也？

【注释】

① 锋镝(dí)：锋，刀口；镝，箭头。泛指兵器。② 二袁、刘、吕：指袁绍、袁术、刘表、吕布。③ 进鸩(zhèn)行弑：东汉少帝刘辩被董卓用鸩酒毒死。鸩，传说中的一种毒鸟，把它的羽毛放在酒里，可以毒杀人。④ 燃脐就戮：董卓被杀后，尸暴于街市，守尸者在董卓脐上燃火，燃烧了数日。

⑤ 臧洪、陶谦、刘虞、孙瓒：臧洪，字子源，广陵射阳（今江苏省宝应县东）人，汉末琅玡太守张超功曹，抗袁绍而死。陶谦，字恭祖，丹杨（今安徽省当涂县东北）人，汉末曾任徐州牧，施政混乱，后为曹操所败。刘虞，字伯安，东汉郯（今山东省郯城县）人，汉室宗亲，汉末任幽州牧，后为公孙瓒所杀。孙瓒，即公孙瓒，字伯珪，辽西令支（今河北省迁安市西）人，初任辽东涿令，后因杀刘虞而被刘虞部属联合袁绍兵打败，遂自杀。此四人《后汉书》皆有传。《三国志》又有臧洪、陶谦、公孙瓒传，刘虞事迹见于公孙瓒传中。⑥ 理异犬牙：形容事理交错。⑦ 事同风马：事情毫不相干，风马牛不相及。语出《左传·僖公四年》："春，遂伐楚，楚子使与师言曰：'君处北海，寡人处南海，唯是风马牛不相及也。'" ⑧ 汉典：指《后汉书》。⑨ 魏册：指《三国志·魏书》。⑩ 流宕忘归：放任而不知收束。宕，放荡，不受拘束。

亦有一代之史，上下相交，若已见它记，则无宜重述。故子婴降沛[①]，其详取验于《秦纪》；伯符死汉[②]，其事断入于《吴书》。沈录金行，上羁刘主[③]；魏刊水运，下列高王[④]。唯蜀与齐各有国史，越次而载，孰曰攸宜？

【注 释】

① 子婴降沛：赵高杀秦二世以后，立子婴为秦王，刘邦进军至霸上，子婴投降。② 伯符死汉：伯符，孙策字。曹操封孙策为吴侯，建安五年（200）曹操与袁绍战于官渡，孙策密谋袭击许都，军未发，被人暗杀。③ "沈录"二句：沈录，指沈约所撰《晋书》。晋为金德，尚白，"金行"指晋代。羁，接续。④ "魏刊"二句：魏刊，指魏收《魏书》。元魏为水德。《魏书》对北齐高欢、高澄、高洋等事迹记载详细。

自五胡[①]称制，四海殊宅。江左[②]既承正朔，斥彼魏胡，故氐、羌有录[③]，索虏成传[④]。魏本出于杂种，窃亦自号真君[⑤]。其史党附本朝，思欲凌驾前作，遂乃南笼典午[⑥]，北吞诸伪，比于群盗，尽入传中。但当有晋元、明之时[⑦]，中原秦、赵之代[⑧]，元氏[⑨]膜拜稽首，自同臣妾，而反列之于传，何厚颜之甚邪！又张、李诸姓[⑩]，据有凉、蜀，其于魏也，校年则前后不接，论地则参商有殊，何预魏氏而横加编载？

【注 释】

① 五胡：十六国时期统治集团种族有匈奴、鲜卑、羯、氐、羌。② 江左：古时在地理上以东为左，江左也叫“江东”，指长江下游南岸地区，此处指东晋、宋、齐、梁、陈各朝统治的地区。③ 氐、羌有录：《宋书》有《氐胡传》，《南齐书》有《氐羌传》。④ 索虏成传：索，指发辫，古代北方民族多有发辫，故称。《宋书》有《索虏传》。⑤ 自号真君：北魏世祖太武帝拓跋焘于公元440年改年号为“太平真君”。⑥ 南笼典午：典午，常用来代称晋朝。魏收《魏书》有《僭晋司马叡传》等东晋帝王传。⑦ 有晋元、明之时：指东晋元帝和明帝。⑧ 中原秦、赵之代：指氐族苻坚的前秦和匈奴族刘氏的前赵。⑨ 元氏：鲜卑族拓跋氏政权传至孝文帝元宏太和二十年(496)，改拓跋氏为元氏。⑩ 张、李诸姓：指建立前梁政权的张寔以及国号成汉的李雄。

夫《尚书》者，七经[①]之冠冕，百氏之襟袖。凡学者必先精此书，次览群籍。譬夫行不由径，非所闻焉。修国史者，若旁采异闻，用成博物，斯则可矣。如班《书·地理志》，首全写《禹贡》一篇。降为后书，持续前史。盖以水济水，床上施床，徒有其烦，竟无其用，岂非惑乎？昔春秋诸国，赋诗见意，《左氏》所载，唯录章名。如地理为书，论自古风俗，至于夏世，宜云《禹贡》已详，何必重述古文，益其辞费也？

若夷狄本系种落所兴，北貊起自淳维[②]，南蛮出于槃瓠[③]，高句丽以鳖桥获济[④]，吐谷浑因马斗徙居[⑤]。诸如此说，求之历代，何书不有？而作之者曾不知前撰已著，后修宜辍，遂乃百世相传，一字无改。盖骈指在手，不加力于千钧；附赘居身，非广形于七尺。为史之体，有若于斯，苟滥引它事，丰其部帙，以此称博，异乎吾党所闻。

陆士衡[⑥]有云：“虽有爱而必捐。”善哉斯言，可谓达作者之致矣。夫能明彼断限，定其折中，历选自古，唯萧子显近诸。然必谓都无其累，则吾未之许也。

【注 释】

① 七经：常见的三种说法：一以《诗》、《书》、《礼》、《乐》、《易》、《春秋》、《论语》为七经，二以《诗》、《书》、《礼》、《易》、《春秋》、《论语》、《孝经》

为七经,三以《诗》、《书》、《仪礼》、《周礼》、《礼记》、《易》、《春秋》为七经。② 北貊(mò)起自淳维:貊,古书上说的一种野兽,古代常用来指东北方的少数民族,此处指匈奴。《史记·匈奴传》:"匈奴,其先祖夏后氏之苗裔也,曰淳维。" ③ 南蛮出于槃(pán)瓠(hú):槃瓠,传说远古高辛氏畜狗名为槃瓠,帝以女配槃瓠,其子孙称南蛮。《后汉书·南蛮传》:"昔高辛氏有畜狗,名曰槃瓠,帝以女配槃瓠,生六男六女,槃瓠死后,因自相夫妻,其后滋蔓,号曰南蛮。" ④ 高句丽以鳖桥获济:传说高句丽祖先朱蒙被夫馀人追杀,中途遇大水,鱼鳖浮上水面结成桥梁,朱蒙渡水后建立高句丽。见《魏书·高句丽传》。⑤ 吐谷浑因马斗徙居:传说辽东鲜卑族人奕洛韩有二子,长子名吐谷浑,次子名若洛廆,各自建成部落。若洛廆因为两个部落马匹相斗大怒,吐谷浑就远走阴山,自称慕容氏。见《宋书·鲜卑吐谷浑传》。⑥ 陆士衡:即陆机。

【导 读】

在史书编撰,尤其是断代史书的编撰中,撰著者首先要面对的一个问题就是如何确定纪事的范围和界限,即史书的断限问题。以时间为经,地理为纬,这个问题主要包含有三个层面:一、时间的断限;二、人物的断限;三、地理的断限。本篇主要从这三个层面出发,衡量前代诸史编撰得失,提出在具体编撰过程中处理断限问题的方法和原则。

史书定立范围,由来已久。刘知几以《尚书》、《左传》处理前代史实的具体方法为例,提出本篇所要讨论的断限问题:"此皆正其疆里,开其首端。因有沿革,遂相交互,事势当然,非为滥轶也。过此已往,可谓狂简不知所裁者焉。"

刘知几首先讨论的是时间的断限问题。作为以"汉"标目的班固《汉书》,编撰范围本应限定于西汉,但是,其中的表和志却都超出了汉代范围,《古今人表》更是上下数千年。在前述《表历》篇中,刘知几对班固的《古今人表》就表明了完全否定的态度,指出其分类不伦和断限不明的缺点。在编撰体例上,班固《汉书》很多方面都继承了司马迁的《史记》,但是因为《史记》为通史体制,《汉书》为断代体制,所以要求班固制定自己的去取原则,《汉书》纪和传的时间范围都限定在西汉,但是表和志却超出了西汉的范围，上至伏羲时代，因此被刘知几讥为“胶柱调瑟”。《汉书》作为断代史书典范，对后世史书编撰影响深远，所以班固的这种做法也就成了合理之举。《宋史》上括魏朝，《隋书》包含梁代，都是沿袭了这一观念。诸史表志，在编撰中情况多有不同，刘知几对诸史表志断限的批评，后世学者赞同者少而驳斥者多，驳斥者多以诸史表志补遗之功立论。张舜徽先生言：“推之《后汉》、《三国》无《志》，今读《宋书》诸《志》，即足以补范、陈两家之缺。犹之《隋书》诸《志》，可补《南北史》之缺，在学者心知其意而善读之耳。如徒规规于断限之义，则失古人拾遗补艺之意。”(《史通平议》)虽然刘知几对古人拾遗补史的用意有所忽略，但是我们应当看到，刘知几此篇着重在于指出诸史表志较有普遍性的滥轶缺点，其对史书体例严格要求的精神，是贯穿《史通》全书的。

其次是人物的断限问题。这一问题主要体现在断代体史书的纪传编撰中。在刘知几看来，只有与本朝有关系的人物才能列入本朝之史。以陈寿《三国志》为例，三国魏初的二袁、刘、吕，都与曹氏有关，自然可以进入《魏书》，而董卓、臧洪等汉末诸人，汉代史书已有详细记载，编入《魏书》就不可取了。子婴、孙策，不应在秦、汉与汉、吴史书中重复记述。蜀汉和北齐都有自己的国史，所以沈约编撰《晋书》，不应上录蜀汉君主，魏收编撰《魏书》，不应下列北齐君王。

再次，就地理而言，刘知几认为，在同时存在的多个政权的情形下，每个政权的史书只应记载本政权的历史，不应僭越地域，妄加区分尊卑。这一观点，主要是据魏收《魏书》“校年则前后不接，论地则参商有殊”而论。

刘知几强调撰史宜简约的史学编撰思想在此篇也有体现。他以《左传》只录赋诗篇名的简约做法为例，批评班固《汉书·地理志》开头全抄《禹贡》，而各代史书叙述各少数民族之缘起时，也是百世传抄，一字不改。对于历史材料使用的断限不明，同样会造成史书的重复繁冗。刘知几在此进一步论证了史书编撰中明确断限的重要意义。

编次第十三

昔《尚书》记言，《春秋》记事，以日月为远近，年世为前后，用使阅之者雁行鱼贯[①]，皎然可寻。至马迁始错综成篇，区分类聚。班固踵武，仍加祖述。于其间则有统体不一，名目相违，朱紫以之混淆，冠履于焉颠倒，盖可得而言者矣。

寻子长之列传也，其所编者唯人而已矣。至于龟策异物[②]，不类肖形，而辄与黔首[③]同科，俱谓之传，不其怪乎？且龟策所记，全为志体，向若与八书齐列，而定以书名，庶几物得其朋，同声相应者矣。

孟坚每一姓有传，多附出余亲。其事迹尤异者，则分入它部。故博陆、去病昆弟非复一篇[④]，外戚、元后妇姑分为二录[⑤]。至如元王受封于楚，至孙戊而亡[⑥]。案其行事，所载甚寡，而能独载一卷者，实由向、歆[⑦]之助耳。但交封汉始，地启列藩；向居刘末，职才卿士[⑧]。昭穆既疏，家国又别。适使分楚王子孙于高、惠之世，与荆、代并编[⑨]；析刘向父子于元、成之间，与王、京共列[⑩]。方于诸传，不亦类乎？

【注 释】

① 雁行鱼贯：形容许多人排成行列有秩序地行进或做某种动作。此处指史书编纂条理井然。② 龟策：龟甲和筮草，古代占卜之具。③ 黔首：指平民百姓，这里泛指历史人物。④ 博陆、去病：指西汉霍光与霍去病。霍光封号为博陆侯。《汉书》将霍去病与卫青合传，其弟霍光与金日䃅合传。⑤ 外戚、元后：《汉书》把后妃列入《外戚传》，而因为汉元帝之后事迹之重要，单列《元后传》。⑥ "元王"二句：刘交是刘邦少弟，受封楚王，他的孙子刘戊因为景帝时参与七国之乱，兵败被杀后封国灭亡。⑦ 向、歆：刘向、刘歆。刘向为刘交四世孙。⑧ 卿士：古代官名，指卿、大夫，后用以泛指官吏。⑨ 荆、代：指荆王刘贾和代王刘仲。⑩ 王、京：王式、京房，二人都是汉代经师。

又自古王室虽微，天命未改，故台名逃责[①]，尚曰周王；君未系颈，且云秦国。况神玺在握，火德犹存[②]，而居摄[③]建年，不编《平纪》之末；孺子主祭[④]，咸书《莽传》之中。遂令汉余数岁[⑤]，湮没无睹，求之正朔，不亦厚诬？

当汉氏之中兴也，更始升坛改元[⑥]，寒暑三易。世祖称臣北面[⑦]，诚节不亏。既而兵败长安，祚归高邑，兄亡弟及，历数相承。作者乃抑圣公[8]于传内，登文叔[9]于纪首，事等跻僖，位先不窋[10]。夫东观秉笔，容或谄于当时，后来所修，理当刊革者也。

【注 释】

① 台名逃责：即洛阳南宫簃台。周赧王为诸侯所凌迫，避债逃于台上，所以此台被称为“逃责台”。② 火德：指汉朝。古代五行说认为汉王朝为火德。③ 居摄：居摄是西汉时期皇帝孺子婴的第一个年号，共计3年。这时王莽摄政，代行皇帝之权。④ 主祭：主持刘氏宗庙祭祀，即继承汉王朝君统的意思。⑤ 汉余数岁：指孺子婴居摄元年(6)到初始元年(8)。⑥ 更始升坛改元：王莽地黄四年(23)，刘玄称帝，改元更始，至公元25年，光武帝即位，共三年。⑦ 世祖：东汉光武帝刘秀庙号。⑧ 圣公：刘玄字圣公。⑨ 文叔：刘秀字文叔。⑩“事等跻(jī)僖”二句：《春秋·文公二年》：“大事于太庙，跻僖公。”杜预注曰：“跻，升也。僖公，闵公庶兄，继闵而立，庙座宜次闵下，故书而讥之。”《左传·文公二年》：“大事于太庙，跻僖公，逆祀也，君子以为失礼。子虽齐圣德，不先父食。故禹不先鲧，汤王不先契，文、武不先窋。”不窋(zhuó)，后稷的儿子，周之二世祖。

盖逐兔争捷[1]，瞻乌靡定[2]，群雄僭盗，为我驱除。是以史传所分，真伪有别，陈胜、项籍见编于高祖之后，隗嚣、孙述[3]不列于光武之前。而陈寿《蜀书》首标二牧[4]，次列先主[5]，以继焉、璋。岂以蜀是伪朝，遂乃不遵恒例。但鹏鷃一也，何大小之异哉[6]？

【注 释】

① 逐兔争捷：《吕氏春秋·慎势》引《慎子》：“今一兔走，百人逐之，非一兔足为百人分之也，由未定。”② 瞻乌靡定：《诗·小雅·正月》：“瞻乌爰止，于谁之屋。”“瞻乌靡定”和“逐兔争捷”都是比喻群雄争夺帝位还未定局。③ 孙述：即公孙述。④ 二牧：益州牧刘焉、刘璋。⑤ 先主：指刘备。⑥“鹏鷃”二句：《庄子·逍遥游》：“有鸟焉，其名为鹏，背若泰山，翼若垂天之云，抟摇羊角而上者九万里，绝云气，负青天，然后图南，且适南

冥也。斥鴳笑之曰:'我腾跃而上者不过数仞,而下翱翔蓬蒿之间,此亦飞之至也,而彼且奚适也。'此大小之辨也。"刘知几以此比喻陈寿不应该以蜀小偏安而更改体例。

《春秋》嗣子谅暗①,未逾年而废者,既不成君,故不别加篇目。是以鲁公十二②,恶、视③不预其流。及秦之子婴④,汉之昌邑⑤,咸亦因胡亥而得记,附孝昭而获闻⑥。而吴均《齐春秋》乃以郁林为纪⑦,事不师古,何滋章之甚与!

观梁、唐二朝,撰《齐》、《隋》两史,东昏犹在,而遽列和年⑧;炀帝未终,而已编《恭纪》⑨。原其意旨,岂不以和为梁主所立,恭乃唐氏⑩所承,所以黜永元而尊中兴,显义宁而隐大业。苟欲取悦当代,遂乃轻侮前朝。行之一时,庶叶权道;播之千载,宁为格言!

【注释】

① 谅暗:也作"谅阴",守丧、居丧,多用于帝王。② 鲁公十二:指《春秋》所记载的鲁国国君隐、桓、庄、闵、僖、文、宣、成、襄、昭、定、哀十二公。③ 恶、视:鲁文公去世以后,太子恶即位,鲁大夫襄仲欲立宣公,杀恶及其弟视。④ 秦之子婴:胡亥被赵高所杀后,公子婴被立为秦王,后投降于刘邦。⑤ 汉之昌邑:指汉昌邑王刘贺。⑥ 附孝昭而获闻:昌邑王刘贺的事迹附载于其父《昌邑王髆传》中,废立的事情见于《汉书·宣帝纪》,刘知几所言有误。孝昭,即汉昭帝刘弗陵。⑦ 郁林:郁林王萧昭业,南朝齐武帝萧赜之孙,在位七月即被杀。⑧ "东昏"二句:东昏,南齐东昏侯萧宝卷,明帝死后即位,改元永元,永元三年十月被杀。和帝萧宝融,永元三年三月被拥立为帝。公元501年三月至十月之间有二年号,《南齐书·和帝纪》在是年三月以后即以和帝中兴纪年。⑨ "炀帝"二句:大业十三年(617),隋炀帝出巡江都,李渊立代王侑为帝,是为恭帝,改元义宁,尊隋炀帝为太上皇。《隋书》在《恭帝纪》中不用大业年号,而用义宁年号。⑩ 唐氏:指李唐王朝。

寻夫本纪所书,资传乃显;表志异体,不必相涉。旧史以表志之帙介于纪传之间，降及蔚宗，肇加厘革，沈、魏继作[①]，相与因循。既而子显《齐书》、颖达《隋史》[②]，不依范例，重遵班法。盖择善而行，何有远近；闻义不徙[③]，是吾忧也。

若乃先黄、老而后《六经》[④]，后外戚而先夷狄[⑤]；老子与韩非并列[⑥]，贾诩将荀彧同编[⑦]，《孙弘传赞》[⑧]，宜居《武》、《宣》纪末；宗庙迭毁，枉入《玄成传》终[⑨]。如斯舛谬，不可胜纪。今略其尤甚者耳，故不复一一而详之。

【注 释】

① 沈、魏继作：指沈约《宋书》和魏收《魏书》。② 颖达《隋史》：孔颖达，唐代著名经学家、史学家，贞观年间，受命与颜师古等修撰隋代之史。③ 闻义不徙：知道有正确的也不跟从。④ 先黄、老而后《六经》：班固《汉书·司马迁传》赞中批评司马迁说："又其是非颇谬于圣人，论大道则先黄、老而后《六经》。" ⑤ 后外戚而先夷狄：《汉书·外戚传》列在匈奴、西南夷、两粤、朝鲜、西域等传之后。⑥ 老子与韩非并列：指《史记·老子韩非列传》。⑦ 贾诩将荀彧同编：指《三国志·魏书·荀彧荀攸贾诩传》。⑧ 孙弘传赞：指《汉书》公孙弘等传的赞语，历述武帝、宣帝时得人之盛。⑨"宗庙"二句：《汉书·韦贤传》附《玄成传》，在传末列述其兄弟子侄的事迹后，追述了自高祖以来宗庙迭毁的诏令奏议。

【导读】

在编纂体例上，史书有编年、纪传二体。对于编年体史书而言，无论是记言的《尚书》，还是记事的《春秋》，由于是以日月的远近和年代的先后为次序，体例较为单纯，所以读者只要依次阅读，就会明白可寻。纪传体史书则情况较为复杂。自司马迁《史记》以来，纪传体形成了纪、传、表、志等类目，既然有类目的划分，就涉及各类目总的次序以及具体人物、事件归类的问题，而纪传体以人物为纲的特点及传统史学尊卑观念的影响，则又需要史家在编撰过程中考虑人物排列先后次序的问题。刘知几在本篇中讨论的主要问题就是纪传体史书中人物、事件的编排处理问题，强调史书编撰在归类和排序上需要遵循统一的体例和标准。

在具体人物、事件的归类和排序问题上，刘知几依据《史记》、《汉书》等前代诸史的编撰得失提出了自己的意见。归类是否恰当方面，列传本为专记人物，而《史记》中褚少孙所补专记占卜龟策之事的《龟策列传》却编入传类，刘知几认为是不恰当的，建议以“书”命名，与八书并列；《汉书》将西汉之末的刘向、刘歆和汉初受封的诸侯王刘交合为一传，辈分已远，爵位不同，刘知几建议将刘向父子分出，与同时的王式、京房等人一道列入儒林传。

在史学思想上，刘知几是坚持传统史学正统尊卑观念的，这在本篇中也有体现。刘知几肯定了《史记》将陈胜、项籍编在汉高祖刘邦之后，《后汉书》将隗嚣、公孙述置于光武帝刘秀之后的做法，对陈寿《三国志·蜀书》首先编列益州二牧，然后才列先主刘备的排序方式提出批评。但是，在对于具体历史人物的思考和编排上，刘知几又不固守传统观念，而是以尊重史实为基本原则，他举孺子婴、刘玄等为例，认为帝王名号犹存，就应该列入本纪。

从总体着眼，在纪传体各类目总的排列次序上，刘知几认为纪、传、表、志各有分工，纪、传和表、志的体例不同，不必互相牵涉。他肯定了范晔《后汉书》对于类目次序的革新，不赞成《史记》、《汉书》以来诸史将表、志放于本纪、列传之间的做法，建议后世史书应将表、志编次于列传之后，从而使关系密切的本纪和列传能够相互衔接。

最后，刘知几以《史记》、《汉书》、《三国志》诸史为例，指出合传编次不当及传赞排列有误的问题。郭孔延在《史通评释》中说：“先黄老，后《六经》，老子与韩非同传，迁之失也。后外戚，先夷狄，固之失也。贾诩将荀彧同编，寿之失也。《公孙宏传赞》备言宣、武以来得人之盛不似宏赞，故曰宜居宣、武纪末。宗庙迭毁，玄成卒后，皆匡衡、孔光等建议，故曰枉入《玄成传》终，此又固之失也。子玄读史精矣。”这段评论可以说是对刘知几观点的进一步诠释。

对于本篇所论及的问题，后世学者虽然亦有持不同观点者，但是正如郭孔延所指出的，就本篇论及的广度和深度来讲，足见刘知几读史之精与识见之深，对于史书编排体例的规范与完备，有着重要指导意义。

称谓第十四

孔子曰："唯名不可以假人。"[①] 又曰："名不正则言不顺"，"必也正名乎！"[②]是知名之折中[③]，君子所急。况复列之篇籍，传之不朽者邪！昔夫子修《春秋》，吴、楚称王而仍旧曰子。此则褒贬之大体，为前修之楷式[④]也。马迁撰《史记》，项羽僭盗而纪之曰王，此则真伪莫分，为后来所惑者也。自兹已降，论谬相因，名讳所施，轻重莫等。至如更始中兴汉室，光武所臣，虽事业不成，而历数终在。班、范二史皆以刘玄为目[⑤]，不其慢乎？

古者二国争盟，晋、楚并称侯伯；七雄力战，齐、秦俱曰帝王。其间虽胜负有殊，大小不类，未闻势穷者即为匹庶[⑥]，力屈者乃成寇贼也。至于近古则不然，当汉氏云亡，天下鼎峙，论王道则曹逆而刘顺，语国祚则魏促而吴长。但以地处函夏[⑦]，人传正朔，度长絜短，魏实居多。二方之于上国，亦犹秦缪、楚庄与文、襄[⑧]而并霸。逮作者之书事也，乃没吴、蜀号谥，呼权、备姓名，方于魏邦，悬隔顿尔[⑨]，惩恶劝善，其义安归。

【注释】

① 唯名不可以假人：《左传·成公二年》："仲尼闻之曰：惜也，不如多与之邑。唯器与名不可以假人。"名，名分。假，借。② "名不正"二句：《论语·子路》：子曰："必也正名乎！……名不正则言不顺，言不顺则事不成。" ③ 折中：取正；调节、使之适中。④ 楷式：法则，典范。⑤ 班、范二史皆以刘玄为目：班固《汉书》和范晔《后汉书》都没有立《更始帝纪》，而是立《刘玄传》。⑥ 匹庶：百姓，平民。⑦ 函夏：扬雄《河东赋》："以函夏之大汉兮，彼曾何足与比功？"颜师古注引服虔曰："函夏，函诸夏也。"后以"函夏"指全国。⑧文、襄：晋文公、晋襄公。⑨ 悬隔顿尔：突然这样悬殊。顿尔，突然。

续以金行版荡[①]，戎、羯称制，各有国家，实同王者。晋世臣子党附君亲，嫉彼乱华，比诸群盗。此皆苟徇私忿，忘夫至公。自非坦怀爱憎，无以定其得失。至萧方等[②]始存诸国各谥，僭帝者皆称之以王。此则赵犹人君，加以主号③；杞用夷礼，贬同子爵④。变通其理，事在合宜，小道可观，见于萧氏者矣。

古者天子庙号，祖有功而宗有德，始自三代，迄于两汉，名实相允，今古共传。降及曹氏，祖名多滥，必无愧德，其唯武王⑤。故陈寿《国志》，独呼武曰祖，至于文、明，但称帝而已。自晋已还，窃号者非一。如成、穆两帝⑥，刘、萧二明⑦，梁简文兄弟⑧，齐武成昆季⑨，斯或承家之僻王，或亡国之庸主，不谥灵缪⑩，为幸已多，犹曰祖宗，孰云其可？而史臣载削，曾无辨明，每有所书，必存庙号，何以申劝沮之义，杜渝滥之源者乎？

【注 释】

① 金行版荡：金行，指西晋。版荡，一作"板荡"，动乱不安。② 萧方等：字实相，梁元帝萧绎长子，曾邀集当时学者注解《后汉书》未成，后撰《三十国春秋》三十一卷。③ "赵犹人君"二句：赵，指赵武灵王。张振珮先生《史通笺注》认为"主"应为"王"："《称谓》通篇，是讲史书正名问题，赵武灵自称君，称主父，与史籍无关。是处乃指赵武灵仍同是人君，故《史记·赵世家》亦统称之为王，仍以'王'字为是。" ④ "杞用夷礼"二句：《左传·僖公二十七年》："杞桓公来朝，用夷礼，故称子。"杞桓公本为伯爵，子爵是降了一等。⑤ 武王：指曹操。⑥ 成、穆两帝：指东晋成帝司马衍，庙号显宗；穆帝司马聃，庙号孝宗。⑦ 刘、萧二明：指南朝宋明帝刘彧，庙号太宗、南朝齐高宗明帝萧鸾，庙号高宗。⑧ 梁简文兄弟：指南朝梁简文帝萧纲，庙号太宗；世祖孝元帝萧绎，庙号世祖。⑨ 齐武成昆季：指北朝齐文帝高洋，庙号显祖；孝昭帝高演，庙号肃宗；武成帝高湛，庙号世祖。⑩ 灵缪：皆为谥名。据张守节《谥法解》："不勤成名曰灵"、"好祭鬼怪曰灵"、"乱而不损曰灵"、"名与实爽曰缪"。皆为恶谥。

又位乃人臣，迹参王者，如周之亶父、季历①，晋之仲达、师、昭②，追尊建名，比诸天子，可也。必若当涂③所出，宦官携养，帝号徒加，人望不惬。故《国志》④所录，无异匹夫，应书其人，直云皇之祖考也而已。至如元氏⑤，起于边朔，其君乃一部之酋之长耳。道武追崇所及，凡二十六君。自开辟以来，未之有也。而《魏书·序纪》⑥，袭其虚号，生则谓之帝，死则谓之崩，何异沐猴而冠[7]，腐鼠称璞者矣！

【注释】

① 亶父、季历：亶父，即古公亶父，上古周族领袖，周文王的祖父，周人追尊为太公王。季历，古公亶父少子，文王姬昌之父，商王文丁时，受封为"牧师"，成为西方诸侯之长，周人追尊为王季。② 仲达、师、昭：指司马懿、司马师、司马昭。③ 当涂：即当涂高，指魏。《后汉书·袁术传》："又少见谶书，言'代汉者当涂高'。"李贤注云："当涂高者，魏也。" ④《国志》：指《三国志》。⑤ 元氏：指元魏。⑥《魏书·序纪》：《魏书》在道武帝拓跋珪前，立一《序纪》，追纪先世二十七人，行文为帝纪体例。⑦ 沐猴而冠：猴子穿衣戴帽，究竟不是真人。比喻虚有其表，形同傀儡。常用来讽刺投靠恶势力窃据权位的人。《史记·项羽本纪》："说者曰：人言楚人沐猴而冠耳。果然。"沐猴，猕猴。冠，戴帽子。⑧ 腐鼠称璞：《战国策·秦策三》："应侯曰：'郑人谓玉未理者璞，周人谓鼠未腊者朴。'周人怀朴过郑贾曰：'欲买朴乎？'郑贾曰：'欲之。'出其朴，乃鼠也。"腐鼠，未腊制的鼠。后用以指低劣的有名无实的人或物。璞，未雕琢过的玉石。

夫历观自古，称谓不同，缘情而作，本无定准。至若诸侯无谥者，战国已上谓之今王；天子见黜者，汉、魏已后谓之少帝。周衰有共和之相[1]，楚弑有郏敖之主[2]，赵佗[3]而曰尉佗，英布[4]而曰鲸布，豪杰则平林、新市，寇贼则黄巾、赤眉，园、绮[5]友朋，共云四皓，奋、建[6]父子，都称万石。凡此诸名，皆出当代，史臣编录，无复张弛。盖取叶随时[7]，不藉稽古。及后来作者，颇慕斯流，亦时采新名，列成篇题。若王《晋》[8]之《十士》、《寒俊》，沈《宋》之《二凶》、《索虏》，即其事也。唯魏收远不师古，近非因俗，自我作故，无所宪章[9]。其撰《魏书》也，乃以平阳王为出帝[10]，司马氏为僭晋，桓、刘已下，通曰岛夷。夫其谄齐则轻抑关右，党魏则深诬江外，爱憎出于方寸，与夺由其笔端，语必不经，名惟骇物。昔汉世原涉大修坟墓，乃开道立表，署曰南阳阡，欲以继迹京兆，齐声曹尹，而人莫之肯从，但云原氏阡而已。故知事非允当，难以遵行。如收之苟立诡名，不依故实，虽复刊诸竹帛，终罕传于讽诵也。

【注 释】

① 共和之相：共和，历史年号，西周从厉王失政，至宣王执政，中间十四年，号共和。共和元年，即公元前841年，是中国历史有确切纪年的开始。“共和”的由来，有两说：一说因厉王出奔后召公、周公二相共同执政。一说因共伯和代理政事，所以称共和。② 郏敖之主：《左传·昭公元年》记载，楚公子围缢杀楚共王，葬之于郏（今河南省郏县），谓之郏敖。敖，楚国国君死后没有谥号的称敖。③ 赵佗：秦二世时，南海尉任嚣病将死，召龙川令赵佗行南海尉事，任嚣死后，赵佗自号为南粤武王，后来又自号南粤武帝。汉文帝时取消帝号，仍用南粤王旧号，称臣纳贡。④ 英布：秦末汉初名将，六县（今安徽省六安市）人，因受秦律被黥，又称黥布。初属项羽，为霸王帐下五大将之一，封九江王，后归汉，封淮南王。汉朝建立后因起兵叛乱被杀。⑤ 园、绮：东园公唐秉、绮里季吴实。“商山四皓”注见《列传》篇。⑥ 奋、建：即石奋、石建。注见《论赞》篇。⑦ 取叶（xié）随时：符合当时的情况。叶，契合。⑧ 王《晋》：王隐《晋书》。⑨ 宪章：典章制度，这里用作动词，效法，依照。⑩ 以平阳王为出帝：北魏孝武帝元修，初封平阳王，普泰二年（532），高欢率兵入洛阳，拥立他为孝武帝，永熙三年（534），孝武帝在高欢的逼迫下西奔长安，投靠宇文泰。《魏书》本纪作《出帝平阳王修纪》。

抑又闻之，帝王受命，历数相承，虽旧君已没，而致敬无改，岂可等之凡庶，便书之以名者乎？近代文章，实同儿戏。有天子而称讳者，若姬满、刘庄[①]之类是也。有匹夫而不名者，若步兵、彭泽[②]之类是也。史论立言。理当雅正。如班述之叙圣卿[③]也，而曰董公惟亮；范赞之言季孟[④]也，至曰隗王得士。习谈汉主[⑤]，则谓昭烈为玄德。裴引魏室[⑥]，则目文帝为曹丕。夫以淫乱之臣，忽隐其讳，正朔之后，反呼其名。意好奇而辄为，文逐韵而便作。用舍之道，其例无恒。但近代为史，通多此失。上才犹且若是，而况中庸者乎？今略举一隅，以存标格云尔。

【注 释】

① 姬满、刘庄：周穆王、汉明帝。② 步兵、彭泽：阮籍、陶潜。③ 圣

卿：董贤，字圣卿，西汉御史董恭之子，因为貌美被汉哀帝宠幸，哀帝崩，王莽掌权，董贤被弹劾，自杀而死。④ 季孟：隗嚣，字季孟，出身陇右大族，青年时代在州郡为官，以知书通经而闻名陇上。王莽的国师刘歆闻其名，举为国士。刘歆叛逆后，隗嚣归故里。刘玄更始(23)政权建立后，隗嚣趁机占领平襄，成了割据一方的势力。更始二年，隗嚣归顺更始，封为右将军。刘秀即位(25)后，隗嚣劝刘玄东归刘秀，刘玄不允。隗嚣欲挟持刘玄东归未遂，逃回天水，自称西州大将军，建武九年(33)，病故。⑤ 习谈汉主：指习凿齿《汉晋春秋》。习凿齿，字彦威，东晋著名文学家，史学家，所撰《汉晋春秋》以蜀汉为正统。⑥ 裴引魏室：指裴松之《三国志注》。裴松之，字世期，河东闻喜(今属山西省)人，东晋史学家，南朝刘宋时，官至中书侍郎。著有《晋纪》、《宋元嘉起居注》，奉命作《三国志注》。

【导读】

本篇主要讨论史书中历史人物的称谓问题。孔子"名不正则言不顺"的论断对古人"正名"观念有较大影响，这一论断也是本篇立论的依据。根据前代史书编撰中诸多"名实不副"的现象，刘知几提出自己对于称谓的批评见解，以尊重历史事实为基本原则，贯穿着史学的求实精神。

刘知几以孔子对"名"与"实"的相关论述提出史书中的称谓问题的重要意义，举例《春秋》中吴、楚称王而仍曰"子"，强调自己对于史书称谓问题的一个基本判断原则——名实相副。以此原则观之，则《史记》为项羽立本纪而称其为"王"，《汉书》、《后汉书》无《更始帝纪》而撰《刘玄传》的做法都不是恰当的。

中国古代历史上有很多群雄争霸，多个政权并存的时期，后世史书在记述这段时期的历史时，如何称谓诸国君王，是一个较为复杂的问题。以《魏略》、《魏氏春秋》和《三十国春秋》为例，刘知几批评了鱼豢、孙盛以曹魏强盛而直呼刘备、孙权姓名的做法，认为萧方等保存诸国名谥，皆称之以王的方式是符合情理的。"自非坦怀爱憎，无以定其得失"，刘知几对传统的成败观和正统观提出了驳斥。张舜徽先生认为刘知几"此论甚伟！所谓不以成败论人也"(《史通平议》)。

古代天子的庙号，是称谓的一种重要形式。帝王有功的称祖，有德的称宗，从三代开始，直到两汉，庙号和人物行事相符，古今流传。魏晋以降，则多有窃取庙号者，邪僻之王、亡国之主，也都称祖、宗，后世史家编撰史书时，却未能加以分辨而直接载入史书，刘知几认为，名实不副的庙号，可以不加记载，在对待称谓问题上，史家的职责是“申劝沮之义，杜渝滥之源”。相比于庙号而言，尊号的滥用更为常见，元魏道武帝追尊帝号，共有二十八代君主，魏收怀谄媚当朝之心，在编撰《魏书》时，仍然在《序纪》中袭称这些尊号，被刘知几斥为“沐猴而冠，腐鼠称璞”。

对于历史人物的称谓问题，刘知几胪列古今，以一种发展的眼光加以评述。他认为，自古以来史书，称谓不同，需依具体情况而定，本无一定的标准，既可师法前人，也可根据习俗。但是，刘知几对“苟立诡名，不依故实”的行为却是强烈鄙斥的，这一批评同样是针对魏收《魏书》：“夫其谄齐则轻抑关右，党魏则深诬江外，爱憎出于方寸，与夺由其笔端，语必不经，名惟骇物。”

篇末，刘知几通过对《汉书》、《后汉书》、《汉晋春秋》、《三国志》裴松之注等史书的评述，指出诸史为了追求立意新奇、行文押韵而随意更改名号。概括指出史书编撰中对于称谓本来没有固定的体例，史家应对历史人物的称谓抱以严肃的态度，遵循名实相副的原则。

卷　五

采撰第十五

子曰：“吾犹及史之阙文。”[①]是知史文有阙，其来尚矣。自非博雅君子，何以补其遗逸者哉？盖珍裘以众腋成温，广厦以群材合构。自古探穴藏山之士[②]，怀铅握椠之客[③]，何尝不征求异说，采摭群言[④]，然后能成一家，传诸不朽。观夫丘明受经立传，广包诸国，盖当时有《周志》、《晋乘》、《郑书》、《楚杌》[⑤]等篇，遂乃聚而编之，混成一录。向使专凭鲁策[⑥]，独询孔氏，何以能殚见洽闻[⑦]，若斯之博也？马迁《史记》，采《世本》、《国语》、

《战国策》、《楚汉春秋》。至班固《汉书》,则全同太史。自太初已后,又杂引刘氏[8]《新序》、《说苑》、《七略》之辞。此并当代雅言,事无邪僻,故能取信一时,擅名千载。

【注 释】

① 吾犹及史之阙文:《论语·卫灵公》:"子曰:'吾犹及史之阙文也。'"及,看到。阙文,史书缺漏的文字。② 探穴藏山之士:《史记·太史公自叙》:"探禹穴,窥九疑。" ③ 怀铅握椠(qiàn)之客:葛洪《西京杂记》卷三:"扬子云好事,常怀铅提椠,从诸计吏,访殊方绝域四方之语。"铅可以写字。椠,古代用以写字的简木。"探穴藏山之士"与"怀铅握椠之客"都是指遍搜资料而从事著述的人。④ 采摭(zhí):采集、摘录。摭,拾取,摘取。⑤《周志》、《晋乘》、《郑书》、《楚杌》:《周志》,周代官修史书。《郑书》,郑国史书。《晋乘》、《楚杌》见《六家》篇注。⑥ 鲁策:鲁国《春秋》。⑦ 殚(dàn)见洽闻:该见的都见过了,该听的都听到了。形容见多识广,知识渊博。殚:尽,完全。洽:广博。⑧ 刘氏:指刘向。

但中世作者,其流日烦,虽国有策书,杀青[1]不暇,而百家诸子,私存撰录,寸有所长,实广闻见。其失之者,则有苟出异端,虚益新事,至如禹生启石[2],伊产空桑[3],海客乘槎以登汉[4],姮娥窃药以奔月[5]。如斯踳驳,不可殚论,固难以污南、董[6]之片简,沾班、华[7]之寸札。而嵇康《高士传》,好聚七国寓言,玄晏[8]《帝王纪》,多采《六经》图谶[9],引书之误,其萌于此矣。

【注 释】

① 杀青:古时把书写在竹简上,为防虫蛀须先用火烤干水分,叫"杀青"。后泛指写定著作。② 禹生启石:《淮南子·修务训》:"启,夏后(禹)子,其母涂山氏女。禹治鸿水,通轘辕山下,化为熊,谓涂山氏曰:'欲饷,闻鼓声乃来。'禹跳石中鼓,涂山氏往见,禹方作熊,惭而去,至嵩高山下,化为石,方生启。禹曰:'归我子。'石破北方而启生。"又见《山海经》。③ 伊产空桑:《吕氏春秋·本味篇》:"有侁氏女得婴儿于空桑,察其所以,

曰：其母居伊水之上，孕，梦神告曰：'臼若出水，而东走。'明日，视臼出水，东走十里，顾其邑尽为水，身因化为空桑。故命之曰伊尹。" ④ 海客乘槎以登汉：张华《博物志》卷十："旧说云天河与海通。近世有人居海渚者，年年八月有浮槎去来，不失期，人有奇志，立飞阁于槎上，多赍粮，乘槎而去。十余日中，犹观星月日辰，自后茫茫忽忽，亦不觉昼夜。去十余日，奄至一处，有城郭状，屋舍甚严。遥望宫中多织妇，见天丈夫牵牛渚次饮之。牵牛人乃惊问曰：'何由至此？'此人具说来意，并问此是何处，答曰：'君还至蜀郡访严君平则知之。'竟不上岸，因还如期。后至蜀，问君平，曰：'某年月日有客星犯牵牛宿。'计年月，正是此人到天河时也。" ⑤ 姮娥窃药以奔月：《后汉书》刘昭补《天文志》注引张衡《灵宪论》："羿请无死之药于西王母，姮娥窃之以奔月。将往，枚筮之，曰：'翩翩归妹，独将西行，毋惊毋恐，后其大昌。'遂托身于月。是为蟾蜍。" ⑥ 南、董：南史、董狐。⑦ 班、华：班固、华峤。⑧ 玄晏：皇甫谧自号玄晏先生。⑨《六经》图谶：汉代人迷信符命占验之说，编造了很多书籍来附会解释《六经》。

至范晔增损东汉一代，自谓无愧良直，而王乔凫履[①]，出于《风俗通》[②]，左慈羊鸣[③]，传于《抱朴子》。朱紫不别，秽莫大焉。沈氏著书，好诬先代，于晋则故造奇说，在宋则多出谤言，前史所载，已讥其谬矣。而魏收党附北朝，尤苦[④]南国，承其诡妄，重以加诸[⑤]。遂云马叡出于牛金[⑥]，刘骏上淫路氏[⑦]。可谓助桀为虐[⑧]，幸人之灾。寻其生绝胤嗣[⑨]，死遭剖斫[⑩]，盖亦阴过之所致也。

【注 释】

① 王乔凫履：《后汉书·方术传上·王乔传》："王乔者，河东人也。显宗时为叶令。乔有神术，每月朔望常自县诣台朝，帝怪其来数，而不见车骑，密令太史伺望之。言其临至，辄有双凫从东南飞来，于是候凫至，举罗张之，但得一双舄焉。" ②《风俗通》：即应劭《风俗通义》。应劭，字仲远，汝南南顿（今属河南省项城市）人。灵帝时被举为孝廉，任泰山郡太守，后依袁绍，卒于邺。应劭博学多识，平生著作 11 种，现存《汉官仪》、《风俗通义》。③ 左慈羊鸣：左慈，字元放，东汉末方士。曹操欲杀左慈，

左慈走入壁中，不知所在。后来曹操在阳城山头遇到他，下令追捕，左慈走入羊群，幻化为羊。④ 苦：污蔑。⑤ 重以加诸：更为无中生有。加，无中生有。⑥ 马叡出于牛金：图谶之书《玄石图》有"牛继马后"的图谶，所以司马懿很忌讳姓牛的人，用毒酒杀了手下将领牛金。然而，恭王妃夏后氏竟然与一个姓牛的小吏私通，生下了晋元帝司马叡。⑦ 刘骏上淫路氏：据沈约《宋书》记载，南朝宋孝武帝刘骏经常在路太后处寝息，时人多有议论。⑧ 助桀为虐：帮助夏桀行暴虐之事。比喻帮助坏人干坏事。意同"助纣为虐"。⑨ 胤嗣：后嗣、后代。⑩ 死遭剖斫（zhuó）：据《北齐书》、《北史》记载，魏收生前无后，养其弟之子为嗣。因为他褒贬不公，北齐灭亡以后被发棺弃骨。斫，指凿破棺椁。

晋世杂书，谅非一族，若《语林》、《世说》、《幽明录》、《搜神记》[1]之徒，其所载或恢谐小辩，或神鬼怪物。其事非圣，扬雄所不观[2]；其言乱神，宣尼所不语[3]。皇朝新撰《晋史》，多采以为书。夫以干、邓[4]之所粪除，王、虞[5]之所糠秕，持为逸史，用补前传，此何异魏朝之撰《皇览》[6]，梁世之修《遍略》[7]，务多为美，聚博为功，虽取说[8]于小人，终见嗤于君子矣。

【注 释】

① 《语林》、《世说》、《幽明录》、《搜神记》：《语林》，东晋裴启撰。《世说》，即《世说新语》，南朝宋刘义庆撰。《幽明录》，刘义庆撰。《搜神记》，干宝撰。② "其事非圣"二句：《汉书·扬雄传》："雄自有大度，非圣哲之书不好也。" ③ "其言乱神"二句：《论语·述而》："子不语怪、力、乱、神。" ④ 干、邓：指干宝《晋纪》和邓粲《元明纪》。⑤ 王、虞：指王隐《晋书》和虞预《晋书》。⑥《皇览》：魏文帝曹丕命令王象、刘劭等人编集的一部类书，已经亡佚。⑦《遍略》：南朝梁武帝命令徐勉、何思澄等人编集的一部类书，已经亡佚。⑧ 取说：即"取悦"。

夫郡国之记，谱谍之书，务欲矜[1]其州里，夸其氏族。读之者安可不练[2]其得失，明其真伪者乎？至如"江东五俊"[3]，始自《会稽典录》[4]，"颍川八龙"[5]，出于《荀氏家传》[6]，而修晋、汉史者，皆征彼虚誉，定为实录。苟不加以研核,何以详其是非?

【注 释】

① 矜:夸耀。② 练:熟知、深悉。③ 江东五俊:西晋时,丹阳(今江苏省南京市)薛兼、纪瞻、广陵(今江苏省扬州市)闵鸿、吴郡(今江苏省苏州市)顾荣、会稽(今浙江省绍兴市)贺循等五人才德齐名,时人称为“五俊”。④《会稽典录》:东晋虞预编撰的一部郡国地理志,二十四卷,已经亡佚。⑤ 颍川八龙:东汉颍川人荀淑有八个儿子:俭、绲、靖、焘、汪、爽、肃、敷,在当时都有很高的名望,被称为“八龙”。⑥《荀氏家传》:南朝宋荀伯子撰,是一部谱牒类图书,此书已经亡佚。

又讹言难信,传闻多失,至如曾参杀人[①],不疑盗嫂[②],翟义不死[③],诸葛犹存[④],此皆得之于行路,传之于众口,倘无明白,其谁曰不然。故蜀相薨于渭滨,《晋书》称呕血而死[⑤];魏君崩于马圈,《齐史》云中矢而亡[⑥];沈炯骂书,河北以为王伟[⑦];魏收草檄,关西谓之邢邵[⑧]。夫同说一事,而分为两家,盖言之者彼此有殊,故书之者是非无定。

【注 释】

① 曾参杀人:曾参是孔子的弟子。从前曾参住在费邑,费邑有个和曾参同名同姓的人杀了人。有人告诉曾参的母亲说:“曾参杀了人。”曾参的母亲说:“我儿子不会杀人的。”若无其事地继续织布。过了不久,又有人说:“曾参杀了人。”曾参的母亲还是若无其事地织布。不久,一个人又告诉她说:“曾参杀了人。”曾参的母亲害怕了,便丢下梭子翻墙逃跑了。② 不疑盗嫂:有人污蔑直不疑说:“不疑相貌很美,但是他善于和他嫂子偷情怎么办呢!”不疑听说以后说:“我没有哥哥。”却始终无法杜绝这个诬陷。③ 翟义不死:翟义,字文仲,西汉上蔡(今河南省上蔡县)人,官至东郡太守,王莽篡汉,翟义起兵讨伐,兵败被杀。后来邯郸人王昌自称是汉成帝之子,打着“天命佑汉,使东郡太守翟义拥兵征讨”的旗号讨伐王莽。④ 诸葛犹存:诸葛亮率兵伐魏,病死军中,秘不发丧,杨仪、姜维等遵照诸葛亮遗嘱,缓缓退军,司马懿以为诸葛亮用计诱敌,赶紧撤退。后来有谚

语："死诸葛走生仲达。"司马懿感叹说："吾能料生，不便料死也。"⑤"蜀相"二句：《三国志·蜀书·诸葛亮传》裴松之注曰："《魏书》曰：'亮粮尽势穷，忧恚呕血，一夕烧营遁走入谷，道发病卒。……臣松之以为亮在渭滨，魏人蹑迹，胜负之形，未可测量。而云呕血，盖因亮亡而自夸大也。夫以孔明之略，岂为仲达呕血乎？'"今本唐修《晋书》没有记载诸葛亮呕血之事，刘知几所依据的或许是已经亡佚的《晋书》。⑥"魏君"二句：南朝陈显达攻荆州，夺占马圈戍，北魏孝文帝率军抵抗，大破齐军。孝文帝病重，领兵北还，死于谷塘行宫。今本《南齐书》没有记载魏文帝中矢之事，刘知几所依据的或许是已经亡佚的《南齐史》。⑦"沈炯骂书"二句：沈炯，字初明，一作礼明，南朝梁武康（今浙江省德清县）人。少有俊才，为时所重。仕梁为尚书左户侍郎，侯景之乱时，王僧辩讨伐侯景，凡羽檄军书，皆出其手。侯景之乱平定后，梁元帝特封原卿县候，官从事中郎，给事黄门侍郎，领尚书左丞。后来被西魏所虏，梁敬帝时获南归。王伟，史书称其"雅富辞采"，仕魏为行台郎。侯景叛魏，高澄写信召侯景，王伟替侯景回信，文辞甚美，高澄问是谁所作，左右回答是王伟之文。侯景兵败，王伟也被杀。河北，黄河以北地区。⑧"魏收草檄"二句：魏收以文才著称，侯景叛，魏收"为檄文五十余纸，不日而就"。邢卲，字子才，北朝魏河间鄚（今河北省任丘市北）人，史书称其"文章典丽，既赡且速"。在当时与魏收齐名，并称"邢魏"。

况古今路阻，视听壤隔，谈者或以前为后，或以有为无，泾、渭一乱，莫之能辨。而后来穿凿，喜出异同，不凭国史，别讯流俗。及其记事也，则有师旷将轩辕并世[①]，公明与方朔同时[②]；尧有八眉[③]，夔唯一足[④]；乌白马角，救燕丹而免祸[⑤]；犬吠鸡鸣，逐刘安以高蹈[⑥]。此之乖滥，往往有旃[⑦]。

故作者恶道听途说之违理，街谈巷议之损实。观夫子长之撰《史记》也，殷、周已往，采彼家人；安国[⑧]之述《阳秋》也，梁、益旧事，访诸故老。夫以刍荛[⑨]鄙说，刊为竹帛正言，而辄欲与《五经》方驾、"三志"[⑩]竞爽，斯亦难矣。呜呼！逝者不作，冥漠九泉；毁誉所加，远诬千载。异辞疑事，学者宜善思之。

【注释】

① 师旷将轩辕并世：师旷，春秋时晋国著名乐师。轩辕，即黄帝。② 公明与方朔同时：管辂，字公明，三国魏术士，著有《周易通灵诀》等。方朔，即东方朔。③ 尧有八眉：《尚书大传》："尧八眉。" ④ 夔唯一足：据《韩非子》记载，鲁哀公问孔子："我听说夔只有一只脚，这是真的吗？"孔子回答说："夔，他是个人，怎么会一只脚？这个人没有什么不同的地方，就只是精通音律。尧说：'有夔一个人就足够了。'指派他当了乐正（官名）。所以君子说：'有像夔这样一个人就足够了。'不是一只脚啊。" ⑤ "乌白马角"二句：据张华《博物志》记载，战国时，燕太子丹在秦国做人质，很想回国，秦王不答应，刁难他说："乌头白，马生角，乃可。"他无可奈何，"仰而叹，乌即头白；俯而嗟，马亦生脚"。⑥ "犬吠鸡鸣"二句：据葛洪《神仙传》记载，汉淮南王刘安喜好方术，为了长生不死，他找到八公仙翁，按照八公仙翁的话炼制仙丹。丹药炼成后，刘安吃下去觉得自己轻飘飘的升天而去，庭院里的鸡狗抢着吃剩下的丹药，也纷纷飞上天成了仙。⑦ 旃（zhān）：文言助词，相当于"之"或"之焉"。⑧ 安国：孙盛字安国。⑨ 刍荛（ráo）：割草打柴，也指割草打柴的人。⑩ 三志：指《史记》、《汉书》、《东观汉记》。

【导读】

在史书的编撰过程中，编撰者对史料的采集是编撰工作开始进行的首要步骤，本篇主要讨论了史料采集的相关问题，包括史料采集的重要性、史料选用的方法和标准、诸史选用史料的得失等等。

篇首，刘知几援引孔子"吾犹及史之阙文"的感叹，指出自古以来史文有阙，史书编撰者宜采集史料，补史之遗阙，成一家之言，这对传承历史具有重要意义。以《左传》、《史记》、《汉书》诸史的博采约取为例，在总的原则上，刘知几提出史料采集应当广泛搜求不同的说法，采摘各家的言论，所征采者，必须都是当时雅正之言，事无邪僻，这样才能取信于人，传诸不朽，擅名千载。

评述中古以来的史书编撰，刘知几认为，史料采集的范围可以尽量广泛，因为"百家诸子，私存撰录，寸有所长，实广闻见"，但是编撰者必须严格鉴别，谨慎使用。私人撰述史料可补正史之阙却有"苟出异端，虚益新事”的弊端，其中记载的神话传说，杂乱荒诞，不应该作为史料进入史书编撰中。而嵇康《高士传》喜欢聚集七国寓言，皇甫谧《帝王纪》大量采用六经图谶，被刘知几视为引书之误的发端。其后，刘知几评述前代诸史选择史料之得失，指出：范晔《后汉书》“朱紫不别”，对史料不加辨别地使用；沈约《晋书》、《宋书》“故造奇说”、“多出谤言”；魏收《魏书》的“诡妄”和无中生有；唐初官修晋史，多采诙谐小辩、神鬼怪物；郡国之记，谱牒之书，喜欢夸耀所记载的地方和氏族，是非难辨；《晋书》、《齐史》采街谈巷议、道听途说，谣言难以确信，传闻大多失实。

对于史料的辨别使用，刘知几提出了两种解决方案：一是亲自进行调查访问，如司马迁编撰《史记》、孙安国著述《晋阳秋》；二是对于各书记载之不同和值得怀疑的事情，应当好好思考。

本篇对史料采集的相关问题进行了深入细致的探讨，对于史书编撰有较强的实践指导意义。浦起龙评价说：“此篇持论正大方严，刘子尝言作史三难，首尚学识，即此可以证其本领。”(《史通通释》)纪昀对本篇也深表赞赏：“此篇持论最严正，颇中文士爱奇之病。”(《史通削繁》)吕思勉先生《史通评》对本篇做了一些较有启发性的补充说明：“此篇所论，可以约为三端：一由迷信以致失实：如‘禹生启石，伊产空桑’，孰不知其不足信？然大禹、伊尹等，皆向所视为神圣之人，遂并其不足信者，而亦不敢疑。向来读书之士，虽皆排斥迂怪之谈，而独于古先圣王，则若别开一例，皆由于此。此犹信佛教者，乐道释典之诞辞；信耶教者，侈陈基督之异迹耳。一则出于好奇，或爱博：如范晔《后汉书》，采及羊鸣凫履；以至皇甫谧作《帝王世纪》，多存图谶；唐人修《晋史》，好取小说是。此非如赤乌玄鸟，有类乎神教之搆墟，非过而存之，即爱不忍割也。一则由于不加别择，如‘郡国之记，矜其州里’，‘谱牒之书，夸其氏族’，乃至‘讹言难信’，‘传闻多失’，一不考核，据为实录是也。至于好诬造谤，则更不足论矣。”刘知几在本篇提出的史料采集原则和史料选择标准，对后世的史书编撰有重要影响，傅振伦先生在《史通要论》中提到：“此篇论搜集史料及撰述史书之道，并谓采摭贵广，而文则当求雅正。清张廷玉等进《明史》表曰：‘文期共喻，扫艰深鄙秽之言；事必可稽，黜荒诞奇邪之说。’盖《明史》之修，即恪遵刘法也。”

载文第十六

夫观乎人文，以化成天下；观乎国风，以察兴亡。是知文之为用，远矣大矣。若乃宣、僖善政，其美载于周诗①；怀、襄②不道，其恶存乎楚赋。读者不以吉甫、奚斯为谄，屈平、宋玉为谤者，何也？盖不虚美，不隐恶③故也。是则文之将史，其流一焉，固可以方驾南、董，俱称良直者矣。

【注 释】

①“宣、僖善政”二句：宣，周宣王。僖，鲁僖公。《诗·大雅》中的《崧高》、《烝民》、《韩奕》、《江汉》等篇章，都是周之卿士尹吉甫颂美周宣王所作。《诗·鲁颂》中的《駉》、《有駜》、《泮水》、《闷宫》等篇章，都是鲁大夫公子奚斯歌颂鲁僖公所作。② 怀、襄：楚怀王槐、楚顷襄王横。③“不虚美”二句：《汉书·司马迁传》赞：“不虚美，不隐恶。”

爰洎中叶，文体大变，树理者多以诡妄为本，饰辞者务以淫丽为宗。譬如女工①之有绮縠②，音乐之有郑、卫③。盖语曰：不作无益害有益④。至如史氏所书，固当以正为主。是以虞帝思理⑤，夏后失御⑥，《尚书》载其元首、禽荒之歌；郑庄至孝⑦，晋献不明⑧，《春秋》录其大隧、狐裘之什。其理说⑨而切，其文简而要，足以惩恶劝善，观风察俗者矣。若马卿之《子虚》、《上林》，扬雄之《甘泉》、《羽猎》，班固《两都》，马融⑩《广成》，喻过其体，词没其义，繁华而失实，流宕而忘返，无裨劝奖，有长奸诈，而前后《史》、《汉》皆书诸列传，不其谬乎！

【注 释】

① 女工：指女子所从事的刺绣、编织等手工劳动及其制成品。② 绮縠(hú)：绮，有文彩的丝织品。縠，有皱纹的纱。③ 音乐之有郑、卫：指春秋时期郑国、卫国的地方音乐，古人认为郑、卫之音淫乱不正。《论语·卫灵公》：“郑声淫。”《诗·大序》：“郑、卫之音乱以怨，其政乖。”④ 不作无益害有益：《尚书·旅獒》：“不作无益害有益，功乃成。”⑤ 思理：力图政

治清明。⑥ 御：统治，控制。⑦ 郑庄至孝：据《左传·隐公元年》的记载，郑庄公的母亲姜氏偏爱小儿子共叔段，段准备发动叛乱，姜氏充作内应，庄公起兵讨伐，段逃亡出国。庄公流放姜氏于城颍，发誓说："不及黄泉，无相见也。"后来在颍考叔的劝说下，庄公挖了个地道与姜氏相见，庄公赋诗："大隧之中，其乐也融融。"姜氏出来以后赋诗："大隧之外，其乐也泄泄。"⑧ 晋献不明：据《左传·僖公五年》的记载，晋献公宠幸骊姬，骊姬想立她的亲生儿子奚齐为太子，诬杀太子申生，迫使公子重耳、夷吾逃亡异国。此前，献公派遣大夫士蒍为重耳、夷吾修筑的蒲邑、屈邑的城墙不坚固，士蒍受到谴责，士蒍退而赋诗："狐裘尨茸，一国三公，吾谁适从？"⑨ 谠(dǎng)：正直的。⑩ 马融：字季长，右扶风茂陵(今陕西省兴平市)人。东汉儒家学者，著名经学家，尤长于古文经学，他设帐授徒，门人常有千人之多。

且汉代词赋，虽云虚矫，自余它文，大抵犹实。至于魏、晋已下，则讹谬雷同。榷而论之，其失有五：一曰虚设，二曰厚颜，三曰假手，四曰自戾①，五曰一概。

何者？昔大道为公②，以能而授，故尧咨尔舜，舜以命禹③。自曹、马④已降，其取之也则不然。若乃上出禅书，下陈让表，其间劝进殷勤，敦谕重沓，迹实同于莽、卓⑤，言乃类于虞、夏。且始自纳陛⑥，迄于登坛。彤弓卢矢⑦，新君膺九命之锡⑧；白马侯服⑨，旧主蒙三恪⑩之礼。徒有其文，竟无其事。此所谓虚设也。

【注 释】

① 自戾(lì)：自相矛盾。② 大道为公：《礼记·礼运》："大道之行也，天下为公，选贤与能。"③ "尧咨尔舜"二句：《论语·尧曰》："尧曰：'咨！尔舜，天之历数在尔躬，允执其中。四海困穷，天禄永终。'舜亦以命禹。"④ 曹、马：曹魏、东西晋司马氏政权。⑤ 莽、卓：王莽、董卓。⑥ 纳陛：古代帝王赐给有特殊功勋的诸侯或大臣的"九锡"之一。凿殿基为登升的陛级，使阶梯处于屋檐之下，不使尊者在露天登殿，以示尊崇。⑦ 彤弓卢矢：红色的弓和黑色的箭。古代天子赏赐诸侯彤弓卢矢，以表示授予征伐

的权力。⑧ 九命之锡：天子赐给诸侯、大臣有特殊功勋者的九种器用之物，是最高礼遇的表示。《韩诗外传》："诸侯之有德，天子锡之：一锡车马，再锡衣服，三锡虎贲，四锡乐器，五锡纳陛，六锡朱户，七锡弓矢，八锡斧钺，九锡秬鬯。" ⑨ 白马侯服：周朝建立以后，商纣王的庶兄微子乘白马朝见周之祖庙，称臣于周。侯服，周天子所居王城周围千里称为王畿，其外方五百里称为侯服。⑩ 三恪(kè)：三恪之制是一种帝王之制。周朝新立，封前代三王朝的子孙，给以王侯名号称三恪，以示敬重。周封三朝说法有二：一说封虞、夏、商之后于陈、杞、宋；一说封黄帝、尧、舜之后于蓟、祝、陈。

古者两军为敌，二国争雄，自相称述，言无所隐。何者？国之得丧，如日月之蚀[①]焉，非由饰辞矫说所能掩蔽也。逮于近古则不然。曹公叹蜀主之英略，曰"刘备吾俦"[②]；周帝美齐宣之强盛，云"高欢不死"[③]。或移都以避其锋[④]，或斩冰以防其渡[⑤]。及其申诰誓，降移檄，便称其智昏菽麦[⑥]，识昧玄黄[⑦]，列宅建都若鷦鷯之巢苇[⑧]，临戎贾勇[⑨]犹螳螂之拒辙[⑩]。此所谓厚颜也。

【注 释】

① 日月之蚀：《论语·子张》："君子之过也，如日月之食焉。过也，人皆见之。更也，人皆仰之。" ② "曹公"二句：赤壁之战，曹操败走，引兵从华容道撤退，突围以后，曹操大喜，诸将问他，他说："刘备吾俦也，但得计少晚。向使早放火，吾徒无类矣。"见《三国志·魏书·武帝纪》裴松之注引《山阳公载记》。③ "周帝"二句：周帝，即宇文泰，北周建立以后，他被追尊为"文帝"。宇文泰率兵出陕城讨伐北齐文宣帝高洋，分骑北渡黄河，一直至建州。高洋亲自指挥军队迎战，宇文泰听说高洋军容严盛，感叹道："高欢不死矣。"高洋为高欢次子。④ 移都以避其锋：关羽进攻曹仁于樊城，魏国震恐，曹操和臣僚商议迁都许昌，以避其锐。见《三国志·蜀书·关羽传》。⑤ 斩冰以防其渡：北周人经常畏惧南齐兵西渡进攻，常常在冬天捣碎河面的冰层。⑥ 智昏菽麦：曹魏讨伐孙吴的檄文中说："孙权小子，未辨菽麦。"见陈琳《檄吴将校部曲》。⑦ 识昧玄黄：辨不明黄色和

黑色。《史通通释》注曰："定是宇文诮高语，未观其文，俟补。" ⑧ 鹪鹩之巢苇：鹪鹩把巢穴建在芦苇苕草之上。陈琳《檄吴将校部曲》中有："鸱鸮之鸟，巢于苇苕，苕折子破，下愚之惑也。" ⑨ 临戎贾(gǔ)勇：临战鼓足勇气。贾，卖。⑩ 螳螂之拒辙：螳螂阻挡车轮。比喻自不量力，招致失败。意思与"螳臂当车"相同。

古者国有诏命，皆人主所为，故汉光武时，第五伦[①]为督铸钱掾，见诏书而叹曰："此圣主也，一见决矣。"至于近古则不然。凡有诏敕，皆责成群下，但使朝多文士，国富辞人，肆其笔端，何事不录。是以每发玺诰，下纶言[②]，申恻隐之渥恩[③]，叙忧勤之至意。其君虽有反道败德，唯顽与暴。观其政令，则辛、癸[④]不如；读其诏诰，则勋、华[⑤]再出。此所谓假手也。

盖天子无戏言，苟言之有失，则取尤天下。故汉光武谓庞萌"可以托六尺之孤"，及闻其叛也，乃谢百官曰："诸君得无笑朕乎？"[⑥]是知褒贬之言，哲王所慎。至于近古则不然。凡百具寮[⑦]，王公卿士，始有褒崇，则谓其珪璋特达[⑧]，善无可加；旋有贬黜，则比诸斗筲下才[⑨]，罪不容责。夫同为一士之行，同取一君之言，愚智生于倏忽，是非变于俄顷，帝心不一，皇鉴无恒。此所谓自戾也。

【注 释】

① 第五伦：字伯鱼，东汉京兆长陵(今陕西省咸阳市东北)人。先世为战国田氏，后徙西汉园陵，便以迁徙次序为姓。东汉初，被京兆尹阎兴召为主簿，后任铸钱掾。后来被光武帝召见，拜会稽太守。② 纶言：帝王诏令的代称。③ 渥恩：深厚的恩泽。④ 辛、癸：商纣、夏桀。⑤ 勋、华：尧、舜。⑥"故汉光武"三句：庞萌为人谦逊和顺，深受光武帝信任。光武帝曾经说："可以托六尺之孤，寄百里之命者，庞萌是也。"后来任命庞萌为平狄将军，庞萌竟然反叛。光武帝听说以后大怒，亲自讨伐庞萌，在给诸将的信中说："吾尝以庞萌社稷之臣，将军得无笑其言乎？" ⑦ 具寮：官员；百官。⑧ 珪璋特达：《礼记·聘义》："珪璋特达，德也。"珪，同"圭"，古代帝王或诸侯在举行典礼时拿的一种玉器，上圆下方。璋，古代的一种玉器，形状像半个珪。这里引用珪璋比喻品德美好。⑨ 斗筲(shāo)下才：

斗,量粮食的器具。筲,一种竹器,仅容一斗二升。因为斗和筲都是很小的容器,比喻气量短小、才识短浅之人。

夫国有否泰,世有污隆,作者形言,本无定准。故观猗与之颂①,而验有殷方兴;睹《鱼藻》之刺②,而知宗周将殒。至于近代则不然。夫谈主上之圣明,则君尽三、五③;述宰相之英伟,则人皆二八④。国止方隅,而言并吞六合;福不盈眦⑤,而称感致百灵。虽人事屡改,而文理无易,故善之与恶,其说不殊,欲令观者,畴⑥为准的?此所谓一概也。

于是考兹五失,以寻文义,虽事皆形似,而言必凭虚。夫镂冰为璧⑦,不可得而用也;画地为饼⑧,不可得而食也。是以行之于世,则上下相蒙;传之于后,则示人不信。而世之作者,恒不之察,聚彼虚说,编而次之,创自起居⑨,成于国史,连章疏录,一字无废,非复史书,更成文集。

若乃历选众作,求其秽累,王沈、鱼豢,是其甚焉;裴子野、何之元,抑其次也。陈寿、干宝,颇从简约,犹时载浮讹,罔尽机要。唯王劭撰《齐》、《隋》二史,其所取也,文皆诣实,理多可信,至于悠悠饰词,皆不之取。此实得去邪从正之理,捐华摭实之义也。

【注释】

① 猗(yǐ)与之颂:《诗·商颂·那》首句言:"猗与那与!"猗与,叹词,表示赞美。②《鱼藻》之刺:指《诗·小雅·鱼藻》,此篇讽刺周幽王之荒淫混乱。③ 三、五:三皇、五帝。④ 二八:八元、八恺。传说中的古代贤相。《左传·文公十八年》:"昔高阳氏有才子八人,为之八恺。高辛氏有才子八人,谓之八元。"⑤ 福不盈眦(zì):福气微小。眦,眼眶。⑥ 畴:谁人。⑦ 镂冰为璧:将冰雕刻为璧玉。比喻徒劳无功。⑧ 画地为饼:在地上画出饼来。⑨ 起居:起居注。

盖山有木,工则度之①。况举世文章,岂无其选,但苦作者书之不读耳。至如诗有韦孟《讽谏》,赋有赵壹《嫉邪》,篇则贾谊《过秦》,论则班彪《王命》,张华述箴于女史②,张载题铭于剑阁③,诸葛表主以出师④,王昶书字以诫子⑤,刘向、谷永之上疏⑥,晁错、李固之对策⑦,荀伯子之弹文⑧,山巨源之启事[9]，此皆言成轨则，为世龟镜[10]。求诸历代，往往而有。苟书之竹帛，持以不刊，则其文可与三代同风，其事可与《五经》齐列。古犹今也，何远近之有哉？

【注释】

①“山有木”二句：山上只要有木材，工匠就来丈量。《左传·隐公十一年》载：“周谚有之曰：‘山有木，工则度之。宾有礼，主则择之。’” ② 张华述箴于女史：指张华《女史箴》。③ 张载题铭于剑阁：指张载《剑阁铭》。④ 诸葛表主以出师：指诸葛亮《出师表》。⑤ 王昶书字以诫子：指王昶《诫子书》。⑥ 刘向、谷永之上疏：见《二体》篇注。⑦ 晁错、李固之对策：晁错，见《二体》篇注。李固，字子坚，汉中南郑（今陕西省城固县）人。东汉时为议郎，对策指斥时政，要求“权去外戚，政归国家”。⑧ 荀伯子之弹文：荀伯子，颍川颍阴（今河南省许昌市）人，南朝宋人御史中丞时常弹劾同僚。弹文，弹劾大臣的奏章。⑨ 山巨源之启事：山涛字巨源，“竹林七贤”之一，晋武帝时任吏部尚书，他选举人才时，都要给予评语，当时人称为“山公启事”。⑩ 龟镜：龟可卜吉凶，镜能别美丑。比喻可供人对照学习的榜样或引以为戒的教训。

昔夫子修《春秋》，别是非，申黜陟[1]，而贼臣逆子惧。凡今之为史而载文也，苟能拨浮华，采贞实，亦可使夫雕虫小技[2]者，闻义而知徙矣。此乃禁淫之堤防，持雅之管辖[3]，凡为载削者，可不务乎？

【注释】

① 黜陟（zhì）：指人才的进退，官吏的升降。② 雕虫小技：雕，雕刻。虫，指鸟虫书，古代汉字的一种字体。比喻小技或微不足道的技能。③管辖：关键。

【导读】

在《载言篇》中，刘知几从宏观的角度讨论了史书编撰中如何协调记事与记言的问题，提出在表、志之外，再立一个“书”部，将君主的制、册、诰、令,大臣的章、表、移、檄以及诗赋文章等文辞全部放入此部。而本篇则从“文”与“史”的关系出发,讨论什么样的“文”可以载入史书。

刘知几认为,远古的文辞能直接反映国家的治乱兴亡,不虚美,不隐恶,“文之为用,远矣大矣”,《诗经》、《楚辞》皆是如此,指出文辞和史书“其流一焉”,都跟政教风化紧密联系,性质是一致的。但是自秦汉则文体大变,“树理者多以诡妄为本,饰词者务以淫丽为宗”,司马相如、扬雄、班固、马融等人的赋作,被刘知几批评为“喻过其体,词没其义,繁华而失实,流宕而忘返”,无益于劝勉奖掖,而且助长了淫侈奸诈之风。《史记》、前后《汉书》选入这些赋作,在他看来,不仅背离了《尚书》、《左传》选录文辞的旨趣,与史书惩恶劝善、观风察俗的基本精神不相协调,是很错误的做法。他提出,撰史者采录文辞的标准,应当以雅正为主。

魏晋以后,文辞讹谬雷同的现象更为明显,刘知几列举“虚设”、“厚颜”、“假手”、“自戾”、“一概”五种文辞弊端。而撰史者却没有察觉到这些弊端,把这些虚假的文辞收集起来,加以编排,从起居注开始,直到编成国史,整章整篇地录入,一个字也不删,造成了“非复史书,更成文集”的影响。评述前代诸史,刘知几认为王沈、鱼豢等所撰史书是最为芜杂的,王劭所撰《齐志》、《隋书》两种史书采录的文辞则皆语实可信,提出撰史者采录文辞应当遵循“去邪从正,捐华摭实”的原则。但是,史书不是完全不可以载文,各代文辞、各类文体皆有可以成为后世龟镜典范的作品,“求诸历代,往往而有。苟书之竹帛,持以不刊,则其文可与三代同风,其事可与《五经》齐列”,只是撰史者要善加择取。

在体例上,刘知几反对把史书编成文集,对于史书编撰者采录文辞入史,他提出两点要求:一是要真实,二是要雅正。

本篇持论谨严,指出秦汉以来文辞之弊端,体现出强烈的史学批判精神。纪昀评价本篇“其言明切,深中文弊”(《史通削繁》)。吕思勉先生也有同样的感叹:“此篇论魏晋以降,文辞华靡,采以为史,有失真实之义,可谓深切著明。”(《史通评》)不过,从今天一切史料即史学的角度看,古代史书所载各种文辞都可作为历史文献为今人研究历史所用,尤其是那些没有文集流传下来的古代作家的文章更具文献价值。此又另当别论。

补注第十七

昔《诗》、《书》既成，而毛、孔立传[①]。传之时义，以训诂[②]为主，亦犹《春秋》之传，配经而行也。降及中古，始名传曰注。盖传者转也，转授于无穷；注者流也，流通而靡绝。进此二名，其归一揆。如韩、戴、服、郑[③]，钻仰《六经》，裴、李、应、晋[④]，训解“三史”[⑤]，开导后学，发明先义，古今传授，是曰儒宗[⑥]。

既而史传小书，人物杂记，若挚虞之《三辅决录》[⑦]，陈寿之《季汉辅臣》[⑧]，周处之《阳羡风土》[⑨]，常璩之《华阳士女》[⑩]，文言美辞列于章句，委曲叙事存于细书。此之注释，异夫儒士者矣。

【注 释】

① 毛、孔立传：毛《传》指《诗》毛氏《诂训传》，汉代传习《诗经》的有齐、鲁、韩、毛四家，毛氏所传称《毛诗》。郑玄《诗谱》称鲁人大毛公毛亨作《诂训传》，河间献王得而献之，以小毛公为博士。今之所传《诗经》即毛诗。《书传》即今传西晋末伪《孔安国古文尚书传》。② 训诂：解释古书中词句的意义。“训”指用通俗的语言解释词义；“诂”指用当代的话解释古代的语言。③ 韩、戴、服、郑：即韩婴、戴德、戴圣、服虔、郑玄。韩婴，汉文帝时博士，汉景帝时任常山王刘舜太傅。他推原诗人作《诗》的意旨，作内、外《传》数万言。戴德，字延君，戴圣，字次君，两人都是汉代著名礼学家。戴德被称为“大戴”，戴圣被称为“小戴”。戴德删《礼记》为八十五篇，今存三十九篇，人称《大戴礼记》；戴圣删《礼记》为四十九篇，人称《小戴礼记》，清阮元刊刻十三经之《礼记》即为《小戴礼记》。服虔，字子慎，荥阳（今属河南省）人，东汉著名经学家，精于《左传》，有《春秋左传行谊》。郑玄，字康成，北海高密（今属山东省）人，东汉著名经学家，遍注群经，其注今皆传于世。④ 裴、李、应、晋：即裴骃、李斐、李奇、应劭、晋灼。裴骃，字龙驹，裴松之之子，河东闻喜（今属山西省）人。南朝宋时曾任南中郎、外兵曹参军。他博采百家之说，撰成《史记集解》八十卷。李斐、李奇，颜师古《汉书注叙例》列举诸家注释《汉书》者名氏有：“李斐，不详所出郡县。

李奇，南阳人。”应劭，生平见《采撰》篇注，其注解史书的撰著有《汉纪注》三十卷、《汉书集解》一百一十五卷、《汉书集解音义》二十四卷。晋灼，河南人，西晋时任尚书郎，著有《汉书集注》十三卷、《汉书音义》十七卷。⑤ 三史：指《史记》、《汉书》、《东观汉记》。⑥ 儒宗：《史通通释》中说：“儒宗者，即训诂为主之意，是注家正体也。”⑦ 挚虞之《三辅决录》：挚虞，字仲洽，京兆长安（今陕西省西安市）人，西晋文学家、史学家。编选《文章流别集》，撰《文章流别志论》，撰有《三辅决录注》。⑧ 陈寿之《季汉辅臣》：三国蜀杨戏撰《季汉辅臣赞》，陈寿著《三国志》时多所采录并且为之作注。⑨ 周处之《阳羡风土》：周处，吴郡阳羡（今江苏省宜兴市）人，西晋时官至御史中丞，著有《阳羡风土记》三卷。⑩ 常璩之《华阳士女》：常璩，字道将，蜀郡江原县（今四川省崇州市）人，曾任十六国成汉政权散骑常侍，掌著作，著有《华阳国志》。《华阳国志》，又名《华阳国记》，是一部专门记述古代中国西南地区地方历史、地理、人物等的地方志著作，其中有《先贤士女总赞论》。

次有好事之子，思广异闻，而才短力微，不能自达，庶凭骥尾，千里绝群[①]，遂乃掇众史之异辞，补前书之所阙。若裴松之《三国志》[②]，陆澄、刘昭《两汉书》[③]，刘彤《晋纪》[④]，刘孝标《世说》[⑤]之类是也。

亦有躬为史臣，手自刊补，虽志存该博，而才阙伦叙，除烦则意有所吝，毕载则言有所妨，遂乃定彼榛楛[⑥]，列为子注。若萧大圜《淮海乱离志》[⑦]、羊衒之《洛阳伽蓝记》[⑧]、宋孝王《关东风俗传》[⑨]、王劭《齐志》[⑩]之类是也。

【注 释】

① “庶凭骥尾”二句：期望凭借着马尾巴，远远超出自己的同类。《史记·伯夷列传》：“附骥尾而行益显。”《索隐》：“苍蝇附骥尾而致千里。”② 裴松之《三国志》：裴松之注《三国志》，见《称谓》篇注。③ 陆澄、刘昭《两汉书》：陆澄，字彦渊，南朝齐吴郡（今江苏省苏州市）人，好学博览，撰《汉书注》，已经亡佚。刘昭，字宣卿，平原高唐（今山东省高唐县）人，官至南朝梁临川王记室，曾为范晔《后汉书》作注。④ 刘彤《晋纪》：刘彤，刘昭

伯父，他搜集各个版本的晋史为干宝《晋纪》作注。⑤ 刘孝标《世说》：刘峻，字孝标，平原（今山东省平原县南）人，曾为刘义庆《世说新语》作注。⑥ 榛楛（zhēn hù）：榛，丛杂的草木。楛，古书上指荆一类的植物，茎可制箭杆。此处以榛楛比喻征引资料的杂乱。⑦萧大圜《淮海乱离志》：萧大圜，字仁显，南兰陵（今江苏省常州市西北）人，南朝梁简文帝子，撰有《淮海乱离志》。⑧ 羊衒之《洛阳伽蓝记》：杨衒之，或作"阳衒之"，"羊"疑误。元魏北平（今河北省满城县）人，曾任抚军府司马、秘书监、期城郡太守等职，博学能文，精通佛教经典，著有《洛阳伽蓝记》。是一部集历史、地理、佛教、文学于一身的名著，书中历数北魏洛阳城的佛寺，分城内、城东、城西、城南、城北五卷叙述，对寺院的缘起变迁、庙宇的建制规模及与之有关的名人轶事、奇谈异闻都详细记载。⑨ 宋孝王《关东风俗传》：宋孝王，曾任北齐北平王文学，撰有《朝士别录》，北周灭齐后，他将此书增广至三十卷，改名《关东风俗传》，此书已经亡佚。⑩ 王劭《齐志》：王劭，生平见《六家》篇注，撰有《隋书》八十卷、《齐志》二十卷，《齐志》已经亡佚。

榷其得失，求其利害，少期[1]集注《国志》，以广承祚[2]所遗，而喜聚异同，不加刊定，恣其击难，坐长烦芜。观其书成表献，自比蜜蜂兼采[3]，但甘苦不分，难以味同萍实[4]者矣。陆澄所注班史，多引司马迁之书，若此缺一言，彼增半句，皆采摘成注，标为异说，有昏耳目，难为披览。窃惟范晔之删《后汉》也，简而且周，疏而不漏，盖云备矣。而刘昭采其所捐损，以为补注，言尽非要，事皆不急。譬夫人有吐果之核，弃药之滓，而愚者乃重加捃拾[5]，洁以登荐，持此为工，多见其无识也。孝标善于攻缪，博而且精，固以察及泉鱼[6]，辨穷河豕[7]。嗟乎！以峻之才识，足堪远大，而不能探赜[8]彪、峤[9]，网罗班、马，方复留情于委巷小说，锐思于流俗短书[10]。可谓劳而无功，费而无当者矣。

【注 释】

① 少期：裴松之字世期，《史通》避唐太宗李世民名讳，改称少期。② 承祚：陈寿字。③ 蜜蜂兼采：蜜蜂酿蜜，兼采百花。裴松之《上三国志注表》："缋事以众色成文，蜜蜂以兼采为味，故能使绚素有章，甘逾本质。"

④ 味同萍实:《说苑·辨物》:“楚昭王渡江,有物大如斗,直触王舟,止于舟中。昭王大怪之,使聘问孔子。孔子曰:‘此名萍实,令剖而食之,惟霸者能获之,此吉祥也。’”后遂以“萍实”谓甘美的水果。⑤ 捃(jùn)拾:拾取,收集。⑥ 察及泉鱼:能够观察到渊中之鱼。“泉”本当作“渊”,《史通》避唐高祖李渊名讳改作“泉”。《列子·说符》:“察见渊鱼者不祥。”⑦ 辨穷河豕:能够辨析“三豕”、“己亥”。据《吕氏春秋·察传篇》载,子夏到晋国去,经过卫国,有读史书的人说:“晋师三豕涉河。”子夏说:“不对,‘三豕’应该是‘己亥’,己与三相近,豕与亥相似。”子夏到了晋国详细询问,果然是“晋师己亥涉河”。⑧ 探赜(zé):探索奥秘。⑨ 彪、峤:司马彪、华峤。⑩ 短书:汉代经、律等官书用二尺四寸竹简书写,官书以外包括子书等,均以短于二尺四寸竹简写书,称为“短书”。后多指小说、杂记之类的书籍。

自兹已降,其失逾甚。若萧、羊[①]之琐杂,王、宋[②]之鄙碎,言殊拣金[③],事比鸡肋[④],异体同病,焉可胜言。大抵撰史加注者,或因人成事,或自我作故,记录无限,规检不存[⑤],难以成一家之格言,千载之楷则。凡诸作者,可不详之?

至若郑玄、王肃[⑥],述《五经》而各异,何休、马融[⑦]论《三传》而竞爽。欲加商榷,其流实繁。斯则义涉儒家,言非史氏,今并不书于此焉。

【注 释】

① 萧、羊:萧大圜、杨衒之。② 王、宋:王劭、宋孝王。③ 言殊拣金:语言使用不能做到沙里淘金。《世说新语》:“陆文若排沙简金,往往见宝。”④ 事比鸡肋:记录的事情就像食之无味的鸡肋。《三国志·魏书·武帝纪》裴松之注引《九州春秋》:“夫鸡肋弃之如可惜,食之无所得。”⑤ 规检不存:没有确立严密的体例。⑥ 郑玄、王肃:郑玄,见前注;王肃,见《六家》篇注。⑦ 何休、马融:何休,字邵公,任城樊(今山东省曲阜市)人,东汉著名经学家,精研六经,尤其擅长《公羊传》,著有《春秋公羊传解诂》、《公羊墨守》等。马融,生平见《载文》篇注,马融曾经准备注释《左传》,见到贾逵、郑众的注以后,说:“贾君精而不博,郑君博而不精。既精既博,吾何加焉。”于是著《三传异同说》,抒发自己的见解。

【导 读】

本篇主要讨论史书的注释问题，提出确立史注体例的重要意义。

篇首，刘知几开宗明义，细致阐发了“注”的源流和宗旨。注解的体制，起源于儒家经典的传注。言“注”必先言“传”。传最初的功用，是以训诂经文为主，如《诗经》、《尚书》、《春秋》的传。到了中古，传开始有了“注”的名称。“传”与“注”名称虽异，但是宗旨一致：“盖传者转也，转授于无穷；注者流也，流通而靡绝。”按照这一宗旨的承袭，韩婴等注释“六经”，裴骃等注释“三史”，都是注释中的儒家一派，以开导后学、发明先义为主要目的。

刘知几总结前代史注，按照内容体制，分为三种类型：一是史传杂记的注释，“文言美辞列于章句，委曲叙事存于细书”，以挚虞注《三辅决录》、陈寿注《季汉辅臣》等为代表；一是补阙考异，收录详备，“掇众史之异辞，补前书之所阙”，以裴松之注《三国志》、刘孝标注《世说新语》等为代表；一是“躬为史臣，手自刊补”，撰史者将难以放入正文的丛杂史料列为子注，以杨衒之《洛阳伽蓝记》、王劭《齐志》等为代表。其实，仔细看来，第一类和第三类都是史家自注，可以归为一大类，而第二类则是他注。这是从注者的角度所作的划分。章学诚《文史通义》谈及本篇时说：“刘氏《史通》画补注之例为三条，其所谓小书人物之《三辅决录》、《华阳士女》，与所谓史臣自刊之《洛阳伽蓝》、《关东风俗》者，虽名为二品，实则一例。皆近世议史诸家之不可不亟复者也。惟所谓思广异闻之松之《三国》、刘昭《后汉》一条，则史家之旧法，与《索隐》、《正义》之流大同而小异者也。”（《文史通义》内篇三《史注》）可谓识见之论。张舜徽先生在《史通平议》中也持相同的观点。

对前代史注所存在的缺陷，刘知几一一举例，指陈优劣：裴松之注《三国志》，对史料不加辨别地汇集在一起，繁冗芜杂；陆澄注《汉书》，采摘零章断句标举为不同的说法，难以披览；刘昭注《后汉书》，把范晔撰史时抛弃不用的史料当做精密，缺乏见识；刘孝标注《世说新语》，善于纠正谬误，博学而且精专，但是倾注精力注小说之书，大材小用。自魏晋以来，史注的失误更多，“若萧、杨之琐杂，王、宋之鄙碎，言殊拣金，事比鸡肋，异体同病，焉可胜言”。

刘知几对于前代诸史注释的批评，后世学者多有不同意见，有赞同者，也有反对者，主要集中在刘知几对裴松之的《三国志》注和刘孝标的

《世说新语》注的批评上。就裴注《三国志》而言，吕思勉先生对刘知几的批评深表认同："又刘氏讥裴松之'好采异同'而'不加刊定'，在当时自为笃论。然后人读古史，则正宜多考同异，少下论断——以古史所存已少，年代又相去久远，情势迥殊，难于臆度，贸然武断，势必谬误也。惟在裴氏当时，情形与今大异，所搜采之异同，断无不能明辨其得失者。乃考辨之语，十无一二；徒勤采获，而甘苦不分，自不免为刘氏所讥矣。"(《史通评》)张舜徽先生则提出异议："若裴松之受诏注《三国志》，职在补其阙略，故兼采众书，宁繁无简。……知几独讥其喜聚异同，不加刊定。然在今日读史者观之，刊定愈少，则保存史实愈多。故有裴氏一注，上可以补范氏《后汉书》之疏舛，非特有裨《国志》之阙遗而已。岂可轻议之乎？"(《史通平议》)就刘注《世说新语》而论，张舜徽先生同样提出了批评："知几但知其有《世说新语注》，而不知有见载于《七录》之百数十卷《汉书注》，故轻肆诋议，一至如此。即以《世说新语注》而论，征引繁富，考订精审。高似孙《纬略》，亟称其书可为注书之法，殆非偶然。徒以昔之簿录群书者，列《世说新语》于子部小说家，故知几从而目为委巷小说流俗短书耳。其实此书得孝标为之注，足以羽翼后汉、魏、晋诸史。乃乙部之支流，佚籍之渊薮。知几斥为劳而无功，失之远矣。"(《史通平议》)

最后，刘知几总括全篇，强调确立史注之体例的必要与重要。注例不立，则史书之注本"难以成一家之格言，千载之楷模"。这是从史学史的高度对史注体例的判断，不同于后之学者从保存史料的角度对史注的评论。章学诚《文史通义》言："抑史无注例，其势不得不日趋于繁富也。"(《文史通义》内篇三《史注》)可以说是对刘知几观点的进一步阐发。

卷　六

言语第二十

盖枢机之发，荣辱之主[①]，言之不文，行之不远，则知饰词专对，古之所重也。夫上古之世，人惟朴略，言语难晓，训释方通。是以寻理则事简而意深，考文则词艰而义释，若《尚书》载伊尹之训，皋陶之谟，《洛诰》、《牧誓》、《泰誓》是也。周监二代，郁郁乎文。大夫、行人，尤重词命，语微婉而多切，言流靡而不淫，若《春秋》载吕相绝秦②，子产献捷③，臧孙谏君纳鼎④，魏绛对戮杨干⑤是也。战国虎争，驰说云涌，人持弄丸之辩，家挟飞钳之术⑥，剧谈者以谲诳为宗，利口者以寓言为主，若《史记》载苏秦⑦合从，张仪⑧连横，范雎反间以相秦⑨，鲁连解纷而全赵⑩是也。

【注 释】

①"枢机"二句：《周易·系辞上》："言行，君子之枢机。枢机之发，荣辱之主也。言行，君子之所以动天地也，可不慎乎？"言行是特别要注意的，因为它是一个人贫贱尊卑的关键。② 吕相绝秦：据《左传·成公十三年》载"晋侯使吕相绝秦"，晋厉公派遣大夫吕相跟秦国绝交，吕相绝秦之辞，备述秦国背盟。③ 子产献捷：据《左传·襄公二十五年》载"郑子展、子产帅车七百乘伐陈"，郑国派遣大夫子展、子产讨伐陈国，取得胜利以后，子产献捷于晋国，晋平公问陈有何过失？子产历举陈国罪过以应对。④ 臧孙谏君纳鼎：据《左传·桓公二年》载，宋国以郜大鼎贿赂鲁桓公，鲁桓公接受了大鼎并且将其放入太庙，大夫臧哀伯认为这是不合乎礼的，劝谏鲁桓公，鲁桓公不听。⑤ 魏绛对戮杨干：据《左传·襄公三年》载，晋悼公的弟弟杨干乘车扰乱了军队的行列，执掌军法的中军司马魏绛杀了杨干的驾车者，晋悼公大怒，要杀掉魏绛，魏绛向晋悼公申述了军法的重要，晋悼公醒悟，重用魏绛。⑥"人持弄丸之辩"二句：人人都有舌辩之才，家家都有辩论之术。《文心雕龙·论说》："转丸骋其巧辞，飞钳伏其精术。"《转丸》和《飞钳》都是《鬼谷子》篇名。⑦ 苏秦：字季子，洛阳（今河南省洛阳市东）人，战国时期著名纵横家，提倡合纵（联合六国对抗秦国）。⑧ 张仪：魏国大梁（今河南省开封市）人，战国时期著名纵横家，提倡连横（与秦国联合以加强力量）。⑨ 范雎反间以相秦：范雎是魏国人，秦昭王当政的时候，宣太后的弟弟穰侯专权，范雎以称霸的策略游说秦昭王，秦昭王听从范雎的建议，废了太后，驱逐了穰侯，任命范雎为相，封为应侯。⑩ 鲁连解纷而全赵：秦军于长平之战大败赵军以后，进军邯郸，赵王震恐，前来

救援赵国的军队也畏缩不前。魏王派新垣衍潜入邯郸，劝说赵军尊秦为帝以求和，鲁仲连赶到邯郸，批驳了新垣衍的主张，陈述了尊秦为帝的害处，魏国和赵国决心联合抗秦。秦军认为不能取胜，遂收兵回国。

逮汉、魏以降，周、隋而往，世皆尚文，时无专对。运筹画策，自具于章表；献可替否[1]，总归于笔札。宰我、子贡之道[2]不行，苏秦、张仪之业遂废矣。假有忠言切谏，《答戏》、《解嘲》[3]，其可称者，若朱云折槛以抗愤[4]，张纲埋轮而献直[5]。秦宓之酬吴客[6]，王融之答虏使[7]，此之小辩，曾何足云。是以历选载言，布诸方册，自汉以下，无足观焉。

【注 释】

① 献可替否：提出正确主张以代替错误主张。② 宰我、子贡之道：宰我和子贡是孔子弟子中擅长言语辞令的。《论语·先进》："子曰：'言语：宰我，子贡。'" ③《答戏》、《解嘲》：指班固《答宾戏》、扬雄《解嘲》。④ 朱云折槛以抗愤：汉成帝时槐里令朱云，曾上书切谏，指斥朝臣尸位素餐，请求成帝斩佞臣安昌侯张禹，张禹是汉成帝的师傅，成帝大怒，御史拖他下殿，他攀住栏杆，栏杆都折断了。后来成帝醒悟，命保留折坏的殿槛，以旌直臣。⑤ 张纲埋轮而献直：汉顺帝时，外戚和宦官势力很大，朝政混乱，汉安元年(142)，汉顺帝派遣八名专使巡察各州郡，其他人都到自己要去的地方去了，张纲离京出巡到近郊洛阳都亭，将车轮卸掉埋在地下，愤然宣称："豺狼当道，安问狐狸！"于是弹劾了大将军梁冀等。⑥ 秦宓之酬吴客：秦宓，字子敕，三国时蜀国人。吴国派遣张温出使蜀国，酒宴之上，秦宓与张温舌战，说得张温大为敬服。⑦ 王融之答虏使：王融，字元长，齐武帝时官至中书郎，永明十一年(493)，兼任主客郎，接待北魏使者房景高、宋弁，王融应对便捷，最后宋弁无可应答。

寻夫战国已前，其言皆可讽咏，非但笔削所致，良由体质素美。何以核诸？至如讨"鹑贲"、"鸜鹆"[1]，童竖之谣也；"山木"、"辅车"[2]，时俗之谚也；"皤腹弃甲"[3]，城者之讴也；"原田是谋"[4]，舆人之诵也。斯皆刍词鄙句，犹能温润若此，况乎束带立朝之士，加以多闻博古之识者哉！则知时人出言，史官入记，虽有讨论润色，终不失其梗概者也。

夫《三传》之说，既不习于《尚书》；两汉之词，又多违于《战策》。足以验氓俗⑤之递改，知岁时之不同。而后来作者，通无远识，记其当世口语，罕能从实而书，方复追效昔人，示其稽古。是以好丘明者，则偏摸⑥《左传》；爱子长者，则全学史公。用使周、秦言辞见于魏、晋之代，楚、汉应对行乎宋、齐之日。而伪修混沌⑦，失彼天然，今古以之不纯，真伪由其相乱。故裴少期讥孙盛录曹公平素之语，而全作夫差亡灭之词⑧。虽言似《春秋》，而事殊乖越者矣。

【注 释】

① 鹑(chún)贲(bēn)、鸜(qú)鹆(yú)：鹑，星宿名，指柳宿。贲，星体。《左传·僖公五年》："八月，晋侯围上阳，问于卜偃曰：'吾其济乎？'对曰：'克之。'公曰：'何时？'对曰：'童谣云：丙之辰，龙尾伏辰。均服振振，取虢之旗。鹑之贲贲，天策焞焞。火中成军，虢公其奔。'"鸜鹆，鸟名，俗称八哥。《左传·昭公二十五年》："有鸜鹆来巢"，"师己曰：'吾闻文、成之世，童谣有之：鸜之鹆之，公出辱之。鸜鹆之羽，公在外野，往馈之马；鸜鹆跦跦，公在乾侯，征褰与襦；鸜鹆之巢，远哉遥遥。稠父丧劳，宋父以骄。鸜鹆鸜鹆，往歌来哭。'" ② "山木"、"辅车"：山木，《左传·隐公十一年》："周谚有之曰：'山有木，工则度之。'"辅车，《左传·僖公五年》："谚所谓'辅车相依，唇亡齿寒'者，其虞、虢之谓也。" ③ 皤腹弃甲：据《左传·宣公二年》，楚国和郑国要进攻宋国，宋国将领华元被其驾车人出卖而不觉，在他视察筑城工程的时候，筑城的役夫唱道："睅其目，皤其腹，弃甲而复。于思于思，弃甲复来，使其骖乘。" ④ 原田是谋：据《左传·僖公二十八年》，晋楚城濮之战前，晋文公因为怀念楚国以前对他的恩惠，下不了决心开战，"听舆人之诵曰：原田每每，舍其旧而新是谋"。⑤ 氓俗：民俗。⑥ 摸：同"摹"。⑦ 伪修混沌：矫情造作地坚持古朴的做法，而不知因时而易。⑧ "故裴少期"二句：裴少期即裴松之，曹公即曹操。《三国志·魏书·武帝纪》裴松之注："孙盛《魏氏春秋》云：'(曹操)答诸将曰：刘备，人杰也，将生忧寡人。'臣松之以为……孙盛制书，多用左氏以易旧文，如此者非一。嗟乎后之学者将何取信哉。且魏武方以天下励志，而用夫差分

死之言，尤非其类。”《左传·哀公二十年》载夫差语：“勾践将生忧寡人，寡人之死不得矣。”

然自咸、洛不守，龟鼎[①]南迁，江左为礼乐之乡，金陵实图书之府，故其俗犹能语存规检，言喜风流，颠沛造次，不忘经籍。而史臣修饰，无所费功。

其于中国则不然，何者？于斯时也，先王桑梓，翦为蛮貊，被发左衽[②]，充牣[③]神州。其中辩若驹支[④]，学如郯子[⑤]，有时而遇，不可多得。而彦鸾修伪国诸史[⑥]，收、弘撰《魏》、《周》二书[⑦]，必讳彼夷音，变成华语，等杨由之听雀[⑧]，如介葛之闻牛[⑨]，斯亦可矣。而于其间，则有妄益文彩，虚加风物，援引《诗》、《书》，宪章《史》、《汉》。遂使沮渠、乞伏[⑩]，儒雅比于元封，拓跋、宇文，德音同于正始。华而失实，过莫大焉。

【注释】

① 龟鼎：元龟与九鼎，古时为国之重器，因以比喻帝位。② 被发左衽：头发披散不束，衣襟向左掩。古代指中原地区以外少数民族的装束，也借指中原地区的人受少数民族统治。③ 充牣(rèn)：充满。④ 辩若驹支：据《左传·襄公十四年》载，吴国和晋国会盟于向(今安徽省怀远县)，晋国大夫责备姜戎族酋长驹支，不让他参加次日的会盟，驹支做了有理有据的辩解，最后赋《诗经》中的《青蝇》篇而退。⑤ 学如郯子：郯子是春秋时期郯国国君，鲁昭公十七年，郯子朝鲁，孔子拜见郯子而且向他学习。⑥ 彦鸾修伪国诸史：崔鸿字彦鸾，撰《十六国春秋》。⑦ 收、弘撰《魏》、《周》二书：指魏收撰《魏书》和牛弘撰《周史》。⑧ 杨由之听雀：杨由，字哀侯，蜀郡成都(今四川省成都市)人，精通占卜之术，曾任蜀郡文学掾。有一天，有大雀夜晚集于库楼上，太守廉范问杨由这是什么原因，杨由回答说：“郡内将有小规模的战事，但不为害。”二十几天以后，广柔县果然发生少数民族作乱的事。⑨ 介葛之闻牛：据《左传·僖公二十九年》记载，介部的酋长来朝见僖公，听到牛的叫声，说这头牛生了三头小牛，都被用作祭品了，从它的声音可以听出。一问，果然如此。⑩ 沮渠、乞伏：沮渠，十六国北凉君主姓，其先世为匈奴左且渠，以官名为姓。乞伏，鲜卑族部落

名，十六国时建立西秦政权。

唯王、宋著书，叙元、高时事[①]，抗词正笔，务存直道，方言世语，由此毕彰。而今之学者，皆尤二子以言多滓秽，语伤浅俗。夫本质如此，而推过史臣，犹鉴者见嫫姆多媸[②]，而归罪于明镜也。

又世之议者，咸以北朝众作，《周史》[③]为工。盖赏其记言之体，多同于古故也。夫以枉饰虚言，都捐实事，便号以良直，师其模楷，是则董狐、南史，举目可求，班固、华峤，比肩皆是者矣。

近有敦煌张太素[④]、中山郎余令[⑤]，并称述者，自负史才。郎著《孝德传》，张著《隋后略》。凡所撰今语，皆依仿旧辞。若选言可以效古而书，其难类者，则忽而不取，料其所弃，可胜纪哉？

【注 释】

① “王、宋著书”二句：王劭著《齐志》，宋孝王著《关东风俗传》。元指西魏君主元氏，高指北齐君主高氏。② 嫫(mó)姆多媸：嫫姆，传说中黄帝之妻，貌极丑，后为丑女代称。媸，相貌丑陋。③《周史》：指牛弘没有编撰完成的《周史》。④ 张太素：魏州繁水（今河南省南乐县）人，唐高宗时，官东台舍人兼修国史。撰《后魏书》一百卷、《隋书》三十卷。⑤ 郎余令：定州新乐（今河北省新乐市）人，唐初官著作佐郎。续梁元帝《孝德传》，撰《孝子后传》三十卷。

盖江芊骂商臣[①]曰：“呼！役夫，宜君王废汝而立职。”汉王怒郦生[②]曰：“竖儒！几败乃公事。”单固谓杨康曰[③]：“老奴，汝死自其分。”乐广叹卫玠[④]曰：“谁家生得宁馨儿！”斯并当时侮嫚[⑤]之词，流俗鄙俚之说。必播以唇吻，传诸讽诵，而世人皆以为上之二言不失清雅，而下之两句殊为鲁朴者，何哉？盖楚、汉世隔，事已成古，魏、晋年近，言犹类今。已古者即谓其文，犹今者乃惊其质。夫天地长久，风俗无恒，后之视今，亦犹今之视昔。而作者皆怯书今语，勇效昔言，不其惑乎！苟记言则约附《五经》，载语则依凭《三史》，是春秋之俗，战国之风，互两仪[⑥]而并存，经千载其如一，奚验以今来古往，质文之屡变者哉？

盖善为政者，不择人而理，故俗无精粗，咸被其化；工为史者，不选事而书，故言无美恶，尽传于后。若事皆不谬，言必近真，庶几可与古人同居，何止得其糟粕⑦而已。

【注释】

① 盖江芊(mì)骂商臣：楚成王将立商臣为太子，后来又想立商臣的庶弟王子职而废黜商臣。商臣听到以后不能辨别真假，就听从他的老师潘崇的计策，宴请成王的妹妹江芊而故意不尊重。江芊骂商臣说："呼！役夫，宜君王之欲杀女而立职也。"江芊，即"江芈"，见《左传・文公元年》。② 汉王怒郦生：刘邦被项羽围困在荥阳的时候，谋士郦食其建议复立六国后裔，以孤立项羽，刘邦让他去刻制六国之印，张良得知以后，向刘邦陈述分封六国的危害，刘邦把正在嘴里吃的食物吐出来，骂曰："竖儒！几败而公事。" ③ 单固谓杨康：单固，字恭夏，有真才实学，兖州刺史令狐愚召为别驾，和从事杨康都是令狐愚的心腹。令狐愚和王凌密谋废齐王曹芳立曹彪，单固和杨康都知道这件事。后来，杨康到洛阳揭发了这件事，司马懿审问单固，单固回答没有。杨康指认单固与此事有牵连，单固被捕。杨康因为交代颇多矛盾，与单固同时受刑，临刑时，单固骂杨康道："老奴！汝死自分耳，何面目行地下也。" ④ 乐广叹卫玠：乐广，字彦辅，西晋人，善于品评人物。卫玠，字叔宝，魏晋之际清谈名士，任太子洗马，为乐广之婿。《晋书・乐广传》和《卫玠传》中都没有这句话。《晋书・王衍传》记载王衍幼时造访山涛，山涛感叹说："何物老妪，生宁馨儿。"宁馨儿，这样的孩儿。⑤ 侮嫚：对人轻忽，态度傲慢，乃至冒犯无礼。⑥ 两仪：指天地。⑦ 糟粕：造酒剩下的渣滓。比喻废弃无用之物。

【导读】

刘知几在《载言》、《载文》两篇中细致论述了史书编撰中编撰者如何记载历史人物的文辞篇章（书面表达）的问题，本篇主要讨论史书中历史人物的言语应对（口语表达）的问题。

"言之不文，行之不远"，修饰言语以交际应答，是古人非常重视的技能。自上古以讫汉魏，言语活动一直是日常生活和政治生活中的一项重要内容，《尚书》所载上古君主训、谟，至《春秋》行人辞令、《战国策》纵横家言，再至汉魏史著中的忠臣言谏、使者酬答，都是史书编撰对人物言语活动的记载。然而，汉魏以后，专门的言语应对活动衰落，“运筹画策，自具于章表；献可替否，总归于笔札”，言语形成文辞，政治生活中的言语表达转向书面表达。所以刘知几感叹，历代选取言语载入史书的，从汉代以后，就没有值得一看的了。而历史人物日常生活中的言语，开始成为了史书记载历史人物口语表达的主体。

观照史书编撰中历史人物的言语，刘知几设置了时间和空间两个维度。他强调，从时间上要注意今古不同，反对“追效昔人，示其稽古”；从空间上要注意异地殊俗，反对“妄益文彩，虚加风物”。

在时间维度上，刘知几概述上古三代至魏晋史书中对历史人物言语的记载，描述出发展趋向：战国以前，言语本身质朴优美，人物说出话来，史官载入史书，虽有润色，但没有失去基本特色；其后，史官记言因时而变，记录当时口语，能够据实而书，所以，春秋三传所载言语不承袭《尚书》，两汉史书所录人物言语不同于《战国策》，读史书者从人物言语“足以验氓俗之递改，知岁时之不同”；魏晋以后，史书编撰者没有识见，盲目学习古人，记载人物言语多摹仿古人，以致“用使周秦言辞，见于魏晋之代；楚汉应对，行乎宋齐之日”，今古不纯，真伪相乱。

在空间维度上，刘知几以西晋南迁，南北朝分裂时期为例。南朝犹存礼乐，言语也仍承袭儒雅，史官修饰人物的言语时，就不需费多少气力。而北朝崔鸿修撰十六国史，魏收、牛弘修撰《魏书》、《北周书》，却要把少数民族语言变为华语，援引《诗》、《书》，“妄益文彩，虚加风物”，华丽却不真实，与当时中原地区的实际语言习惯不相符合。只有王劭、宋孝王著书，正笔直书，“方言世语，由此毕彰”，学者指责其所载人物言语滓秽浅俗，其实当时实际情况就是这样，王、宋二人只是据实反映，不应把失误的责任推给他们。北朝牛弘所撰《周史》，记言体制多与古代相同，后世学者评价很高，但是这部史书在记载人物言语时却有虚假文饰、抛弃事实的错误，这是应当加以注意的。

至唐代，史书编撰中记言仿效古人的风气仍然存在，而且失误更为明显，张太素、郎余令所撰史书中的人物言语，都仿效古代，对于难以仿效古人言语的史事，就忽略而不加记录。

从时间维度和空间维度来看，本篇的观点是史官在记载历史人物言语时，应当尽量遵守“随时”和“因俗”两个原则，这样才能较为真实地反映当时当地的历史事实。人们总是认为相隔年代久远的言语是文雅的，和今天接近的就比较粗俗。“夫天长地久，风俗无恒，后之视今，亦犹今之视昔”，我们现在把史书中记载的年代较远的言语视为雅言，后世也会把今日流传的习俗言语视为雅言。如果人们“怯书今语，勇效昔言”，把史书写得千载如一，读史者就难以看到历史的真实面貌了。

最后，刘知几提出“工为史者，不选事而书”，史官编撰历史时不能选择事情，言语不管美丑，都要据实记录，用以反映历史真实。言语真实是历史撰述真实的一个重要组成部分，他对言语真实的强调，实际上也是为了达到历史真实的目标，这与其坚持的求实史学精神是一致的，这一思想，对后世历史编撰有着积极影响。

浮词第二十一

夫人枢机之发，亹亹[①]不穷，必有徐音[②]足句，为其始末。是以伊、惟、夫、盖，发语之端也；焉、哉、矣、兮，断句之助也。去之则言语不足，加之则章句获全。而史之叙事，亦有时类此。故将述晋灵公厚敛雕墙，则且以不君为称[③]；欲云司马安四至九卿，而先以巧宦标目[④]。所谓说事之端也。又书重耳伐原示信，而续以一战而霸，文之教也[⑤]；载匈奴为偶人象郅都，令驰射莫能中，则云其见惮如此[⑥]。所谓论事之助也。

【注释】

① 亹亹（wěi）：谓诗文或谈论动人，有吸引力，使人不知疲倦。② 徐音：各本均作“余音”，浦起龙改作“徐音”，注曰：“音在语前，故当言‘徐’。旧作‘余音’，误。” ③ “故将”二句：《左传·宣公二年》：“晋灵公不君，厚敛以雕墙。” ④ “欲云”二句：《史记·汲郑列传》：“黯姑姊子司马安与黯为太子洗马。安文深巧，善宦，官四至九卿。”潘岳《闲居赋序》：“岳尝读

《汲黯传》,至司马安四至九卿,而良史书之以'巧宦'之目。" ⑤"又书"二句:据《左传·僖公二十五年》,晋文公重耳围困原国,准备了三天的粮草,原国不投降,重耳命令撤退,这时候有消息说原国要投降,军吏请求等待,重耳说:"信用是国之宝,人民所赖以庇护的东西。如果得到原国却失去信用,怎么庇护人民?损失会更多。"晋军后撤三十里后原国投降了。《左传·僖公二十七年》:"晋侯朝王,始入而教其民。二年欲用之。子犯曰:'民未知义,未安其居。'于是乎出定襄王,入务利民,民怀生矣。将用之。子犯曰:'民未知信,未宣其用。'于是伐原以示之信。民易资者,不求丰焉,明征其辞。公曰:'可矣乎?'子犯曰:'民未知礼,未生其共。'于是乎大蒐,以示之礼。作执秩以正其官。民听不惑而后用之。出谷戍,释宋围,一战而霸,文之教也。" ⑥"载匈"二句:《史记·酷吏列传》:"匈奴素闻郅都节居边,为引兵去,竟郅都死,不近雁门。匈奴至为偶人象郅都,令骑驰射,莫能中。见惮如此。"

昔尼父裁经,义在褒贬,明如日月,持用不刊[①]。而史传所书,贵乎博录而已。至于本事之外,时寄抑扬,此乃得失禀于片言,是非由于一句,谈何容易,可不慎欤!但近代作者,溺于烦富,则有发言失中,加字不惬,遂令后之览者,难以取信。盖《史记》世家有云:"赵鞅诸子,无恤最贤。"[②]夫贤者当以仁恕为先,礼让居本。至如伪会邻国,进计行戕,俾同气女兄,摩笄引决[③],此则诈而安忍,贪而无亲,鲸鲵是俦[④],犬豕不若,焉得谓之贤哉!又《汉书》云:"萧何知韩信贤。"案贤者处世,夷险若一,不陨获[⑤]于贫贱,不充诎[⑥]于富贵。《易传》曰:"知进退存亡者,其唯圣人乎!"如淮阴[⑦]初在仄微,堕业无行,后居荣贵,满盈速祸;躬为逆上,名隶恶徒。周身之防[⑧]靡闻,知足之情安在?美其善将,呼为才略则可矣,必以贤为目,不其谬乎?又云:"严延年精悍敏捷,虽子贡、冉有通于政事,不能绝也。"[⑨]夫以编名《酷吏》,列号"屠伯",而辄比孔门达者,岂其伦哉!且以春秋至汉,多历年所,必言貌取人,耳目不接,又焉知其才术相类,锱铢无爽[⑩],而云不能绝乎?

【注释】

①持用不刊:保持为不可改易的原则。不刊,不可改易。古代的文

书刻在竹简上，错了就削去，叫做“刊”。② “赵鞅诸子”二句：《史记·赵世家》：“赵简子在位，号召诸子与语，无恤最贤。”赵鞅即赵简子，晋国大夫。无恤，赵鞅之子，战国时期赵国的创始人，史称赵襄子，在位33年。③ “至如”四句：据《史记·赵世家》记载，赵襄子无恤的姐姐前是代王夫人。赵简子死后，丧期未满，赵襄子就请来了代王，指使厨人用铜料杀了代王及其下属，随即派兵平了代地。他姐姐听说后，泣而呼天，用簪子自杀。笄，古代的一种簪子，用来插住挽起的头发，或插住帽子。④ 鲸鲵是俦：鲸鲵，即鲸鱼，古代认为鲸鲵是吞吃小鱼的，所以常用来比喻不义之人。俦，同类。⑤ 陨获：穷困潦倒的样子。⑥ 充诎（qū）：得意忘形的样子。⑦ 淮阴：指韩信。韩信曾封淮阴侯。⑧ 周身之防：维护身体的方法。⑨ “严延年”三句：《汉书·酷吏·严延年传》：“（年）为人短小精悍，敏捷于事，虽子贡、冉有通艺于政事，不能绝也。然嫉恶泰甚……奏可论死，奄忽如神。冬月，传属县囚，会论府上，流血数里，河南号‘屠伯’。”⑩ 锱铢（zī zhū）无爽：分毫不差。锱铢，旧制锱为一两的四分之一，铢为一两的二十四分之一。比喻极其微小的数量。

盖古之记事也，或先经张本，或后传终言，分布虽疏，错综逾密。今之记事也则不然。或隔卷异篇，遽相矛盾；或连行接句，顿成乖角。是以《齐史》之论魏收，良直邪曲，三说各异；《周书》之评太祖[①]，宽仁好杀，二理不同。非惟言无准的，固亦事成首鼠[②]者矣。夫人有一言，而史辞再三，良以好发芜音，不求谠理[③]，而言之反覆，观者惑焉。

【注 释】

① 太祖：指宇文泰，西魏封其为太祖，北周追尊其为文帝。② 首鼠：即首鼠两端，在两者之间犹豫不决、动摇不定。③ 谠（dǎng）理：正直的道理。

亦有开国承家，美恶昭露，皎如星汉，非靡沮[①]所移，而轻事尘点，曲加粉饰。求诸近史，此颣尤多。如《魏书》称登国以鸟名官[②]，则云“好尚淳朴，远师少皞[③]”；述道武结婚蕃落[④]，则曰“招携荒服，追慕汉高”。自余所说，多类如此。案魏氏始兴边朔，少识典、坟；作俪蛮夷，抑惟秦、晋[5]。而鸟官创置，岂关郯子之言？髦头而偶，奚假奉春之策[6]？奢言无限，何其厚颜！又《周史》称元行恭因齐灭得回[7]，庾信赠其诗曰："虢亡垂棘反，齐平宝鼎归。"陈周弘正来聘[8]，在馆赠韦夐诗曰："德星犹未动，直车讵肯来？"其为信、弘正所重如此。夫文以害意，自古而然，拟非其伦，由来尚矣。必以庾、周所作，皆为实录，则其所褒贬，非止一人，咸宜取其指归，何止采其四句而已？若乃题目不定，首尾相违，则百药、德棻是也；心挟爱憎，词多出没[9]，则魏收、牛弘是也。斯皆鉴裁非远，智识不周，而轻弄笔端，肆情高下。故弥缝虽洽，而厥迹更彰[10]，取惑无知，见嗤有识。

【注 释】

① 靡沮：《文心雕龙·论说》："阴阳莫贰，鬼神靡遁。说尔废钳，呼吸沮劝。"靡，分散。沮，败坏。此处以"靡沮"指流言蜚语。② 登国以鸟名官：北魏道武帝以鸟名作为官名。登国，北魏道武帝拓跋珪年号。《魏书·官氏志》："（天赐元年）初，帝欲法古纯质，每于制定官号，多不依周、汉旧名。或取诸身，或取诸物，或以民事，皆拟远古云鸟之义：诸曹走使谓之凫鸭，取飞之迅疾；以伺察为侯官，谓之白鹭，取其延颈远望。自余诸官，义皆例此，咸有比况。" ③ 远师少皞（hào）：少皞氏是散居于泗水流域和沿淮、沿海一带氏族部落群的祖先。少皞氏为本部落取官名时，常用鸟名。④ 道武结婚蕃落：北魏道武帝令诸公主分别嫁给臣服之国的君主。⑤ 秦、晋：指秦晋之好。春秋时，秦、晋两国曾经世代结为姻好。⑥"髦头"二句：与少数民族结亲，何曾借助奉春君的计策？髦头，古代帝王大驾出宫时，武士披发前驱者，这里指少数民族。奉春之策，奉春指汉代娄敬，汉高祖时，拜娄敬为郎中，号奉春君，娄敬向高祖献策，以和亲的方法改善与匈奴的关系，安定边境。⑦ 元行恭因齐灭得回：元行恭应为元伟。据《周书·元伟传》记载，元伟在出使北齐时被扣留为人质，北齐被灭，他才得以回到北周，庾信赠元伟的诗见《周书·元伟传》。元行恭虽然也曾在北周为官，但是他本身是北齐人，不能说他因为北齐灭亡回周。⑧ 陈周弘正来聘：据《周书·韦夐传》记载，韦夐字敬远，生性简朴，不慕利禄，居住的宅院枕带林泉，明帝称其为逍遥公。陈朝派尚书周弘正出使周，周弘

正专门拜访了韦夐并且赠诗。⑨ 出没：显现或隐没。⑩“弥缝”二句：表面上弥补得很合适，事实的真相却更为明显。

夫词寡者出一言而已周，才芜者资数句而方浃[①]。案《左传》称绛父[②]论甲子，隐言于赵孟；班《书》述楚老哭龚生[③]，莫识其名氏。苟举斯一事，则触类可知。至嵇康、皇甫谧撰《高士记》，各为二叟立传，全采左、班之录，而其传论云：“二叟隐德容身，不求名利避远乱害，安于贱役。”夫探揣古意，而广足新言，此犹子建之咏三良[④]，延年之歌秋妇[⑤]。至于临穴泪下[⑥]，闺中长叹[⑦]，虽语多本传，而事无异说。盖凫胫虽短，续之则悲[⑧]；史文虽约，增之反累。加减前哲，岂容易哉！昔夫子断唐、虞以下迄于周，翦截浮词，撮其机要。故帝王之道，坦然明白。嗟乎！自去圣日远，史籍逾多，得失是非，孰能刊定？假有才堪厘革，而以人废言，此绕朝[⑨]所谓“勿谓秦无人，吾谋适不用”者也。

【注 释】

① 浃(jiá)：融洽。② 绛父：见《二体》篇注“绛县之老”。③ 楚老哭龚生：据《汉书·两龚传》，汉代龚胜和龚舍都以名节著称，世人称为“楚两龚”。王莽篡位以后，龚舍已经去世，王莽派遣使者请龚胜为官，龚胜绝食而死。有一老人前往吊唁，哭泣悲伤，说道：“嗟呼！薰以香自烧，膏以明自销。”④ 子建之咏三良：指曹植的《三良诗》。三良，秦国大夫子车氏的三个儿子，都是贤臣，秦穆公死后，三人被杀以殉葬。⑤ 延年之歌秋妇：指颜延之的《秋胡行》。颜延之，字延年，南朝宋著名诗人，与谢灵运齐名，人称“颜谢”。⑥ 临穴泪下：曹植《三良诗》中有“揽涕登君墓，临穴仰天叹”之句。⑦ 闺中长叹：《乐府诗集》载颜延之《秋胡行》九首，其中第八首有“明月动愁心，闺中夜长叹”之句。⑧“凫胫”二句：野鸭的腿虽然很短，加长它却是可悲的事情。《庄子·骈拇》：“凫胫虽短，续之则忧。鹤胫虽长，断之则悲。”⑨ 绕朝：春秋时秦国大夫。据《左传·文公十三年》记载，晋国人担心秦国重用士会而不放他回来，就使用离间计使士会回晋国，秦康公中计，放还士会，而且答应士会，如果晋国扣留士会，秦国会把士会的妻子儿女送还晋国。士会临行前，绕朝送给他马鞭，对他说：“子无

谓秦无人，吾谋适不用也。”

【导 读】

本篇主要讨论史书编撰中叙事前后所附作者评论的相关问题。

刘知几首先以发语断句之词在文辞篇章中必不可少的作用来提出本篇要讨论的问题，指出史书叙事，也与此类似，说事之端、论事之助在史书编撰中自有其重要功能。但是“史传所书，贵乎博录而已”，从历史编撰的目的来讲，史书应以广博记录史事为主。在记述史事之外，还要不时寄寓褒贬抑扬，这样一来，得失是非全在于只言片语之间了，撰史者就需要特别谨慎。

衡论前代诸史，刘知几一一指陈弊端：一是“发言失中，加字不惬”，即叙事评论用词不当，浮夸背实，如《史记·赵世家》“赵鞅诸子，无恤最贤”，《汉书·萧何传》萧何劝谏刘邦“养其民以致贤人”，举荐韩信，《汉书·酷吏·严延年传》“(年)为人短小精悍，敏捷于事，虽子贡、冉有通艺于政事，不能绝也”，赵无恤、韩信皆有不贤之质，《史记》、《汉书》却以“贤”论之，严延年凶残不仁，《汉书》编入“酷吏”，却以其比之孔门贤达；二是“隔卷异篇，遽相矛盾”，“连行成句，顿成乖角”，即一本书中对于同一件事或者同一个人的评论前后不一致，如《齐史》评论魏收，书中三个地方评论不一，相差甚远，有言其良史直笔的地方，也有说他歪曲不正的地方，《周书》评论太祖，说他“宽仁”，又说他“好杀”，人的品质是同一个，史书上的评价却有好多种，原因在于撰史者“好发芜音，不求谠理”；三是“轻事尘点，曲加粉饰”，即随便涂抹，着意粉饰，如《魏书》记叙道武帝用鸟名作为官名，就说是“好尚淳朴，远师少皞”，评论道武帝和边远部落联姻，就说“招携荒服，追慕汉高”，可谓“奢言无限，何甚厚颜”，赠诗多虚美之辞，《周书》却采入庾信、周弘正赠诗，以之作为评价人物的根据；四是“凫胫虽短，续之则悲；史文虽约，增之反累”，如皇甫谧撰《高士记》，全采《左传》、《汉书》对绛父、楚老的记载，却妄自猜测古书的含义，增补新的言词，评论说：“二叟隐德容身，不求名利避远乱害，安于贱役。”

对于刘知几所列弊端及所举事例，后世学者多有不同观点，吕思勉先生认为：“惟其议古人，亦有失当处，如贤，‘愈也’，‘赵鞅诸子，无恤最贤’，但谓其胜于余子；'萧何知韩信贤'，亦谓其过于常人耳。且贤字非专指德行，才优于人，亦贤也。刘氏不知训诂，而妄加抨击，误矣。又《酷吏传》谓'严延年精悍敏捷，虽子贡、冉有不能绝'，此子贡、冉有，不过长于政事之代名，语言自有此例，如辩拟苏、张，勇侔贲、育等皆是也。刘氏不知文例，而妄加抨击，又误矣。"(《史通评》)张舜徽先生对吕思勉先生的评论深表赞同："吕氏此言甚允，切中知几之病。大抵古今才识之士，逞其雄辩，有所论列。其精处，在能通贯群书，揭橥大例，实有突过前人者。其粗处，则在勇于判断，自信不疑，亦有贻误后学者。若王充、郑樵，皆坐此失，不第知几为然。论其摧陷廓清之功，又足掩穿凿傅会之失。学者取其长而弃其短，可也。"(《史通平议》)

卷　七

直书第二十四

夫人禀五常[①]，士兼百行[②]，邪正有别，曲直不同。若邪曲者，人之所贱，而小人之道也；正直者，人之所贵，而君子之德也。然世多趋邪而弃正，不践君子之迹，而行由小人者，何哉？语曰："直如弦，死道边；曲如钩，反封侯。"[③]故宁顺从以保吉，不违忤以受害也。况史之为务，申以劝诫，树之风声[④]。其有贼臣逆子，淫乱君主，苟直书其事，不掩其瑕，则秽迹彰于一朝，恶名被于千载。言之若是，吁可畏乎！

【注 释】

① 五常：指仁、义、礼、智、信。② 百行：各种品行。《诗·卫风·氓》："士之耽兮，犹可说也。"郑玄笺注："耽，非礼之乐。士有百行，可以功过相除。" ③ "直如"四句：东汉末年，大将军外戚梁冀因为拥立年幼的桓帝有功，专权擅政，太尉李固因为主张立年长有德的清河王为帝，被梁冀处死，梁冀的爪牙胡广等却被封侯。洛阳有童谣："直如弦，死道边。曲如钩，反

封侯。”④ 风声：风气教化。

夫为于可为之时则从，为于不可为之时则凶。如董狐之书法不隐，赵盾之为法受屈[①]，彼我无忤，行之不疑，然后能成其良直，擅名今古。至若齐史之书崔弑[②]，马迁之述汉非[③]，韦昭仗正于吴朝[④]，崔浩犯讳于魏国[⑤]，或身膏斧钺[⑥]，取笑当时；或书填坑窖，无闻后代。夫世事如此，而责史臣不能申其强项[⑦]之风，励其匪躬[⑧]之节，盖亦难矣。是以张俨发愤，私存《嘿记》之文[⑨]；孙盛不平，窃撰辽东之本[⑩]。以兹避祸，幸获两全。足以验世途之多隘，知实录之难遇耳。

【注 释】

① “董狐”二句：春秋时，晋灵公残暴无道，赵盾为了逃避迫害，从晋国逃走，还未出国境就闻知晋灵公被大夫赵穿诛杀，赵盾随即返回。太史董狐在朝堂上写道：“赵盾弑其君。”赵盾不服。董狐说：“你作为正卿，逃跑不出国境，返回又不惩办赵穿，不是你弑君又是谁呢?”赵盾只能承担。孔子赞叹说：“董狐，古之良史也，书法不隐。赵宣子，古之良大夫也，为法受恶。惜也，越竟乃免。” ② 齐史之书崔弑：齐国大夫崔杼杀死了齐庄公，史官记载说：“崔杼弑其君。”崔杼就把史官杀了。史官的弟弟继之，也是这样记载，也被杀了。史官的第二个弟弟作为史官还是这样记载，崔杼最终释放了他。南史氏听说史官被杀了，就带着竹简赶过去，听说已经如实记载，才返回。③ 马迁之述汉非：司马迁在《史记》中记载了很多汉代君王的过失。《后汉书·蔡邕传》：“王允曰：‘武帝不杀司马迁，使作谤书，流于后世。’”李贤注：“凡史官记事，善恶必书，谓迁所著《史记》，但是汉家不善之事，皆为谤也，非指武帝之身。” ④ 韦昭仗正于吴朝：韦昭，见《六家》篇注。吴主孙皓即位以后，大臣数次进言祥瑞征兆，孙皓以此问韦昭，韦昭回答说：“这只是平常人家筐箧中的东西罢了。”孙皓想为他的父亲孙和作“纪”，韦昭坚持说孙和没有登帝位，只适宜称“传”。韦昭的正直触怒了孙皓，后来入狱被杀。⑤ 崔浩犯讳于魏国：崔浩，字伯渊，清河(今河北省临清县东)人，曾任北魏著作郎、太常卿。邓渊撰《国书》未成，崔浩继续编撰，成书三十卷。著作令史闵堪、郗标为了谄事崔浩，将《国书》刻石放

在路旁。由于崔浩秉笔直书,《国书》对拓跋氏祖先国破家亡之事毫无隐晦,鲜卑族的贵族看到后到太武帝前告状,指控崔浩有意宣扬国恶,太武帝命令收捕崔浩,最后崔浩以受贿罪被杀。⑥ 身膏斧钺:身体的油脂涂满了斧钺,指被诛杀。⑦ 强项:汉代董宣被称为"强项令"。谓刚正不为威武所屈。⑧ 匪躬:忠心耿耿,不顾自身。⑨"张俨发愤"二句:张俨,字子节,三国吴人,曾任大鸿胪。《隋书·经籍志》著录《嘿记》三卷。张俨发愤著《嘿记》事,未见于史书。⑩"孙盛不平"二句:孙盛编撰的《晋阳秋》,词直而理正,桓温看到后很生气,威胁孙盛的儿子,孙盛的儿子害怕,哭求孙盛为全家安全着想。他的儿子偷偷地修改《晋阳秋》,孙盛就写了两个定本寄给了辽东慕容儁。东晋孝武帝太元年间,孝武帝搜集异闻,在辽东找到了这本书的定本。

然则历考前史,征诸直词,虽古人糟粕,真伪相乱,而披沙拣金,有时获宝。案金行在历,史氏尤多①。当宣、景②开基之始,曹、马构纷之际,或列营渭曲,见屈武侯③,或发仗云台,取伤成济④。陈寿、王隐咸杜口而无言⑤,陆机、虞预各栖毫而靡述⑥。至习鉴齿,乃申以死葛走达之说⑦,抽戈犯跸之言⑧。历代厚诬,一朝如雪。考斯人之书事,盖近古之遗直欤?次有宋孝王《风俗传》、王劭《齐志》,其叙述当时,亦务在审实。案于时河朔王公,箕裘未陨⑨;邺城将相,薪构仍存⑩。而二子书其所讳,曾无惮色。刚亦不吐,其斯人欤?

【注 释】

①"金行"二句:金行,指晋朝。唐代官修《晋书》以前,据《玉海》载唐贞观二十年(646)诏修晋书的诏书,有关晋代的史书有十八家之多。② 宣、景:宣帝司马懿、景帝司马师。③"列营"二句:据《三国志·魏书》,青龙二年(234),诸葛亮出斜谷,屯兵渭南,司马懿率兵抵抗,坚壁不出。裴松之注引孙盛《魏氏春秋》:"亮既屡遣使交书,又致巾帼妇人之饰,以怒宣王。"④"发仗"二句:据《三国志·魏书·高贵乡公传》裴松之注引习凿齿《汉晋春秋》,高贵乡公曹髦见威权日去,心中忿恨,召集王沈、王经、王业说:"司马昭之心,路人所知也。吾不能坐受废辱,今日与卿自出讨

之。”王沈和王业奔走告诉了司马昭，司马昭因此有所防备。曹髦率领僮仆数百人鼓噪而出，中护军贾充迎战曹髦于南阙下，贾充指使成济刺杀了曹髦。⑤“陈寿”二句：上面所列举的两件事情，陈寿对于前一件事情，在《三国志·蜀书·诸葛亮传》中只记载“亮据武功五丈原，与司马宣王对于渭南，其年卒于军”。《三国志·魏书·明帝纪》也仅记载“诸葛亮出斜谷，屯渭南。司马宣王率诸军拒之。诏宣王但坚壁拒守”。后面一件事情，陈寿只在《三国志·魏书·高贵乡公传》中简单记载“五月己丑，高贵乡公卒”。王隐《晋书》已经亡佚，不知对这两件事情如何记载。⑥“陆机”二句：陆机，《史通》其余各本均作“干宝”，浦起龙改“干宝”为“陆机”，当为“干宝”。虞预《晋书》已经亡佚，不知如何记载这两件事情。干宝《晋纪》对后一件事情是有记载的，刘知几说“靡述”有误，《三国志·魏书·高贵乡公传》裴松之注引干宝《晋纪》：“成济问贾充曰：‘事急矣，若者何？’充曰：‘公蓄养汝等，为今日之事也，夫何疑！’济曰：‘然！’乃抽戈犯跸。”⑦死葛走达之说：见《采撰》篇注。⑧抽戈犯跸之言：见前注，这是干宝《晋纪》中的话语，不是习凿齿《汉晋春秋》中的记载。⑨“河朔”二句：北魏王公的威势仍在。河朔，指北魏。箕裘，祖上的家业。《礼记·学记》：“良冶之子，必学为裘；良弓之子，必学为箕。”陨，破落，衰败。⑩“邺城”二句：北齐将相的遗业犹存。邺城，北齐的都城，用以代表北齐。薪构，也指祖上的家业。《左传·昭公七年》：“其父析薪，其子弗克负荷。”《尚书·大诰》：“若考作室，既底法，厥子弗肯堂，矧肯构。”

盖烈士徇名[①]，壮夫重气，宁为兰摧玉折，不作瓦砾长存。若南、董之仗气直书，不避强御[②]；韦、崔之肆情奋笔，无所阿容[③]。虽周身之防有所不足，而遗芳余烈，人到于今称之。与夫王沈《魏书》[④]，假回邪以窃位，董统《燕史》[⑤]，持谄媚以偷荣，贯三光而洞九泉[⑥]，曾未足喻其高下也。

【注释】

①徇名：舍身以求名。徇，通“殉”。②强御：豪强，有权势的人。③阿容：偏袒宽容。④王沈《魏书》：王沈，字处道，太原晋阳人。三国魏大将军曹爽辟为将军府掾，累迁中书、黄门侍郎。后被起用为秘书监，与

阮籍等人一起编撰《魏书》，书中有很多为了讨好当时在位者而歪曲史实的地方。高贵乡公曹髦将攻司马昭，召集王沈等人商议，王沈驰告司马昭，曹髦被杀后他被封为安平侯。⑤ 董统《燕史》：十六国后燕董统受诏编撰后燕史，成书三十卷，对后燕的历史记载有很多过分褒扬的地方。⑥ 贯三光而洞九泉：天壤之别的意思。三光，古时指日、月、星，代指天上。九泉，指地下。

【导读】

历史编撰贵在真实，而对撰史者来讲，能够做到对历史事件和历史人物皆据实而书、不虚美、不隐恶，却不是一件容易的事情。本篇所谓"直书"，就是据此立论。

人之品行，有正邪之分，人们鄙视小人之邪曲，崇尚君子之正直，但是却多趋向邪而抛弃正，原因在于明哲保身。据此，刘知几提出史官的任务在于"申以劝诫，树之风声"，即申明劝勉和告诫，树立风范。如果撰写史书的史家都能够直笔而书，据实记录史事，那么乱臣贼子、淫君乱主的事迹就会昭彰于世，传于后代，邪曲小人自然畏惧，史书编撰也就体现出了其重要作用。

正是因为史书有彰显丑恶的作用，所以乱臣君主往往对秉笔直书的史官加以迫害，刘知几指出，据实直书有"可为之时"和"不可为之时"，"为于可为之时则吉，为于不可为之时则凶"：董狐擅名今古，有赵盾成其良直，是为于可为之时；齐太史令、司马迁、韦昭、崔浩等史官，皆以直书见害，是为于不可为之时。然而，纵观历代，乱臣贼子、淫君乱主层出不穷，治世少而乱世多，不可为之时远远多于可为之时。所以，据实直书确实是一件很困难的事情，对史官要有"理解之同情"，不能苛责。张俨私存《嘿记》之文，孙盛窃撰辽东之本，史存直笔，人获保全，可以称得上是两全之道了。

虽然史官在很多时候难以对所有历史事实都据实而书，但是，如果对前代史料进行细心考察，验证以如实记载的言词，详加考辨，总是可以大致了解历史的真实面貌的。对于这一点，吕思勉先生在《史通评》中有进一步阐述："大抵记载之诬妄者，后人皆可考证而得其真，以史事面面相关,能伪一事,必不能举起相关之事而尽伪之也。然则虚美者,美究不可虚;掩恶者,恶亦不能掩;徒使后人并其作伪之伎俩而亦洞烛之,又添一笑柄耳。不亦心劳日拙乎?然虽如是,而真是非之为其所淆乱者,亦必历若干时;而后人考证之劳,因此而徒费者,亦不知其几许矣。此则仗气直书,不畏强御者,所以究为可贵也。"

最后,刘知几突出表达了其对史官直书精神的期许:"盖烈士徇名,壮夫重气,宁为兰催玉折,不作瓦砾长存。"这种精神已经成为中国史家的一种优良传统,在今天仍然应当坚守。

曲笔第二十五

肇有人伦,是称家国。父父子子,君君臣臣[①],亲疏既辨,等差有别。盖"子为父隐,直在其中"[②],《论语》之顺也;略外别内,掩恶扬善[③],《春秋》之义也。自兹已降,率由旧章。史氏有事涉君亲,必言多隐讳,虽直道不足,而名教存焉。其有舞词弄札,饰非文过,若王隐、虞预毁辱相凌[④],子野、休文释纷相谢[⑤]。用舍[⑥]由乎臆说,威福行乎笔端,斯乃作者之丑行,人伦所同疾也。亦有事每凭虚,词多乌有:或假人之美,借为私惠;或诬人之恶,持报已仇。若王沈《魏录》滥述贬甄之诏[⑦],陆机《晋史》虚张拒葛之锋[⑧],班固受金而始书,陈寿借米而方传[⑨]。此又记言之奸贼,载笔之凶人,虽肆诸市朝,投畀[⑩]豺虎可也。

【注释】

①"父父子子"二句:《论语·颜渊》:"齐景公问政于孔子,孔子对曰:'君君、臣臣、父父、子子。'" ②"子为父隐"二句:儿子为父亲隐瞒过失,品德正直就在其中了。《论语·子路》:"叶公语孔子曰:'吾党有直躬者,其父攘羊,而子证之。'孔子曰:'吾党之直者异于是,父为子隐,子为父隐,直在其中矣。'" ③"略外别内"二句:《春秋公羊传·隐公十年》:"《春秋》录外而略内。于外大恶书,小恶不书;于内大恶讳,小恶书。" ④王隐、虞预毁辱相凌:晋元帝征召王隐为著作郎,命他编撰晋史。当时著作郎虞预正私撰《晋书》,虞预由于生长在东南地区,不了解中原地区的事情,就屡

次访问王隐，借阅王隐的书稿来看并加以剽窃。后来虞预更加嫉妒王隐，就交结权贵结为朋党，排斥王隐，王隐最后因为受到他的毁谤而被免官。⑤ 子野、休文释纷相谢：裴子野曾祖裴松之续修《宋史》没有完成就去世了，他常想完成先祖的遗业。南朝齐永明末，沈约撰《宋书》称“松之已后无闻焉”。裴子野撰《宋略》二十卷，在叙述沈约父亲沈璞时，说他被杀是因为不从义师。沈约害怕了，徒跣向裴子野谢过，请求停止纠纷。⑥ 用舍：取舍。⑦ 王沈《魏录》滥述贬甄之诏：王沈撰《魏书》，见《直书》篇注。《魏书》已经亡佚，“滥述贬甄之诏”已无可考。⑧ 陆机《晋史》虚张拒葛之锋：陆机撰《晋纪》，见《本纪》篇注。《晋纪》已经亡佚，“虚张拒葛之锋”已无可考。⑨“班固受金”二句：传说班固著《汉书》接受贿赂才作记载，陈寿撰《三国志》向人借米才肯立传。《周书·柳虬传》：“虬以史官密书善恶，未足劝惩，乃上书曰：‘著述之人，密书其事，纵能直笔，人莫之知。物生横议，亦自异端互起。故班致受金之名，陈寿有求米之论。’”《晋书·陈寿传》：“或云丁廙、丁仪有盛名于魏，陈寿谓其子曰：‘可觅千斛米见与，当与尊公作佳传。’丁不与之，竟不为立传。”⑩ 投畀(bì)：抛弃，放逐。

然则史之不直，代有其书，苟其事已彰，则今无所取。其有往贤之所未察，来者之所不知，今略广异闻，用标先觉。案《后汉书·更始传》称其懦弱也，其初即位，南面立，朝群臣，羞愧流汗，刮席不敢视。夫以圣公[①]身在微贱，已能结客报仇，避难绿林，名为豪杰。安有贵为人主，而反至于斯者乎？将作者曲笔阿时，独成光武之美；谀言媚主，用雪伯升之怨[②]也。且中兴之史，出自东观，或明皇所定[③]，或马后攸刊[④]，而炎祚灵长[⑤]，简书莫改，遂使他姓追撰，空传伪录者矣。陈氏《国志·刘后主传》云：“蜀无史职，故灾祥靡闻。”案黄气见于秭归[⑥]，群乌堕于江水[⑦]，成都言有景星出[⑧]，益州言无宰相气[⑨]，若史官不置，此事从何而书？盖由父辱受髡[⑩]，故加兹谤议者也。

【注 释】

① 圣公：刘玄字圣公。② 伯升之怨：参照《史通》其他各本及史实，当作“伯叔之怨”。刘縯和刘秀怨恨刘玄。汉光武帝刘秀兄刘縯字伯升，刘

秀字文叔。王莽篡政后，群雄纷争，刘缜起兵，自称柱天都部，后被刘玄所杀，刘秀对刘玄深有怨恨。《东观汉记·光武帝纪》："更始害齐武王，帝饮食语笑如平常，独居常不御酒肉，坐卧枕席有涕泣处。" ③ 明皇所定：明帝，即东汉显宗刘庄。《后汉书·东平宪王苍传》："十五年春，行幸东平……帝以所作《光武本纪》示苍，苍因上《光武受命中兴颂》，帝甚善之。" ④ 马后攸刊：马后指汉明帝皇后马皇后。据《后汉书·皇后纪》，她亲自撰写《显宗起居注》，"删去兄防参医药事。帝请曰：'皇后舅旦夕供养且一年，既无褒异，又不录勤劳，无乃过乎？'太后曰：'吾不欲令后世闻先帝数亲后宫之家，故不著也。'" ⑤ 炎祚灵长：汉代统治年代长久。古人认为汉代是以火德王，所以称汉代为"炎汉"。祚，皇位。⑥ 黄气见于秭归：《三国志·蜀书·先主传》："章武二年，先主军秭归，于猇亭驻营，黄气见，自秭归十余里，中广数十丈。后十余日，陆议大破先主于猇亭。" ⑦ 群乌堕于江水：《三国志·蜀书·后主传》裴松之注引《汉晋春秋》："冬十月，江阳至江州有乌从江南飞渡江北，不能达，堕水者死以千数。" ⑧ 成都言有景星出：《三国志·蜀书·后主传》："景耀元年，姜维还成都，史官言景星见。"景星，大星，德星，瑞星。古谓现于有道之国。⑨ 益州言无宰相气：《三国志·蜀书·费祎传》："延熙十四年夏，祎还成都。成都望气者云：'都邑无宰相位。'故冬夏北屯汉寿。" ⑩ 父辱受髡：据《晋书·陈寿传》，陈寿之父为马谡参军，马谡被诸葛亮所斩，陈寿之父也受到髡刑。陈寿为亮立传，称诸葛亮"将略非长，无应敌之才"。关于陈寿是否因为父亲受到髡刑，就对诸葛亮加以谤议，清初学者有两种观点：一种认为《三国志·蜀书·诸葛亮传》已经充分肯定了诸葛亮的文治之功；一种认为陈寿论诸葛亮"将略非长"，是就其北伐无功的事实而论，而且诸葛亮所遇到的是晋武帝的祖父司马懿，陈寿肯定不能褒扬诸葛亮贬抑司马懿。髡，古代剃去男子头发的一种刑罚。

古者诸侯并争，胜负无恒，而他善必称，已恶不讳。逮乎近古，无闻至公，国自称为我长，家相谓为彼短。而魏收以元氏出于边裔，见侮诸华，遂高自标举，比桑干于姬、汉之国[①]；曲加排抑，同建邺于蛮貊之邦[②]。夫以敌国相仇，交兵结怨，载诸移檄[③]，用可致诬，列诸缃素[④]，难为妄说。苟未达此义，安可言于史邪？

【注释】

① 比桑干于姬、汉之国：将元魏比做姬姓的周朝、刘姓的汉朝。桑干，代指元魏，桑干河即河北省永定河，鲜卑族拓跋部开始建国的地区。② 同建邺于蛮貊之邦：把南朝说成是蛮夷之地。建邺，指南朝，南朝宋、齐、梁、陈，除了梁元帝暂居江陵，其余都建都建邺（今江苏省南京市）。《魏书》把宋、齐、梁看做“岛夷”，同于“五胡”。③ 移檄：古代官方文书移和檄，多用于征召、晓谕和声讨。④ 缃素：浅黄色的绢帛。古时多用以书写。这里是用作史书的代称。

夫史之曲笔诬书，不过一二，语其罪负，为失已多。而魏收杂以寓言，殆将过半，固以仓颉已降，罕见其流，而李氏《齐书》[①]称为实录者，何也？盖以重规亡考未达，伯起以公辅相加[②]，字出大名[③]，事同元叹[④]，既无德不报，故虚美相酬。然必谓昭公知礼[⑤]，吾不信也。语曰：“明其为贼，敌乃可服。”[⑥]如王劭之抗词不挠，可以方驾古人。而魏收持论激扬，称其有惭正直[⑦]。夫不彰其罪，而轻肆其诛，此所谓兵起无名，难为制胜者。寻此论之作，盖由君懋[⑧]书法不隐，取咎当时。或有假手史臣，以复私门之耻，不然，何恶直丑正，盗憎主人[⑨]之甚乎！

【注释】

① 李氏《齐书》：指李百药《北齐书》。② “重规”二句：李百药的亡父生前没有显达的时候，魏收给他取字“公辅”。重规，李百药字。亡考，李百药父李德林。伯起，魏收字。据《北史·李德林传》，李德林，字公辅，起初因为少孤，没有字，魏收对他说：“识度天才，必至公辅，吾辄以此字卿。”③ 字出大名：《左传·闵公元年》：“魏，大名也。”这里用大名作为魏姓的代称。④ 事同元叹：据《三国志·吴书·顾雍传》及裴松之注引《江表传》，顾雍，字元叹。蔡邕从朔方回到吴地，蔡邕跟从他学习琴技书法，其“专一清静，敏而易教”，蔡邕对他说：“卿必成名，今以吾名与卿。”所以名其为“雍”。《正韵》：“邕与雍同。”⑤ 昭公知礼：据《论语·述而》，陈司败

向孔子问鲁昭公懂不懂礼,孔子说:“懂礼。”孔子走了出来,陈司败便向巫马期作了个揖,请他走近自己,然后说:“我听说君子无所偏袒,难道孔子竟偏袒吗?鲁君从吴国娶了位夫人,吴和鲁是同姓国家,不便叫她做吴姬,于是叫她做吴孟子。鲁君若是懂得礼,谁不懂得礼呢?” ⑥“明其为贼”二句:指明敌人为贼,才可以降服他。据《汉书·高帝纪》,新城三老董公遮对刘邦说:“臣闻顺德者昌,逆德者亡,兵出无名,事故不成。故曰:明其为贼,敌乃可服。” ⑦“魏收”二句:顾千里认为,“收”字误,此处应该是指魏征《隋书》。《隋书·王劭传》:“史臣曰:(王劭)好诡怪之说,尚委巷之谈,文词鄙秽,体统繁杂。直愧南、董,才无迁、固,徒烦翰墨,不足观采。” ⑧ 君懋:王劭字君懋。⑨ 盗憎主人:据《左传·成公十五年》,三郤要害伯宗。伯宗每次临朝,他的妻子都告诫他说:“盗憎主人,民恶其上,子好直言,必及于难。”后来伯宗被三郤所杀。

盖霜雪交下,始见贞松之操;国家丧乱,方验忠臣之节。若汉末之董承、耿纪[1],晋初之诸葛、毋丘[2],齐兴而有刘秉、袁粲[3],周灭而有王谦、尉迥[4],斯皆破家殉国,视死犹生。而历代诸史,皆书之曰逆,将何以激扬名教,以劝事君者乎!古之书事也,令贼臣逆子惧;今之书事也,使忠臣义士羞。若使南、董有灵,必切齿于九泉之下矣。

【注 释】

① 董承、耿纪:董承,东汉陇西临洮(今甘肃省岷县)人,官至车骑将军。建安五年(200),董承秘密接受汉献帝的衣带中的密诏诛杀曹操,事泄,被曹操处死。耿纪,字季行,东汉洛阳(今河南省洛阳市东)人,官至少府。建安二十三年(218),耿纪与太医令吉本、司直韦晃等起兵讨伐曹操,兵败被杀。② 诸葛、毋丘:指诸葛诞、毋丘俭。诸葛诞,字公休,琅玡阳都(今山东省沂南县)人,三国时期魏将,汉司隶校尉诸葛丰之后,在魏国官至征东大将军。于甘露二年(257)起兵叛乱,次年被镇压,兵败被杀。毋丘俭,字仲恭,河东闻喜(今山西省闻喜县)人,三国时期魏将。正元二年(255),毋丘俭与扬州刺史文钦发兵讨伐司马氏,兵败被杀。③ 刘秉、袁粲:刘秉,字彦节,南朝宋宗室,官至吏部郎中。

袁粲，字景倩，南朝宋官至尚书令。南朝宋顺帝刘准即位以后，齐王萧道成把持大权，刘秉和袁粲密谋矫太后诏杀萧道成，事泄，俱被杀。④ 王谦、尉迥：北周末年，杨坚总揽大权，益州总管王谦、相州总管尉迟迥相继起兵讨伐杨坚，兵败被杀。

自梁、陈已降，隋、周而往，诸史皆贞观年中群公所撰①，近古易悉，情伪可求②。至如朝廷贵臣，必父祖有传，考其行事，皆子孙所为，而访彼流俗，询诸故老，事有不同，言多爽实。昔秦人不死，验苻生之厚诬③；蜀老犹存，知葛亮之多枉④。斯则自古所叹，岂独于今哉！

盖史之为用也，记功司过，彰善瘅恶⑤，得失一朝，荣辱千载。苟违斯法，岂曰能官⑥。但古来唯闻以直笔见诛，不闻以曲词获罪。是以隐侯⑦《宋书》多妄，萧武⑧知而勿尤；伯起⑨《魏史》不平，齐宣览而无谴。故令史臣得爱憎由己，高下在心，进不惮于公宪⑩，退无愧于私室，欲求实录，不亦难乎？呜呼！此亦有国家者所宜惩革也。

【注释】

① 诸史皆贞观年中群公所撰：指姚思廉撰《梁书》、《陈书》，李百药撰《北齐书》，魏征等撰《隋书》，李延寿撰《南史》、《北史》。② 情伪可求：事情的真假虚实可以探求。③“秦人不死”二句：过去前秦有人没死，验证了苻生所受的种种诬陷。苻生是十六国前秦的君主。《晋书·载记·苻生传》称其“荒耽淫虐，杀戮无道”。而《洛阳伽蓝记》中则说：“（隐士）赵逸又云：自永嘉以来二百余年，建国称王者十有六君，皆游其都邑，自见其事。国灭之后，观其史书，皆非实录，莫不推过于人，引善自向。苻生虽好勇嗜酒，亦仁而不杀，观其治典，未为凶暴。及详其史，天下之恶皆归焉。”④“蜀老犹存”二句：蜀国有老人还在，才知道诸葛亮所受的很多冤枉。蜀老之事见孙盛《异同记》与《晋阳秋》，两书都已亡佚。《三国志·蜀书·董厥传》裴松之注引《异同记》：“蜀史常璩说长老云：陈寿曾为瞻吏，为瞻所辱。”陈寿被诸葛亮之子诸葛瞻所辱，故对诸葛亮有所贬抑。⑤ 彰善瘅(dàn)恶：表扬好的，斥责恶的。彰，表明、显扬。瘅，憎恨。⑥ 官：公正。⑦ 隐侯：沈约谥号为“隐”。⑧ 萧武：指梁武帝萧衍。⑨ 伯起：魏收字伯

起。⑩ 公宪：国法。这里指公认的法度。

【导读】

本篇紧承上篇立论，可以说是《直书》的续篇。受时世所迫，史官难以事事都秉笔直书，彰显丑恶，在刘知几看来，是可以理解的，所以，对于史官的直书精神，他表示出一种期许。而史官为了示惠报仇而虚美诬恶，任意歪曲史实的"曲笔"，则是他所深为痛恨的。本篇充溢着强烈的批判精神。

刘知几首先对"曲笔"进行了内涵的界定。他认为，《论语》提出的"子为父隐，直在其中"的说法和《春秋》遵循的"略外别内，掩恶扬善"笔法，都对后世影响很大，虽然在坚持正直的原则方面有所不足，但却保存了名分礼教，不应归入本篇所批判的"曲笔"范围。历史编撰中"曲笔"主要有以下表现：一、"舞词弄札，饰非文过"，即掩盖历史真相；二、"用舍由乎臆说，威福行乎笔端"，即主观臆断是非；三、"事每凭虚，词多乌有"，即凭空捏造史实，"或假人之美，借为私惠；或诬人之恶，持报已仇"。对于这些有"曲笔"之过的史官，刘知几提出强烈的批判："此又记言之奸贼，载笔之凶人，虽肆诸市朝，投畀豺虎可也。"

歪曲史实的"曲笔"，历代史书中都有，刘知几以范晔《后汉书》和陈寿《三国志》两部较为常见的史书为批判对象，举更始流汗刮席和蜀无史职两事，进一步展开论述。刘知几此处对范晔和陈寿的批判，后世学者多有补充论述和不同意见。如刘知几批评范晔"曲笔阿时"、"谀言媚主"，纪昀认为"近情近理"(《史通削繁》)，吕思勉先生也同意刘知几的判断，同时提出了如何进行史实推论的方法问题："至如刘圣公，年代久远，口传其事者，既已无闻；其形诸记载者，又以'炎祚灵长，简书莫改'，而诬罔之语，遂无所据以折之矣。然史以求直为尚，明知其诬罔者，不能以无反证，故而遂听之，则据理而推之法尚焉。如此篇以圣公身在微贱，已能结客报仇，避难绿林，号为豪杰，决其无贵为人主，南面立朝，羞愧流汗，刮目不敢视之理是也。此法用之，宜极矜慎。以人之行为，非如他物之易测，前后易节，有所弃，有所蔽，而改其常度者，皆非无之也。然人之行为，究非完全不可测，如谓力足以扛九鼎，而忽焉见弱于病夫；谋足以夺三军，而遽尔见欺于童竖，苟能决其非别有原因，即可断其为必无此事。故此法用之虽宜慎，而亦非竟不可用也。”(《史通评》)刘知几对陈寿《三国志》的批评，学者持反对意见者多，吕思勉先生认为：“谓陈寿以父辱受髡，谤议蜀汉，此言颇失实。黄气见于秭归等，未必定出史官；不置史官，亦非大恶，何足为谤?”(《史通评》)张舜徽先生也是持相似意见：“由父辱受髡，故加兹谤议之说，出《晋书·陈寿传》。其言不经，钱大昕《潜研堂文集·三国志跋》、赵翼《廿二史劄记》，既已为之申雪矣。且寿本蜀人，于蜀汉遗事，闻见亲切，故自《三国志》外，又有《益都耆旧传》及《古国志》二书，以羽翼之。(古疑即故字，谓蜀汉也。)即以《蜀志》言，虽卷数仅《魏志》之半，而记蜀事特详。……其于蜀汉，可谓厚矣。至于灾祥之事，不轻下笔，则固修史者所宜慎。……据此，可知史家秉笔，重在征信，固不敢苟且从事。盖亦旧史义法乃尔，晋宋相沿未改耳。陈寿阙所不知，未为大失也。”(《史通平议》)张先生的意见显然更加公允。

魏收编撰的《魏书》，刘知几在前面篇章中已经对其批判很多，这里又一一指陈其“曲笔”之劣，如标举元魏为周朝和汉朝，贬低南朝为蛮夷之地；立论偏激，凭空批评王劭“有惭正直”。可见刘氏对其深恶痛绝。

史书记载史实，本来是令乱臣贼子恐惧，但是自汉代以来，那些记载不实，充斥“曲笔”的史书，却只能让忠臣义士羞愧。至于唐代，史书编撰中曲笔不实的风气依然很浓，这也是刘知几深为叹息的。在他看来“史之为用也，记功司过，彰善瘅恶，得失一朝，荣辱千载”，历史编撰影响重大，史官不能不谨慎，如果史官违背了这个原则，还能做到公正吗？但是自古以来只听说因为秉笔直书被杀，没听说过因为歪曲史实而获罪，所以，刘知几认为，对于史书编撰中的“曲笔”，君主应该有所惩戒革除，从制度上加以规范，以树立良好的撰史风尚。虽然寄希望于君主的想法不够切合实际，但是，在当时的历史条件下，能够对“曲笔”之弊端加以强烈批判，指出其问题所在，提出可能的解决方法，已经足以见刘知几深刻的精神和识见了。

卷　八

摸拟第二十八

夫述者相效，自古而然。故列御寇[①]之言理也，则凭李叟[②]；扬子云之草《玄》[③]也，全师孔公[④]。符朗则比迹于庄周[⑤]，范晔则参踪于贾谊[⑥]。况史臣注记，其言浩博，若不仰范前哲，何以贻厥后来？盖摸拟之体，厥途有二：一曰貌同而心异，二曰貌异而心同。

何以言之？盖古者列国命官，卿与大夫为别。必于国史所记，则卿亦呼为大夫，此《春秋》之例也。当秦有天下，地广殷、周，变诸侯为帝王，目宰辅为丞相。而谯周撰《古史考》[⑦]，思欲摈抑马《记》[⑧]，师仿孔《经》[⑨]。其书李斯之弃市也，乃云"秦杀其大夫李斯"。夫以诸侯之大夫名天子之丞相，以此而拟《春秋》，所谓貌同而心异也。

【注 释】

① 列御寇：战国时期郑国思想家，道家代表人物之一。《汉书·艺文志·诸子略》著录《列子》八篇。② 则凭李叟：刘向认为列御寇"其学本于黄帝老子，号曰道家"。李叟，指老子，老子姓李名耳。③《玄》：指扬雄《太玄经》。④ 全师孔公：《汉书·扬雄传》："雄草太玄。桓谭曰：'今扬子之书，文义至深，而论不诡于圣人。'"颜师古注曰："圣人谓周公、孔子。"孔公，指孔子。⑤ 符朗则比迹于庄周：符朗，字元达，苻坚从兄之子，性格宏达，少有大志，征拜征东将军、青州刺史。《晋书》称其"著《符子》数十篇，行于世，亦老、庄之流也"。⑥ 范晔则参踪于贾谊：范晔《狱中与诸甥侄书》中谈到其编撰的《后汉书》时说："至于循吏以下及六夷诸序论，笔势纵放，实天下奇作；其中合者，往往不减于《过秦论》。"⑦ 谯周撰《古史考》：谯周，字允南，三国蜀巴西西充(今四川省阆中市西南)人，官至中散大夫、光禄大夫。因为劝说刘禅投降有功，被曹魏封为阳城亭侯，累迁为散骑常侍。著有《古史考》二十五卷，此书已经亡佚，有辑本一卷。《晋书·司马

彪传》:"谯周以司马迁《史记》书周、秦以上,或采俗语百家之言,不专据正经,周于是作《古史考》二十五篇,皆凭旧典,以纠迁之谬误。" ⑧ 马《记》:司马迁《史记》。⑨ 孔《经》:指《春秋》。

当春秋之世,列国甚多,每书他邦,皆显其号。至于鲁国,直云我而已。如金行握纪①,海内大同,君靡客主之殊,臣无彼此之异。而干宝撰《晋纪》,至天子之葬,必云"葬我某皇帝"。且无二君,何我之有?以此而拟《春秋》,又所谓貌同而心异也。

狄灭二国,君死城屠②;齐桓行霸,兴亡继绝③。《左传》云:"邢迁如归,卫国忘亡。"④言上下安堵⑤,不失旧物也⑥。如孙皓⑦暴虐,人不聊生,晋师是讨,后予相怨⑧。而干宝《晋纪》云:"吴国既灭,江外忘亡。"岂江外安典午⑨之善政,同归命⑩之未灭乎?以此而拟《左氏》,又所谓貌同而心异也。

【注释】

① 金行握纪:晋朝掌握统治大权。金行,指晋朝。见《断限》篇注。纪,凤纪,又称"凤历",有历数正朔之意。② "狄灭二国"二句:据《左传》记载,闵公元年,狄人进攻邢国,齐国派兵救援。闵公二年,狄人进攻卫国,卫国的军队打了败仗,卫国被灭。③ "齐桓行霸"二句:齐桓公行使霸主的权威,把邢国人迁到夷仪,封卫国于楚丘。④ "邢迁如归"二句:邢国人迁到夷仪,就像回到自己家里一样开心,卫国人进入楚丘,如同没有经历过国家的灭亡。⑤ 安堵:安居。⑥ 旧物:这里指国家政权。⑦ 孙皓:字元宗,孙权之孙,三国吴末君主,统治暴虐,晋灭吴后,被封为归命侯。⑧ "晋师是讨"二句:晋军讨伐吴国,吴国人都盼望早点来。⑨ 典午:"司马"的隐语。晋朝皇帝姓司马,后人常以"典午"指晋朝。⑩ 归命:孙皓封归命侯。

春秋诸国,皆用夏正①。鲁以行天子礼乐,故独用周家正朔。至如书"元年春王正月"者,年则鲁君之年,月则周王之月。如曹、马②受命,躬为帝王,非是以诸侯守藩③,行天子班历④。而孙盛《魏》、《晋》二《阳秋》,每书年首，必云“某年春帝正月”。夫年既编帝纪，而月又列帝名。以此而拟《春秋》，又所谓貌同而心异也。

五始[⑤]所作，是曰《春秋》；三《传》[⑥]并兴，各释经义。如“公羊传”屡云：“何以书？记某事也。”此则先引经语，而继以释辞，势使之然，非史体也。如吴均《齐春秋》，每书灾变，亦曰：“何以书？记异也。”夫事无他议，言从已出，辄自问而自答者，岂是叙事之理者邪？以此而拟《公羊》，又所谓貌同而心异也。

且《史》、《汉》每于列传首书人名字，至传内有呼字处，则于传首不详[⑦]。如《汉书·李陵传》称陇西任立政，“陵字立政曰：‘少公，归易耳。’”[⑧]夫上不言立政之字，而辄言“字立政曰少公”者，此省文，从可知也。至令狐德棻《周书》于《伊娄穆传》首云“伊娄穆字奴干”，既而续云太祖“字之曰：‘奴干作仪同面向我也。’”[⑨]夫上书其字，而下复曰字，岂是事从简易，文去重复者邪？以此而拟《汉书》，又所谓貌同而心异也。

【注释】

① 夏正：夏历正月的省称。代指夏历。② 曹、马：曹氏的魏国、司马氏的晋国。③ 守藩：指王侯驻守其封地，也指受封为王侯。④ 班历：颁布历书。⑤ 五始：见《表历》篇注。⑥ 三《传》：指《春秋左传》、《春秋公羊传》、《春秋谷梁传》。⑦ 不详：《史通》其他各本作“已详”，浦起龙注曰：“据文义刊正，旧作‘已’，非。”按照文义，应为“已详”。⑧“如《汉书·李陵传》”四句：汉武帝的时候，李陵在和匈奴的战役中战败投降，汉武帝杀了其父母妻子。汉昭帝即位以后，大将军霍光、左将军上官桀素与李陵交好，派遣李陵的故友任立政去匈奴劝说李陵回国。李陵对任立政说：“少公，归易耳，恐再辱，奈何？”任立政字少公。⑨“至今”三句：据《周书·伊娄穆传》，伊娄穆，字奴干，为魏太祖宇文泰内亲信，曾经入宫向太祖禀报事情，“太祖望见悦之，字之曰：‘奴干作仪同面见我矣。’于是拜车骑大将军，仪同三司”。

昔《家语》[①]有云：“苍梧人娶妻而美，以让其兄。虽为让，非让道也。”又扬子《法言》曰：“士有姓孔字仲尼，其文是也，其质非也。”[②]如向之诸子，所拟古作，其殆苍梧之让，姓孔字仲尼者欤？盖语曰：世异则事异，事异则备异。必以先王之道持今世之人，此韩子所以著《五蠹》之篇，称宋人有守株之说也[③]。世之述者，锐志于奇，喜编次古文，撰叙今事，而巍然自谓《五经》再生，《三史》重出，多见其无识者矣。

惟夫明识之士则不然。何则？其所拟者非如图画之写真，镕铸之象物，以此而似也。其所以为似者，取其道术相会[④]，义理玄同[⑤]，若斯而已。亦犹孔父贱为匹夫[⑥]，栖皇[⑦]放逐，而能祖述尧、舜，宪章文、武[⑧]，亦何必居九五之位，处南面之尊[⑨]，然后谓之连类者哉！

【注释】

①《家语》：指《孔子家语》。②“又扬子”句：扬雄《法言·吾子》：“或有人焉曰云，姓孔而字仲尼，入其门，升其堂，伏其几，袭其裳，则可谓仲尼乎？曰：其文是也，其质非也。” ③ 宋人有守株之说：《韩非子·五蠹》记载，战国时宋国有一个农民，看见一只兔子撞在树根上死了，便放下锄头在树根旁等待，希望再得到撞死的兔子。④ 道术相会：学术思想相符合。⑤ 义理玄同：经义名理上相同。⑥ 孔父贱为匹夫：孔父，指孔子。《论语·子罕》：“子曰：‘吾少也贱，故多能鄙事。’” ⑦ 栖皇：也作“栖遑”，忙碌不安，奔忙不定。⑧ 祖述尧、舜，宪章文、武：传承尧、舜思想，遵循文、武法度。⑨“居九五之位”二句：居于帝王的位置。《易·乾卦》：“九五，飞龙在天，利见大人。”后人以此称帝王居九五之位。《易·说卦》：“圣人南面而听天下。”古代帝王之位坐北面南，所以称君王处南面之尊。

盖《左氏》为书，叙事之最。自晋已降，景慕[①]者多，有类效颦[②]，弥益其丑。然求诸偶中，亦可言焉。盖君父见害，臣子所耻，义当略说，不忍斥言[③]。故《左传》叙桓公在齐遇害[④]，而云“彭生乘公，公薨于车”。如干宝《晋纪》叙愍帝殁于平阳[⑤]，而云：“晋人见者多哭，贼惧，帝崩。”以此而拟《左氏》，所谓貌异而心同也。

夫当时所记或未尽，则先举其始，后详其末，前后相会，隔越取同。若《左氏》成七年，郑获楚锺仪以献晋，至九年，晋归锺仪于楚以求平[⑥]，其类是也。至裴子野《宋略》叙索虏临江，太子劭使力士排徐湛、江湛僵仆，于是始与劭有隙。其后三年,有江湛为元凶所杀事[7]。以此而拟《左氏》,亦所谓貌异而心同也。

【注 释】

① 景慕:景仰,仰慕。② 效颦:西施因为心口痛而皱着眉头,村里的丑女见到以后觉得很美,回去以后也捧着心口皱着眉头,结果村里的富人都闭门不出,穷人都带着妻子儿女跑得远远的。③ 斥言:明言;指名而言。④ 桓公在齐遇害:齐侯与鲁桓公的妻子文姜通奸,鲁桓公谴责了齐侯,文姜转告了齐侯。后来,齐侯宴请鲁桓公的时候,让公子彭生借帮助桓公登车的机会杀了桓公。⑤ 愍帝殁于平阳:据《晋书·愍帝纪》,西晋愍帝被匈奴刘聪俘虏后,横遭侮辱,不久被杀。干宝《晋纪》已经亡佚,刘知几引文无可考。⑥ "若《左氏》"四句:据《左传》记载,成公七年,郑国俘虏了楚国琴师钟仪献给晋国,成公九年,晋国释放钟仪回楚国以求晋、楚两国和解。⑦ "至裴子野"五句:北魏太武帝率兵度淮南下,兵临江边,遣使向宋求婚,众臣都认为应当答应,只有江湛认为不可,南朝宋文帝太子刘劭大怒,叫武士推倒徐湛之、江湛,徐、江因此与刘劭有矛盾。三年后,刘劭叛乱,就有了徐、江被刘劭所杀的事情。

凡列姓名,罕兼其字。苟前后互举,则观者自知。如《左传》上言羊斟,则下曰叔牂[1],前称子产,则次见国侨[2],其类是也。至裴子野《宋略》亦然。何者? 上书桓玄,则下云敬道[3];后叙殷铁,则先著景仁[4]。以此而拟《左氏》,又所谓貌异而心同也。

《左氏》与《论语》,有叙人酬对,苟非烦词积句,但是往复唯诺而已,则连续而说,去其"对曰"、"问曰"等字。如裴子野《宋略》云:李孝伯问张畅:"卿何姓?"曰:"姓张。""张长史乎?"[5]以此而拟《左氏》、《论语》,又所谓貌异而心同也。

善人君子,功业不书,见于应对,附彰其美。如《左传》称楚武王欲伐随,熊率且比曰:"季梁在,何益!"[6]至萧方等《三十国春秋》说朝廷闻慕容儁死,曰:"中原可图矣!"桓温曰:"慕容恪在,其忧方大!"[7]以此而拟《左氏》,又所谓貌异而心同也。

夫将叙其事，必预张其本，弥缝混说，无取眷言[⑧]。如《左传》称叔辄闻日蚀而哭，昭子曰："子叔其将死乎？"秋八月，叔辄卒[⑨]。至王劭《齐志》称张伯德梦山上挂丝，占者曰："其为幽州刺史乎？"秋七月，拜为幽州刺史[⑩]。以此而拟《左氏》，又所谓貌异而心同也。

【注 释】

①"上言羊斟"二句：羊斟，春秋时宋国人，字叔牂。《左传·宣公二年》："春，郑公子归生受命于楚伐宋，宋华元、乐吕御之。……将战，华元杀羊食士，其御羊斟不与。及战，曰：'畴昔之羊，子为政。今日之事，我为政。'与入郑师。故败。……华元逃归……见叔牂曰：'子之马然也。'对曰：'非马也，其人也。'" ②"前称"二句：《左传》多次称子产为侨或公孙侨，但是没有称国侨的。浦起龙《史通通释》认为"国"应当作"曰"。张振珮先生《史通笺注》认为，子产以国为氏，此处应当作"国"："《左》昭四年传云：'子产作《丘赋》，国人谤之。浑罕曰：国氏其先亡乎！'乃子产以国为氏，见于《左传》者。" ③"上书"二句：桓玄字敬道。裴子野《宋略》已经亡佚，所以无法考证刘知几的说法。现存的《晋书》、《宋书》、《魏书》上都没有上称桓玄，下称敬道的写法。④"后叙"二句：殷铁，字景仁。《宋书·刘湛传》："湛与（殷）景仁素款……及俱被时遇，猜隙渐生……湛党刘敬文父成未悟其机，诣景仁求郡。敬文遽往谢湛曰：'老父悖耄，遂就殷铁干禄。'"又《南史·范泰传》："（泰）卒，初议赠开府，殷景仁曰：'泰素望不重，不可拟议。'……竟不果。及葬，王弘抚棺曰：'君生平重殷铁，今以此为报。'" ⑤"如裴子野"六句：这是北魏太武帝拓跋焘南征时，兵临彭城，北魏尚书李孝伯和宋守城官员张畅的问答。⑥"如《左传》"四句：据《左传·桓公六年》："楚武王侵随……熊率且比曰：季梁在，何益？"熊率且比，楚国大夫。季梁，随国贤臣。⑦"至萧方等"五句：《三十国春秋》已经亡佚。此事见《晋书·载记》："慕容恪字玄恭，皝之第四子也。幼而谨厚，沉深有大度。……初，建邺闻俊死，曰：'中原可图矣。'桓温曰：'慕容恪尚存，所忧方为大耳。'" ⑧眷（juàn）言：回顾的样子。⑨"如《左传》"五句：《左传·昭公二十一年》："秋七月壬午朔，日有食之。……于是叔辄哭日食。昭子曰：'子叔将死，非所哭也。'

八月，叔辄卒。”⑩“至王劭”五句：王劭《齐志》已经亡佚。此事也见于《北齐书·张亮传》。张亮，字伯德，东魏武定初，拜太中大夫。薛琡曾经梦见张亮在山上挂丝，他告诉张亮以后，占卜说：“山上丝，幽也。君其为幽州乎?”数月以后，张亮出任幽州刺史。

盖文虽缺略，理甚昭著，此丘明之体也。至如叙晋败于邲，先济者赏，而云：“上、中、下军争舟，舟中之指可掬。”[①] 夫不言攀舟乱，以刃断指，而但曰“舟指可掬”，则读者自睹其事矣。至王劭《齐志》述高季式破敌于韩陵，追奔逐北，而云“夜半方归，槊血满袖”[②]。夫不言奋槊[③]深入，击刺甚多，而但称“槊血满袖”，则闻者亦知其义矣。以此而拟《左氏》，又所谓貌异而心同也。

大抵作者，自魏已前，多效《三史》，从晋已降，喜学《五经》。夫史才文浅而易摸，经文义深而难拟，既难易有别，故得失亦殊。盖貌异而心同者，摸拟之上也；貌同而心异者，摸拟之下也。然人皆好貌同而心异，不尚貌异而心同者，何哉？盖鉴识不明，嗜爱多僻，悦夫似史而憎夫真史，此子张所以致讥于鲁侯，有叶公好龙之喻[④]也。袁山松[⑤]云：“书之为难也有五：烦而不整，一难也；俗而不典，二难也；书不实录，三难也；赏罚不中，四难也；文不胜质，五难也。”夫拟古而不类，此乃难之极者，何为独阙其目乎？呜呼！自子长以还，似皆未睹斯义。后来明达，其鉴之哉！

【注 释】

①“至如”五句：据《左传·宣公十二年》，楚国伐郑，晋军援救郑国，在渡黄河的时候受到楚军的攻击，上军不败，中军和下军败逃到黄河边上，晋桓子击鼓称：“先渡过黄河的有赏。”于是“中军、下军争舟下，舟中之指可掬也”。②“至王劭”四句：据《北齐书·神武纪》，北魏永熙元年(532)，高欢在韩陵为圆阵，与尔朱兆大战，大败尔朱兆的军队，高欢的将领高季式以七骑追奔，“夜久，季式还，血满袖”。③ 槊(shuò)：长矛，古代的一种兵器。④“子张”二句：《艺文类聚》卷九十六引《庄子》：“子张见鲁哀公，不礼焉。去之，曰：‘君之好士也，有似叶公子高之好龙，雕文画之，于是天龙闻而示之，窥头于牖，拖尾于堂。叶公见之，失其魂魄，五色无

主。是叶公非好龙也，好夫似龙而非龙者也。今君非好士也，好夫似士者。'" ⑤ 袁山松：东晋陈郡阳夏（今河南省太康县）人，博学有文章，曾任吴郡太守。著有《后汉书》一百卷。

【导读】

本篇主要讨论史书编撰中的摹拟问题。

著述之人相互仿效，自古以来就是如此。刘知几认为，史臣担当撰述历史的重任，面对纷繁的史料和浩博的言词，学习前代史书的优良传统自然有其必要性和重要性，不必排斥摹拟。

刘知几将史书编撰中的摹拟划分为两种类型：一种是"貌同而心异"；一种是"貌异而心同"。前者只是"形同"，后者则为"神似"。按照这两种类型划分，刘知几以前代诸史为例，一一指陈优劣，论述详备。

刘知几举了六个例子来说明"貌同而心异"，指出此为"摸拟之下"，加以批评：谯周《古史考》摹拟《春秋》，书李斯之死曰"秦杀其大夫李斯"；干宝《晋纪》摹拟《春秋》，言天子下葬曰"葬我某皇帝"；干宝《晋纪》摹拟《左传》，言吴国灭亡曰"吴国既灭，江外忘亡"；孙盛《魏氏春秋》、《晋阳秋》摹拟《春秋》，只要写到一年之首，必定说"某年春帝正月"；吴均《齐春秋》摹拟《公羊传》，每写到灾变，就说"何以书，记异也"；令狐德棻《周书》摹拟《史记》、《汉书》，重复叙述历史人物的字。对于这六个例子，吕思勉先生在《史通评》中做了归纳概括："此篇所讥，又可分为二科：一模拟古人之书法而失之者：如谯周《古史考》书李斯之死曰'秦杀其大夫'，吴均《齐春秋》每书灾变亦曰'何以书？记异也'是也。一为模拟古人之文字而失之者：如干宝《晋纪》之'吴国既灭，江外忘亡'是也。"刘知几指出造成"形同"的原因是这些史书编撰者不懂得"世异则事异，事异则备异"的道理，"必以先王之道持今世之人"，一心追求新奇，编排古人的文字来叙述今天的事情，且自以为是。在这里，他着重强调了史书编撰应因时而变的思想，这在《史通》的其他篇章中也有体现。

在刘知几看来，"貌异而心同"属于"摸拟之上"，对前代诸史中摹拟之"神似"者，他是极为赞赏的，举了七个例子加以论述。他以干宝《晋纪》、裴子野《宋略》、萧方等《三十国春秋》、王劭《齐志》取法《左传》，说明史书编撰摹拟"神似"的本质内涵在于"道术相会，义理玄同"。

最后，刘知几明确指出"貌异而心同"乃摹拟之上，"貌同而心异"乃摹拟之下。史书多"形似"而少"神似"的原因，主要有两个方面：一是自魏以前，史臣撰史多效法"三史"，晋代以来，则喜欢以"五经"为典范，史书文字浅显而容易摹拟，经文含义深刻而难以摹拟，难易有所不同，所以摹拟的得失也不一样；二是人们见识有限，"嗜爱多僻，悦夫似史而憎夫真史"。袁山松指出史书编撰有"五难"，而其中没有摹拟，刘知几感慨"拟古而不类"为最难，而自司马迁以来，史家皆无视于此，可见其通识的眼光。浦起龙在《史通通释》中进一步揭示了本篇主旨所在："此篇所论，前论书法，后论笔法也。六朝著述，率趋摸拟。子玄就彼风尚，析出形神两途，顿使仙凡立判。貌同心异，貌异心同，学古合离，秘方尽此。"张舜徽先生评论说："知几此篇，道尽摸拟著书之弊，曲当事理，可云通识！"(《史通平议》)

书事第二十九

昔荀悦有云："立典有五志焉：一曰达道义，二曰彰法式，三曰通古今，四曰著功勋，五曰表贤能。"[①]干宝之释五志也，"体国经野[②]之言则书之，用兵征伐之权则书之，忠臣、烈士、孝子、贞妇之节则书之，文诰专对之辞则书之，才力技艺殊异则书之"[③]。于是采二家之所议，征五志之所取，盖记言之所网罗[④]，书事之所总括，粗得于兹矣。然必谓故无遗恨，犹恐未尽者乎？今更广以三科，用增前目：一曰叙沿革，二曰明罪恶，三曰旌怪异。何者？礼仪用舍，节文升降[⑤]则书之；君臣邪僻，国家丧乱则书之；幽明感应，祸福萌兆则书之。于是以此三科，参诸五志，则史氏所载，庶几无阙。求诸笔削，何莫由斯？

【注 释】

① "昔荀悦"七句：荀悦《汉纪·高祖第一》和范晔《后汉书·荀悦传》对这段话都有记载。② 体国经野：分划国都，丈量田野。③ "干宝"六句：干宝除了著有《晋纪》外，还著有《春秋左氏义外传》，都已经亡佚，他解释五志的文字不知出自何处。马铁浩《〈史通〉引书考》将此段文字归入《晋

纪》。④ 网罗：这里指编撰史书应当遵循的条例。⑤ 节文升降：质朴和繁华的兴起衰落。

但自古作者，鲜能无病。苟书而不法，则何以示后？盖班固之讥司马迁也，“论大道则先黄、老而后《六经》，序游侠则退处士而进奸雄，述货殖则崇势利而羞贱贫。此其所蔽也”[①]。又傅玄之贬班固也，“论国体则饰主阙而折忠臣，叙世教则贵取容而贱直节，述时务则谨辞章而略事实。此其所失也”[②]。寻班、马二史，咸擅一家，而各自弹射[③]，递相疮痏[④]。夫虽自卜者审[⑤]，而自见为难，可谓笑他人之未工，忘己事之已拙。上智犹其若此，而况庸庸者哉！苟目前哲之指踪[⑥]，校后来之所失，若王沈、孙盛之伍，伯起、德棻之流，论王业则党[⑦]悖逆而诬忠义，叙国家则抑正顺而褒篡夺，述风俗则矜夷狄而陋华夏。此其大较也。必伸以纠摘，穷其负累，虽擢发而数[⑧]，庸可尽邪！子曰：“于予何诛？”[⑨]于此数家见之矣。

【注 释】

① “盖班固”五句：见《汉书·司马迁传赞》。② “又傅玄”五句：傅玄，字休奕，西晋北地泥阳（今陕西省铜川市耀州区东南）人。博学善属文，魏末，曾官散骑常侍，入晋，选为著作，编撰《魏书》，后来官至司隶校尉，虽官至高位而仍潜心著述。撰《傅子》一百二十卷，已经亡佚，现有辑本五卷。傅玄贬班固的这段话见《意林》五引，今本错入杨泉《物理论》中。③ 弹射：指责，抨击。④ 疮痏（wěi）：疵毁；贬抑。⑤ 自卜者审：自己对自己的估量比较精确。⑥ 目前哲之指踪：以前贤的指示为依据。指踪，也作“指纵”，发踪指示。比喻指挥谋划。⑦ 党：党附，依附。⑧ 擢发而数：拔下全部头发，难以数清。形容罪行多得数不清。擢，拔。⑨ 于予何诛：还有什么好责备的呢？

抑又闻之，怪力乱神，宣尼不语[①]；而事鬼求福，墨生所信[②]。故圣人于其间，若存若亡[③]而已。若吞燕卵而商生[④]，启龙漦而周灭[⑤]，厉坏门以祸晋[⑥]，鬼谋社而亡曹[⑦]，江使返璧于秦皇[⑧]，圯桥授书于汉相[⑨]，此则事关军国，理涉兴亡，有而书之，以彰灵验，可也。而王隐、何法盛之徒所撰晋史，乃专访州闾细事，委巷琐言，聚而编之，目为鬼神传录，其事非要，其言不经。异乎“三史”[10]之所书，《五经》之所载也。

【注释】

①“怪力乱神”二句：《论语·述而》：“子不语怪、力、乱、神。”②“事鬼求福”二句：《墨子·明鬼下》：“子墨子曰：‘今吾为祭祀也，上以交鬼之福，下以合欢聚众。’”③若存若亡：似有似无。④若吞燕卵而商生：殷商祖先契的母亲叫简狄，是有娀氏之女，帝喾的次妃。有一次，三人一起在河中洗浴，见到玄鸟坠其卵，简狄把卵吃了，遂怀孕生下了契，契长大后被封于商。⑤启龙漦（lí）而周灭：夏朝衰败的时候，褒人之神化为两条龙，卜人请求它们留下龙涎后收藏起来。殷、周两朝都没有打开。到了周厉王末年，打开观看，龙涎流于庭，后宫有童妾被沾染而怀孕，生下女婴以后抛弃了她。有卖弓箭箭囊的捡到女婴以后逃奔到褒。褒人有罪，就将长大后的女婴献给周幽王，就是褒姒。周幽王很喜欢她，废申后及太子，以褒姒为后，立她的儿子伯服为太子。申后的父亲申侯联合犬戎等攻幽王，杀幽王于骊山下，西周灭亡。漦，龙的涎沫。⑥厉坏门以祸晋：据《左传·成公十年》记载，晋景公梦见恶鬼，毁掉宫殿大门和寝宫大门进来，晋景公害怕，跑到内室，恶鬼又毁了内室的门。晋景公惊醒以后，召见桑田的巫师，巫师预言景公寿命吃不到新收的麦子了。后来，新麦子收下来煮好，还没来得及吃，晋侯就死了。⑦鬼谋社而亡曹：据《左传·哀公七年》记载，曹国有个人梦见各诸侯君臣站在供养社神的地方，策划灭曹，曹叔振铎请求等待公孙强，大家答应了。早晨起来在曹国寻找，没有公孙强其人。告诫他的儿子说：“我死了以后，如果你听闻公孙强为政，一定要离开曹国。”等到曹伯阳即位，喜欢射猎，曹国的边境上有个叫公孙强喜好捕鸟，得到曹伯阳的宠爱，曹伯阳让他做了司城。做梦的人的儿子离开了曹国，八年后，宋国灭了曹国。⑧江使返璧于秦皇：据《史记·秦始皇本纪》，秦始皇三十六年，有郑客夜里经过华阴，有人拿着玉璧拦住他，对他说：“替我献给滈池君，今年祖龙死。”说完就不见了。郑客将玉璧献上，正是八年前秦始皇渡江时落入江中的。次年七月，秦始皇死。⑨圯（yí）桥授书于汉相：指下邳老人桥上授张良《太公兵法》的故事。⑩三史：指《国

语》、《左传》、《史记》。

范晔博采众书，裁成汉典，观其所取，颇有奇工。至于《方术》篇及诸蛮夷传，乃录王乔、左慈、廪君、槃瓠[1]，言唯迂诞[2]，事多诡越[3]。可谓美玉之瑕，白圭之玷。惜哉！无是可也。又自魏、晋已降，著述多门，《语林》、《笑林》，《世说》、《俗说》[4]，皆喜载调谑小辩，嗤鄙异闻，虽为有识所讥，颇为无知所说[5]。而斯风一扇，国史多同。至如王思狂躁，起驱蝇而践笔[6]，毕卓沈湎，左持螯而右杯[7]，刘邕榜吏以膳痂[8]，龄石戏舅而伤赘[9]，其事芜秽，其辞猥杂。而历代正史，持为雅言。苟使读之者为之解颐[10]，闻之者为之抚掌，固异乎记功书过，彰善瘅恶者也。

【注 释】

① 王乔、左慈、廪君、槃瓠：王乔、左慈见《采撰》篇注。槃瓠见《断限》篇注。廪君，据《后汉书·南蛮传》，古代巴郡南郡蛮族，本来有五姓，没有君长，于是相约以剑掷石穴，能中者奉以为君，只有巴氏子务相掷中。又相约各乘土船，能浮者为君主，只有务相的船是浮着的。于是一起推举务相作为君长，就是廪君。其余四姓都臣服于他。廪君死后，魂魄世为白虎。② 迂诞：迂阔荒诞，不合事理。③ 诡越：行事怪诞，超越常理。④《语林》、《笑林》，《世说》、《俗说》：《语林》、《世说》见《采撰》篇注。《笑林》，三国魏邯郸淳撰，共三卷，所记都是俳谐的故事，原书已经亡佚，今存二十余则，鲁迅《古小说钩沉》辑本较为完备。⑤ 说：通"悦"，喜爱。⑥"王思"二句：《三国志·魏书·梁习传》："济阴王思与习俱为西曹令史。"裴松之注引《魏略·苛吏传》："思又性急，尝执笔作书，蝇集笔端，驱之复来，如是再三。思恚怒，自起逐蝇，不能得，还，取笔掷地，蹋坏之。"⑦"毕卓"二句：据《晋书·毕卓传》，毕卓，字茂世，曾任吏部郎。喜好饮酒，曾经因为饮酒而被罢官。他曾经对人说："得酒满数百斛船，四时甘味置两头，右手持酒杯，左手持蟹螯，拍浮酒船中，便足了一生矣。"⑧ 刘邕榜吏以膳痂：据《宋书·刘穆之传》，刘穆之的孙子刘邕喜欢吃疮痂，认为其味道与鳆鱼相似。南康国小吏二百多人，不问有罪无罪，常常被鞭打，鞭疮痂则供给刘邕膳食。⑨ 龄石戏舅而伤赘：据《南史·朱龄石传》，朱

龄石，字伯儿，少年时喜好武艺，言行放纵，“其舅淮南蒋氏，才劣。龄石使舅卧听事，剪纸方寸，帖著舅枕。以刀子县掷之，相去八九尺，百掷百中。舅畏龄石，终不敢动。舅头有大瘤，龄石伺舅眠，密割之，即死。” ⑩ 解颐：开颜欢笑。

大抵近代史笔，叙事为烦。榷而论之，其尤甚者有四：夫祥瑞者，所以发挥盛德，幽赞明王。至如凤皇来仪①，嘉禾入献②，秦得若雉③，鲁获如麇④。求诸《尚书》、《春秋》，上下数千载，其可得言者，盖不过一二而已。爰及近古则不然。凡祥瑞之出，非关理乱，盖主上所惑，臣下相欺，故德弥少而瑞弥多，政逾劣而祥逾盛。是以桓、灵⑤受祉⑥，比文、景⑦而为丰；刘、石⑧应符，比曹、马⑨而益倍。而史官征其谬说，录彼邪言，真伪莫分，是非无别。其烦一也。

【注释】

① 凤皇来仪：《尚书·皋陶谟下》：“萧韶九成，凤凰来仪。”舜所创制的萧韶之乐九曲演奏完毕，凤凰成对飞来。② 嘉禾入献：《尚书序》：“唐叔得禾，异苗同颖，献诸天子。”郑玄注：“异苗同颖，二苗同为一穗。”又《论衡·讲瑞》：“嘉禾生于禾中，与禾中异穗，谓之嘉禾。” ③ 秦得若雉：《史记·封禅书》：“秦文公获若石云，于陈仓北阪城祠之。其神或岁不止，或岁数来。来也常以夜，光辉若流星，从东南来集于祠城，则若雄鸡，其声殷云，野鸡夜雊。以一牢祠，命曰陈宝。” ④ 鲁获如麇(jūn)：《公羊传·哀公十四年》：“春，西狩获麟。……麟者，仁兽也，有王者则至，无王者则不至。有以告者，曰：‘有麇而角者。’孔子曰：‘孰为来哉？孰为来哉！’反袂拭面，涕沾袍。”麇，古书上指獐子。⑤ 桓、灵：指东汉末汉桓帝、汉灵帝。⑥ 祉(zhǐ)：福。⑦ 文、景：指西汉文帝和景帝。⑧ 刘、石：指十六国时期匈奴族刘渊建立的前汉政权和羯族石勒建立的后赵政权。⑨ 曹、马：指三国曹魏政权和东西晋司马氏政权。

当春秋之时，诸侯力争，各擅雄伯，自相君臣。《经》书某使来聘，某君来朝者，盖明和好所通，盛德所及。此皆国之大事，不可阙如。而自《史》、

《汉》已还，相承继作。至于呼韩入侍[①]，肃慎来庭[②]，如此之流，书之可也。若乃藩王岳牧[③]，朝会京师，必也书之本纪，则异乎《春秋》之义。夫臣谒其君，子觐其父，抑惟恒理，非复异闻。载之简策，一何辞费？其烦二也。

若乃百职迁除[④]，千官黜免，其可以书名本纪者，盖惟槐鼎[⑤]而已。故西京撰史[⑥]，唯编丞相、大夫；东观著书[⑦]，止列司徒、太尉。而近世自三公以下，一命[⑧]已上，苟沾厚禄，莫不备书。且一人之身，兼预数职，或加其号而阙其位，或无其实而有其名。赞唱[⑨]为之口劳，题署由其力倦。具之史牍，夫何足观？其烦三也。

【注 释】

① 呼韩入侍：呼韩，指匈奴首领呼韩邪单于。《汉书·宣帝纪》："甘露三年正月，行幸甘泉郊泰畤。匈奴呼韩邪单于稽侯狦来朝，赞谒称藩臣而不名。" ② 肃慎来庭：肃慎，中国古代东北少数民族。《史记·孔子世家》："吴败越前后句践，会稽有集于陈庭而死，楛矢贯之，石砮，矢长尺有咫。陈湣公使使问仲尼，仲尼曰：'隼来远矣。此肃慎之矢也。昔武王克周，通道九夷百蛮，使各以其方贿来贡，使无忘职业。于是肃慎贡楛矢、石砮，长尺有咫。'"来庭，来朝贡。③ 岳牧：传说为尧舜时四岳十二牧的省称。后泛指诸侯或封疆大吏。④ 迁除：官职的升迁除授。⑤ 槐鼎：比喻三公或三公之位，也泛指执政大臣。周朝时，宫廷阶下种植三槐九棘，朝会的时候，面对三槐的是三公的位子。鼎有三足，为国之重器，《汉书·五行志》："鼎三足，三公象。"周以太师、太傅、太保为三公，西汉以大司徒、大司马、大司空为三公，东汉以太尉、司徒、司空为三公。⑥ 西京撰史：指西汉史官编撰史书。⑦ 东观著书：指东汉史官记述历史。⑧ 一命：周朝官阶从一命到九命，一命为最低的官阶。⑨ 赞唱：古代任命官吏，司仪需要在朝堂上宣唱礼仪和被任命者的姓名职官。

夫人之有传也，盖唯书其邑里而已。其有开国承家，世禄不坠，积仁累德，良弓无改[①]，项籍之先世为楚将[②]，石建之后廉谨相承[③]，此则其事尤异，略书于传可也。其失之者，则有父官令长[④]，子秩丞郎[⑤]，声不著于一乡，行无闻于十室[⑥]，而乃叙其名位，一二无遗。此实家谍，非关国史。其烦四也。

于是考兹四事，以观今古，足验积习忘返，流宕不归，乖作者之规模，违哲人之准的也。孔子曰："吾党之小子狂简，斐然成章，不知所以裁之。"⑦其斯之谓矣。

【注释】

① 良弓无改：继承父祖的优良传统和事业。《礼记·学记》："良弓之子，必学为箕。" ② 项籍之先世为楚将：《史记·项羽本纪》："项氏世世为楚将，封于项，故姓项氏。" ③ 石建之后廉谨相承：石建是万石君石奋的长子。万石君为官廉洁谨慎，他的子孙也都以孝谨闻名，石建的谨慎，超过他的父亲。石建在做郎中令的时候，上书奏事，奏章批复下来以后，发现将"马"(馬)字写错了，少写了一点，因此就非常惶恐，他谨慎到了这种地步。④ 令长：秦汉时治万户以上县者为令，不足万户者为长。后因以"令长"泛指县令。⑤ 丞郎：唐代尚书省的左右丞和六部侍郎的总称。尚书在左右丞之上，也称丞郎。⑥ 十室：十户。《论语·公冶长》："十室之邑，必有忠信如丘者焉，不如丘之好学也。" ⑦ "孔子曰"四句：见《断限》篇注。

亦有言或可记，功或可书，而纪阙其文，传亡其事者。何则？始自太上，迄于中古，其间文籍，可得言焉。夫以仲尼之圣也，访诸郯子，始闻少皞之官①；叔向之贤也，询彼国侨，载辨黄能之祟②。或八元才子，因行父而获传③；或五羖大夫，假赵良而见识④。则知当时正史，流俗所行，若三坟、五典、八索、九丘⑤之书，虞、夏、商、周春秋、梼杌之记，其所缺略者多矣。

既而汲冢所述，方《五经》而有残，马迁所书，比《三传》而多别，裴松补陈寿之阙⑥，谢绰拾沈约之遗⑦，斯又言满五车，事逾三箧⑧者矣。夫记事之体，欲简而且详，疏而不漏。若烦则尽取，省则多捐，此乃忘折中之宜⑨，失均平之理。惟夫博雅君子，知其利害者焉。

【注释】

①"夫以"三句：据《左传·昭公十七年》，郯子朝鲁，鲁大夫叔孙昭子问："少皞氏用鸟名作官名，是什么原因呢？"郯子说："吾祖也，我知

之。……我高祖少皞氏挚之立也，凤鸟适至，故纪于鸟，为鸟师而鸟名。”孔子听说以后，拜见郯子而向他学习。② “叔向”三句：据《左传·昭公七年》，郑国大夫子产出使晋国，晋平公有疾，韩宣子偷偷问子产，说：“我们国君有疾病，到现在有三个月了，遍祭晋国山川，疾病有加无减。梦到黄能进入寝宫，是什么厉鬼？”子产回答说：“以你们国君的贤明，你主持大政，有什么厉鬼呢？过去尧诛杀鲧于羽山，其神变化为黄能（一种像熊的兽），入于深潭，成为夏朝祭礼，三代都祭祀。晋国是盟主，是不是没有祭祀？”韩宣子行夏朝祭祀之礼，晋侯病有所好转，赐给子产莒之二方鼎。《国语·晋语八》也记载了这件事情，都是韩宣子问，不是叔向问。刘知几作“叔向”有误。能，一种像熊的兽。③ “八元才子”二句：据《左传·文公十八年》：“季文子使大夫对曰：‘昔高阳氏有才子八人……天下之民谓之八恺。高辛氏有才子八人：伯奋、仲堪、叔献、季仲、伯虎、仲熊、叔豹、季狸，忠、肃、共、懿、宣、慈、惠、和，天下之民谓之八元。……舜臣尧，举八恺，使主后土，以揆百事，莫不时序，地平天成。举八元，使布五教于四方，父义、母慈、兄友、弟共、子孝，内平外成。’”季文子就是季孙行父，鲁国大夫。④ “五羖（gǔ）大夫”二句：五羖大夫，即百里奚。赵良，秦国隐士。《史记·商君列传》中商鞅和赵良的对话：“赵良曰：‘夫五羖大夫，荆之鄙人也。闻秦缪公之贤而愿望见，行而无资，自粥于秦客，被褐食牛。期年，缪公知之，举之牛口之下，而加之百姓之上，秦国莫敢望焉。相秦六七年，而东伐郑，三置晋国之君，一救荆国之祸。……五羖大夫之相秦也，劳不坐乘，暑不张盖，行于国中，不从车乘，不操干戈，功名藏于府库，德行施于后世。五羖大夫死，秦国男女流涕，童子不歌谣，舂者不相杵。此五羖大夫之德也。’”《史记》没有专门为百里奚立传，所以刘知几说“假赵良而见识”。⑤ 三坟、五典、八索、九丘：三坟、五典见《二体》篇注。八索、九丘见《题目》篇注。⑥ 裴松补陈寿之阙：指裴松之为陈寿《三国志》作注。⑦ 谢绰拾沈约之遗：南朝梁谢绰编撰有《宋拾遗》十卷。⑧ 箧（qiè）：箱子一类的东西。⑨ 折中之宜：适中的原则。

【导读】

本篇与《采撰》篇都是讨论史书编撰中对于史料的采录选择问题，但侧重点不同,《采撰》以体裁立论,诸子百家,私家撰述,郡国之记,谱牒之书,都可作为史料采入,明确采录的范围和界限。本篇名为“书事”,以题材立论,总结采录史料的主题(事)和编撰原则(书),即什么内容的史料可以进入史书,史官面对这些史料,如何在编撰过程中做到折中均平,繁简相宜。

刘知几认为,干宝解释荀悦“五志”的归纳大体上概括了史书选事的标准:体国经野之言,用兵征伐之权,忠臣烈士、孝子贞妇之节,文诰专对之辞。在此基础上,刘知几又增补了三条:礼仪用舍、节文升降;君臣邪僻、国家丧乱;幽明感应、祸福萌兆。“以此三科,参诸五志,则史氏所载,庶几无阙”,确立了史书编撰采录史料的八条标准。以此八条标准衡量前代诸史,则很少能没有毛病的。王沈、孙盛、魏收、令狐德棻、王隐、何法盛、范晔等人所撰史书都存在相关的问题。在刘知几看来,史书记言记事的功用在于“记功书过,彰善瘅恶”,史官须秉持公正之心选录史料,街谈巷语、荒诞之事,皆不应大量采入。

明确了题材的选录标准,即“事”的问题,刘知几接着阐述了如何处理这些史料,即“书”的问题。他认为,近代以来史书编撰中,叙事繁琐是一个最明显的现象,主要表现为四个方面:一是大量记录祥瑞之事,不对真伪加以区分;二是非常细致地记载君臣朝会,不管事情大小;三是备书大小官员的任免升降,不管官职高低;四是历叙人物的世系传承,不管是否有突出的事迹。考察这四个方面,观察前代诸史,可以发现,问题是普遍存在的。

与繁琐相对应,刘知几提出,由于史官可以见到的史料范围的局限,史书对很多史实的记载会有缺略,对这些史料很简略,可能缺略的地方,编撰者要尽可能多花笔墨描述,而不能阙而不录。“夫记事之体,欲简而且详,疏而不漏”,这是史官在编撰史书时所应谨记的。

本篇立论精严,浦起龙评论说:“《书事》与《叙事》篇各义。《叙事》以法言,《书事》以理断。法戒浮华,理归体要,用意尤尊严也。局分三截,旁引正规,森如律令。”(《史通通释》)吕思勉先生对本篇主旨有进一步阐发:“此篇论史家去取之法也。史文无论如何详赡,断不能将所有之事,悉数网罗,则必有所去取;去取必有标准,此篇所举荀悦、干宝之论,及刘氏所广三科，皆其标准也。此等标准，随世而异，难以今人之见评议古人。若以昔时眼光观之，则本篇所论，大抵可云得当。惟藩牧朝贡、官吏迁黜，足资考核之处甚多；书之本纪，或病繁芜，一举删之，亦伤缺略，是宜用旁行斜上之法，作表以备检查，往史固有行之者矣。大抵刘氏之时，考证之学未盛，故刘氏所论，多只求史例之谨严，而不甚知零星事实之可贵也。（欲删表历，即其一端。）去取标准，既随世而异；则作史者无论如何尽心斟酌，亦决无以餍后人之望。然则如之何而可乎？予意莫如史成之后，仍保存其长编。长编者，举所有事实，悉数网罗，无或遗弃者也。则后人去取标准设或有异前人，更事蒐罗，不患无所取材矣。即去取标准不异，而编纂之际，百密不免一疏，存其长编，亦令考证者得所藉手也。（不但新作之史如此，即据旧史重编者亦然。后人校勘此书，可省无限气力。）”（《史通评》）吕先生所论，可谓通达。

卷　九

序传第三十二

盖作者自叙，其流出于中古乎？屈原《离骚经》，其首章上陈氏族，下列祖考；先述厥生，次显名字①。自叙发迹②，实基于此。降及司马相如，始以自叙为传③。然其所叙者，但记自少及长，立身行事而已。逮于祖先所出，则蔑尔④无闻。至马迁，又征三闾⑤之故事，放文园⑥之近作，模楷二家，勒成一卷⑦。于是扬雄遵其旧辙⑧，班固酌其余波⑨，自叙之篇，实烦于代。虽属辞⑩有异，而兹体无易。

【注 释】

①“屈原”五句：屈原《离骚》首章：“帝高阳之苗裔兮，朕皇考曰伯庸。摄提贞于孟陬兮，惟庚寅吾以降。皇览揆余初度兮，肇锡余以嘉名。名余曰正则兮，字余曰灵均。”②发迹：这里指家世及身世。③“降及”二句：

司马相如自叙之作不见于《史记》、《汉书》及其文集，因此有的学者认为司马相如没有自叙之作，而前代史书对司马相如的自叙也有所提及，刘知几有此议论应当是有所凭据的。《隋书·刘炫传》："（炫）郁郁不得志，乃自为赞曰：'通人如司马相如、扬子云、马季长、郑康成等皆自叙风徽，传芳来叶。'"本书外篇《杂说上》也提到司马相如作有自叙传："马卿为自叙传，具在其集中。子长因录斯篇，即为列传。班氏仍旧，曾无改夺。固于马、扬传末，皆云迁、雄之自叙如此。至于相如篇下，独无此言。盖止凭太公之书，未见文园之集，故使言无画一，其例不纯。" ④ 蔑尔：默然。⑤ 三闾：指屈原。屈原曾任三闾大夫。⑥ 文园：指司马相如。司马相如曾任孝文园令。⑦ "模楷二家"二句：指司马迁效法屈原和司马相如，撰有《太史公自序》。⑧ 扬雄遵其旧辙：扬雄《自叙》见《汉书》本传。⑨ 班固酌其余波：指《汉书·叙传》。酌，采取。⑩ 属辞：撰写诗文。

寻马迁《史记》，上自轩辕，下穷汉武，疆宇修阔，道路绵长。故其自叙，始于氏出重黎，终于身为太史[①]。虽上下驰骋，终不越《史记》之年。班固《汉书》，止叙西京二百年事耳。其自叙也，则远征令尹[②]，起楚文王之世；近录《宾戏》[③]，当汉明帝之朝。苞括[④]所及，逾于本书远矣。而后来叙传，非止一家，竞学孟坚，从风而靡。施于家谍，犹或可通，列于国史，多见其失者矣。

然自叙之为义也，苟能隐己之短，称其所长，斯言不谬，即为实录。而相如《自序》，乃记其客游临邛，窃妻卓氏[⑤]，以《春秋》所讳[⑥]，持为美谈。虽事或非虚，而理无可取。载之于传，不其愧乎！又王充《论衡》之《自纪》也，述其父祖不肖，为州闾所鄙，而己答以瞽顽舜神，鲧恶禹圣[⑦]。夫自叙而言家世，固当以扬名显亲为主，苟无其人，阙之可也。至若盛矜于己，而厚辱其先，此何异证父攘羊[⑧]，学子名母[⑨]？必责以名教，实三千之罪人也[⑩]。

【注释】

① "始于"二句：《史记·太史公自序》叙述司马氏发端称："昔在颛顼，命南正重以司天，北正黎以司地。唐虞之际，绍重黎之后，使复典之，

至于夏商,故重黎氏世序天地。其在周,程伯休甫其后也。当周宣王时,失其守而为司马氏。司马氏世典周史。"直至自己继任太史令。重黎,据《史记·楚世家》索隐:"重氏,黎氏二官,代司天地。重为木正,黎为火正。据左氏,少昊氏之子曰重,颛顼氏之子曰黎。今以重黎为一人,乃是颛顼之子孙。"由于重黎掌管天文、地理,和秦、汉太史令的掌管范围相同,所以司马迁从重黎开始叙述。② 远征令尹:班固《汉书·叙传》:"班氏之先,与楚同姓,令尹子文之后也。" 令尹,楚国官名,子文曾在楚怀王时任令尹。③ 近录《宾戏》:《汉书·叙传》以班固《答宾戏》作为结束。④ 苞括:包举,包括。苞,通"包"。⑤ "客游"二句:司马相如游临邛,遇到新寡居家的卓王孙之女卓文君,司马相如以琴挑之,卓文君跟随司马相如私奔。⑥《春秋》所讳:张衡《东京赋》:"以《春秋》所讳,而为美谈。"程千帆先生《史通笺记》举例为证:"《左传·成二年》,楚申叔跪谓申公巫臣曰:'异哉!夫子有三军之惧,而又有桑中之喜,宜将窃妻以逃者也。'此指巫臣谋取夏姬,乃于聘齐时尽室以行事。传载之而经不书,故子玄以为'《春秋》所讳'。" ⑦ "又王充"五句:王充在《论衡·自纪》中对父祖之事毫不隐讳:"世祖勇任气,怨仇众多。祖父汎担载,就安钱塘县,生子二:蒙、诵。诵即充父,与豪家丁伯等结怨,徙处上虞。" 瞽,瞽叟,舜的父亲,传说瞽叟屡次想谋害舜,都没有成功。鲧,禹的父亲。⑧ 证父攘羊:父亲偷了羊,儿子作证。《论语·子路》:"叶公语孔子曰:'吾党有直躬者,其父攘羊,而子证之。'孔子曰:'吾党之直者异于是,父为子隐,子为父隐。直在其中矣。'" ⑨ 学子名母:据《战国策·魏策》,宋国有个游学的人,三年回来以后直呼母亲的名字。他的母亲问他原因。他说:"我认为贤明的人,无过于尧、舜,我直呼尧、舜的名字。我认为最广大的,无过于天、地,我直呼天、地的名字。母亲贤不过尧、舜,大不过天、地。所以直呼母亲的名字。"他的母亲说:"你对于学的东西都要照着做吗?但愿你学的有改变称呼母亲名字的东西;你对于学的东西有不照着做的吗?但愿你把称呼母亲名字放到后面去做。" ⑩ 三千之罪人:《孝经·五刑》:"子曰:'五刑之属三千,而罪莫大于不孝。'"

夫自媒自衒[1],士女之丑行。然则人莫我知,君子不耻[2]。案孔氏《论语》有云："十室之邑，必有忠信"，"不如某之好学也"。又曰："吾日三省吾身，为人谋而不忠乎？与朋友交而不信乎？"又曰："文王既没，文不在兹乎？"又曰："吾之先友尝从事于斯矣。"则圣达之立言也，时亦扬露己才，或托讽以见其情，或选辞[3]以显其迹，终不盱衡自伐[4]，攘袂公言[5]。且命诸门人"各言尔志"，由也不让，见嗤无礼[6]。历观扬雄已降，其自叙也，始以夸尚为宗[7]。至魏文帝、傅玄、陶梅、葛洪之徒，则又逾于此者矣[8]。何则？身兼片善，行有微能，皆剖析具言，一二必载。岂所谓宪章前圣，谦以自牧[9]者欤？

【注 释】

① 自媒自衒(xuàn)：自我介绍，自我夸耀。自媒，女子自择配偶，自荐。自衒，自夸。曹植《求自试表》："夫自衒自媒者，士女之丑行也。" ②"人莫我知"二句：自己不被别人知道，君子不把这作为耻辱的事情。《论语·学而》："不患人之不己知，患不知人也。" ③ 选辞：恭逊谨敬的语言。选，通"巽"。④ 盱衡自伐：非常得意地自我夸耀。盱衡，扬眉举目。自伐，自我夸耀。⑤ 攘袂公言：毫无顾忌地公开谈论。攘袂，捋起袖子。⑥"且命诸门人"三句：孔子与众弟子聚坐在一起，孔子让弟子们各自说说自己的志向，仲由(子路)的态度不谦虚，被孔子讥笑为无礼。⑦"历观扬雄"三句：《汉书·扬雄传》："周衰而扬氏或称侯，号曰扬侯。"颜师古注："晋灼曰：'晋大夫……无扬侯。'师古曰：'晋说是也。雄之自叙谱牒，盖为疏谬。'" ⑧"至魏文帝"二句：魏文帝，浦起龙《史通通释》注："《典论·自叙》历述平董卓、脱张绣及论射、击剑、弹棋之事，皆著于篇。"傅玄，生平见《书事》篇注，其自叙之文现在已经不可见。陶梅，浦起龙认为当为"梅陶"之误，且引《世说新语·方正》："梅颐弟陶，字叔真。王敦咨议参军。"又引《晋书·祖逖传》附其兄纳传："纳问梅陶曰：'君乡里立月旦评，何如？'曰：'善褒恶贬，佳法也。'王隐在坐曰：'《尚书》三载考绩，何得月行褒贬？'陶曰：'此官法也。月旦，私法也。'"浦起龙说："陶生许劭之乡，好议论，自叙之作，或是其人。"葛洪，生平见《论赞》篇注，他的《抱朴子》一书的《自叙》篇说："余抄掇众书，撮其精要。或曰：'玉屑盈车，不如全璧。'答曰：'泳员流者，采珠而捐蚌；登荆山者，拾玉而弃石。余犹摘孔翠之藻羽，

脱犀象之角牙矣。'"《晋书》本传节录有《抱朴子》中的自叙原文。⑨ 谦以自牧:以谦逊要求自己。自牧,自我修养。语出《易·谦卦》象辞。

又近古人伦,喜称阀阅①。其荜门寒族②,百代无闻,而骍角挺生③,一朝暴贵,无不追述本系,妄承先哲。至若仪父、振铎,并为曹氏之初④;淳维、李陵,俱称拓拔之始⑤。河内马祖,迁、彪之说不同⑥;吴兴沈先,约、炯之言有异⑦。斯皆不因真律,无假宁楹⑧,直据经史,自成矛盾。则知扬姓之寓西蜀,班门之雄朔野,或胄纂伯侨,或家传熊绎⑨,恐自我作故,失之弥远者矣。盖谄祭非鬼,神所不歆;致敬他亲,人斯悖德⑩。凡为叙传,宜详此理。不知则阙,亦何伤乎?

【注 释】

① 阀阅:功绩和经历。泛指门第、家世。② 荜门寒族:卑微贫寒的家族。荜门,用竹荆编织的门,常指房屋简陋破旧。③ 骍(xīng)角挺生:《论语·雍也》:"子谓仲弓曰:'犁牛之子骍且角,虽欲勿用,山川其舍诸?'"孔子对弟子仲弓说:"耕牛生出来的小牛,长着赤色的毛,虽然不想用它作牺牲来祭祀,山川之神难道会舍弃它吗?"骍,赤色,周朝以赤色为贵,所以祭祀的时候也用赤色的牲畜。角,意思是两角长得周正。后来常用"骍角"表示后裔俊拔远胜前辈。④ "仪父、振铎"二句:仪父,颛顼氏玄孙陆终的第五个儿子安为曹姓,周武王封安的后裔邾挟为附庸,国号邾,仪父就是挟的后代。振铎,周武王的弟弟,武王克殷,封其弟于曹,称曹叔。⑤ "淳维、李陵"二句:淳维,浦起龙认为是匈奴远祖,与拓跋氏没有关系,应当作"始均"。李陵,《宋书·索虏传》:"索头虏姓拓跋氏,其先汉将李陵后也。陵降,匈奴有数百千种,各立名号,索头亦其一也。晋初,索头种有部落数万家。"⑥ "河内马祖"二句:关于司马氏的祖先,司马迁和司马彪的说法有所不同。《史记·太史公自序》:"昔在颛顼,命南正重以司天,北正黎以司地。唐虞之际,绍重黎之后,使复典之,至于夏商,故重黎氏世序天地。其在周,程伯休甫其后也。当周宣王时,失其守而为司马氏。司马氏世典周史。"《史记正义》引司马彪《序》:"南正黎后世为司马氏。"河内,古时黄河以北总谓之河

内。《史记·太史公自序》:“汉之伐楚,(司马)卬归汉,以其地为河内郡。” ⑦“吴兴沈先”二句:关于吴兴沈氏的祖先,沈约和沈炯的说法也有差异。沈约《宋书·自序》:“沈子国,今汝南平舆沈亭是也。……其后以国为氏。……史臣七世祖延始居县东乡之博陆里余乌村。”沈炯自述先祖之文已经不可考。⑧“不因真律”二句:这两句话典故出自何处,有很多种说法。张振珮先生《史通笺注》认为,“真律”可取纪昀《史通削繁》的说法,当作“殷律”,用孔子吹律自知为殷人的故事;“宁楹”可以取彭啸咸《史通增释》的说法,当作“梦楹”。《礼记·檀弓》:“丘也,殷人也,予畴昔之夜,梦坐奠于两楹之间。”《史记·孔子世家》:“夏人殡于东阶,周人于西阶,殷人两柱间。昨暮予梦坐奠两柱之间。予殆殷人也。” ⑨“则知”四句:《汉书·扬雄传》:“扬雄,字子云,蜀郡成都人。……其先出自有周伯侨者,以支庶初食采于晋之扬,因氏焉。”胄,帝王或贵族的子孙。纂,继承。班固的先祖从出国迁徙到朔方,后来有雄杰使家族显赫起来。班固《幽通赋》:“雄朔野以飏声。”熊绎是楚国的远祖。《史记·楚世家》:“周成王之时,封熊绎于楚蛮,姓芈氏。”《汉书·叙传》:“班氏之先,与楚同姓,令尹子文之后也。子文初生,弃而虎乳之。楚人谓之虎班,其子以为号,因氏焉。” ⑩“谄祭非鬼”四句:向不该祭祀的鬼神祭祀,鬼神不会享用祭祀的物品;不敬重自己的亲人,而去敬重别人的亲人,这样的人就是违背了道德原则。

【导读】

本篇名为序传,包括了“序”和“传”。“序”是指史书中作者的自序,作者自述著书的目的、内容和方法。同时,受“知人论世”观念的影响,作者多自陈身世,尤其重在治学经历和抱负。又由于古代史官多世代相承或自有家学渊源,自序中多追溯先祖。这使得“序”又有了“传”的特质,所以本篇名为“序传”,可谓恰当。本篇主要讨论史书编撰中“序传”的缘起、诸史序传的得失以及序传写作应该遵循的基本原则。

刘知几将屈原《离骚》和司马相如自叙视作文人自叙之始,至司马迁撰《史记》,融合二家自叙体例,撰成一篇,扬雄、班固在编撰史书时承袭这一传统,确立了史书中序传写作的基本模式。

衡论前代诸史，刘知几指出史书序传写作存在的诸多问题，较为突出者有三个方面：一是叙述界限不清，司马迁《史记》叙事范围“上自轩辕，下穷汉武”，作者序传自陈姓氏时上溯上古，下至汉代，是可以理解的，而班固《汉书》作为一部断代史，所记载的是西汉一朝的历史，作者在序传中却上起春秋楚文王之世，下至汉明帝之朝，界限不清，超出了《汉书》的记事范围，属于违反史例，由于班固《汉书》在史书编撰中的典范作用，后来的断代史作者在写作序传时多效仿班固，这一偏颇也随之影响深远；二是写作义例不明，刘知几认为，作为序传的义例，假如能隐藏自己的短处，表明自己的长处，言语没有不符合事实的地方，就是真实记录，一方面，讲到自己的家世，应当以为自己的亲属扬名为主，司马相如自序叙述其窃妻卓氏，王充《论衡》自纪陈说父祖的过错，都是必须予以批判的，另一方面，讲到自己的才能品行，应当以谦虚委婉的方式表达，自扬雄以来，序传多有自夸而不知谦逊者，且形成一种风气；三是追溯先祖的时候“妄承前哲”，伪造家牒，不能如实叙述自己的家世。

史书序传之义，刘知几在本篇论之已详，吕思勉先生对本篇的阐述可以提供更多的思考：“书之有序，其义有二：一曰：序者，绪也，所以助读者，使易得其端绪也。一曰：序者，次也，所以明篇次先后之义也。《史记》之《自叙》，《汉书》之《叙传》，既述作书之由，复逐篇为之叙列，可谓兼此二义。夫欲深明一书者，必先知其书之何以作，及其书之如何作。而欲知其书之何以作、如何作，则必不容不知作书之人。孟子曰：‘诵其诗，读其书，不知其人可乎？是以论其世也。’此后之人，所欲于古之著书者，必详考其身世，或为之传记，或为之年谱也。人之知我，必不如我自知之真，亦断不如我自知之悉，然则欲举我为何如人以告读者，诚莫如我自为之知得矣，此序传之所由兴。不过以完其书序之责，初非欲自表暴也。古重氏族，又其事业多世代相承，故其自序，必上溯祖考，甚者极之得姓受氏之初，亦其时自叙之义当尔，非苟自夸其先世也。（惟其如是，故其所溯可以甚远，初不必以其书之年代为限。本篇讥班氏《叙传》，远逾汉代，似非也。）若其情形已与古异，而犹模拟古人之形迹；侈述先世，实则所记者乃不知谁何之人；又屑屑自表暴，而其所述者，亦皆无足重轻之事，则诚有如刘氏之所讥者矣。然后人蹈此失者颇多，皆由不知古人文字之所以然，而妄模拟其形迹也，正刘氏所谓貌同而心异者也。”(《史通评》)他同时也指出刘知几传统礼教观念的认识局限：“自叙贵于真实，既不宜妄益所长，亦不宜自讳其短。衒鬻诚为丑行，文过尤为小人矣。相如自序，不讳窃妻，正古人质直之处。王充叙其先世，语皆真实，但谓任气不揆于人，并无为州闾所鄙语。其谓瞽顽、舜神、鲧恶、禹圣，乃设难以‘宗祖无淑懿之基，文墨无篇籍之遗，虽著鸿丽之论，无所禀阶，终不为高’，而答以‘士贵孤兴，物贵独产’，推论及此，非以舜、禹自方，瞽、鲧目其先世也。‘细族孤门’，宁必自讳？亦岂容终讳？刘氏所论，亦似有误会。”(《史通评》)吕先生所论十分中肯。钱钟书先生《管锥编》站在一个更广阔的历史视野肯定司马相如《自序》不忌讳窃妻的写法：“相如于已之‘窃妻’，纵未津津描画，而肯夫子自道，不讳不怍，则不特创域中自传之例，抑足为天下《忏悔录》之开山焉。”(《史记会注考证·司马相如传》)这种眼光当然是刘知几那个时代所不具备的。

烦省第三十三

昔荀卿有云：远略近详[1]。则知史之详略不均，其为辨者久矣。及干令昇《史议》，历诋诸家，而独归美《左传》，云：“丘明能以三十卷之约，括囊二百四十年之事，靡有孑遗。斯盖立言之高标，著作之良模也。”又张世伟著《班马优劣论》[2]，云：“迁叙三千年事，五十万言，固叙二百四十年事，八十万言。是班不如马也。”然则自古论史之烦省者，咸以左氏为得，史公为次，孟坚为甚。自魏、晋已还，年祚转促，而为其国史，亦不减班《书》。此则后来逾烦，其失弥甚者矣。

余以为近史芜累，诚则有诸[3]，亦犹古今不同，势使之然也。辄求其本意，略而论之。何者？当春秋之时，诸侯力争，各闭境相拒，关梁不通。其有吉凶大事，见知于他国者，或因假道[4]而方闻，或以通盟[5]而始赴。苟异于是，则无得而称。鲁史所书，实用此道。至如秦、燕之据有西北，楚、越之大启[6]东南，地僻界于诸戎，人罕通于上国[7]。故载其行事，多有阙如。且其书自宣、成[8]以前，三纪[9]而成一卷，至昭、襄[10]已下，数年而占一篇。是知国阻隔者，记载不详，年浅近者，撰录多备。此丘明随闻见而成传，何有故为简约者哉！

【注释】

① 远略近详：《荀子·非相篇》："传者，久则论略，近则论详，略则举大，详则举小。愚者闻其略而不知其详，闻其详而不知其大也。" ② 张世伟著《班马优劣论》：张辅字世伟，南阳（今河南省南阳市北）人，西晋时任尚书郎，秦州刺史。《晋书》载有其论司马迁、班固之优劣的言论："迁至著述，辞约而事举，叙三千年事，唯五十万言。班固叙三百年事，乃八十万言，烦省不同，不如迁一也。良史述事，善足以奖劝，恶足以监诫。人道之常，中流小事，亦无足取焉。而班皆书之，不如二也。毁贬晁错，伤忠臣之道，不如三也。迁既造创，固又因循，难易亦不同矣。又迁为苏秦、张仪、范雎、蔡泽作传，逞辞流离，亦足以明其大才，故述辩士则辞藻华靡，叙实录则隐该名检，此所以称良史也。" ③ 诚则有诸：确实有这种情况。④ 假道：经由，取道。⑤ 通盟：会盟。⑥ 启：开发。⑦ 上国：指周王朝。⑧ 宣、成：鲁宣公、鲁成公。⑨ 纪：十二年为一纪。⑩ 昭、襄：鲁昭公、鲁襄公。

及汉氏之有天下也，普天率土①，无思不服②。会计之吏③，岁奏于阙廷④；辖轩之使⑤，月驰于郡国。作者居府于京兆，征事于四方，用使夷夏必闻，远近无隔。故汉氏之史，所以倍增于《春秋》也。

降及东京，作者弥众。至如名邦大都，地富才良，高门甲族，代多髦俊⑥。邑老乡贤，竞为别录；家牒宗谱，各成私传。于是笔削所采，闻见益多。此中兴之史⑦，所以又广于《前汉》⑧也。

【注释】

① 普天率土：整个天下，四海之内，全国。《诗·小雅·北山》："溥天之下，莫非王土。率土之滨，莫非王臣。" ② 无思不服：人心没有不臣服的。《诗·大雅·文王有声》："镐京辟雍，自西自东，自南自北。无思不服，皇王烝哉。" ③ 会计：古代州郡长官于年终派遣计吏一人向朝廷汇报政务。④ 阙廷：朝廷。⑤ 辖轩之使：使臣。辖轩，古代使臣乘坐的一种轻车。⑥ 髦俊：才智杰出之士。⑦ 中兴之史：浦起龙《史通通释》注曰："即

《后汉书》也。”张振珮先生《史通笺注》曰：“（浦说）误。范（晔）书合彪《志》，亦不‘广于前汉’。刘氏盖谓《东观汉记》等十数家书言也。”⑧《前汉》：指班固《汉书》。

夫英贤所出，何国而无？书之则与日月长悬，不书则与烟尘永灭。是以谢承尤悉江左[①]，京洛事缺于三吴[②]；陈寿偏委[③]蜀中，巴、梁语详于二国[④]。如宋、齐受命[⑤]，梁、陈握纪[⑥]，或地比《禹贡》一州，或年方秦氏二世。夫地之偏小，年之窘迫，适使作者采访易洽[⑦]，巨细无遗，耆旧[⑧]可询，隐讳咸露。此小国之史，所以不减于大邦也。

【注释】

① 谢承尤悉江左：谢承特别熟悉江南的事情。谢承，字伟平，三国会稽山阴（今浙江省绍兴市）人。熟悉东汉史实及本郡掌故，编撰有《后汉书》一百三十卷，已经亡佚。② 三吴：魏晋时称吴兴、吴郡、会稽三郡为“三吴”，唐时“三吴”指吴兴、吴郡、丹阳。③ 偏委：特殊照顾。④ 巴、梁语详于二国：《三国志》对蜀国历史的记载较魏国和吴国详细。浦起龙《史通通释》注曰：“《蜀志》最短，何以云然？恐兼寿《益部耆旧传》而言。”⑤ 受命：受天之命。古代认为建国称帝都是受天之命。⑥ 握纪：掌握国家的统治大权。纪，纲纪，统治。⑦ 易洽：容易，齐备。⑧ 耆旧：年高望重者。

夫论史之烦省者，但当要其事有妄载，苦于榛芜[①]，言有阙书，伤于简略，斯则可矣。必量世事之厚薄，限篇第以多少，理则不然。且必谓丘明为省也，若介葛辨牺于牛鸣[②]，叔孙志梦于天压[③]，楚人教晋以拔旆[④]，城者讴华以弃甲[⑤]。此而毕书，岂得谓之省邪？且必谓《汉书》为烦也，若武帝乞浆于柏父[⑥]，陈平献计于天山[⑦]，长沙戏舞以请地[⑧]，杨仆怙宠而移关[⑨]。此而不录，岂得谓之烦邪？由斯而言，则史之烦省不中，从可知矣。

【注释】

① 榛芜：丛杂的草木，这里指文字繁琐。② 介葛辨牺于牛鸣：见《言语》篇“介葛之闻牛”注。③ 叔孙志梦于天压：据《左传·昭公四年》，鲁国

贵族叔孙豹出逃鲁国,到庚宗的时候遇到一个妇人,于是让她偷偷地弄点东西吃了以后就跟她私通。妇人问他为何出走,他告诉了妇人出走的原因,妇人哭送叔孙豹。到了齐国以后,梦见天压着自己,不能胜其重,回头看见一个人,黑而驼背,深目而猪嘴,叔孙豹就叫喊说:“牛来帮我!”于是才能翻过身来。天明以后召所有随从前来,没有一人和梦见者相同。于是就先记着这个人和这件事。后来叔孙豹回到鲁国以后被立为卿,所宿之庚宗妇人献上野鸡,说:“我的儿子长大了,能跟从我来献野鸡了。”叔孙豹召见了他,正与当年梦见者相同。于是称他为“牛”。牛从此受到叔孙豹的宠幸,并主持叔孙氏的家政,后来牛叛乱,叔孙豹绝食死,牛拥立叔孙带。④ 楚人教晋以拔旆:据《左传·宣公十二年》,晋、楚邲之战,晋军大败,晋国军队因为兵车很重不能速行,楚国人教他们抽掉车上的横木,走了没多远,马又盘旋不前,楚国人又教他们拔掉大旗,抛弃车辕头上的横木,这样才逃了出去。晋军脱险后,反而讥讽说自己不如楚军很有逃跑的经验。⑤ 城者讴华以弃甲:见《言语》篇“皤腹弃甲”注。⑥ 武帝乞浆于柏父:据《汉武故事》,汉武帝微服出行,夜至柏谷,住宿在旅店里,因从乞浆。主人翁说:“没有浆,只有便溺。”而且他怀疑汉武帝是奸盗,想攻击武帝。主人的妇人看武帝相貌不同平常,阻挡老翁,老翁不听。老妇用酒灌醉了老翁,捆起来,然后杀鸡备饭向武帝道歉。第二天,武帝回宫,召妇人赐之金千斤。⑦ 陈平献计于天山:据《汉书·高祖纪》:“七年……至平城,为匈奴所围七日,用陈平计得出。”颜师古注引应劭曰:“陈平使画工图美女,间遣人遗阏支(单于妻)云:‘汉有美女如此,今皇帝困厄,欲献之。’阏支畏其夺己宠,因谓单于语:‘汉天子亦有神灵,得其土地,非能有也。’于是匈奴开其一角,得突出。”颜师古认为应劭的说法出自桓谭的《新语》,此事是桓谭臆测,不是史传记载的史实。⑧ 长沙戏舞以请地:《汉书·景十三王传》:“长沙定王发,母唐姬,故程姬侍者……微无宠,故王卑湿贫国。”颜师古注引应劭曰:“景帝后二年,诸王来朝,有诏更前称寿歌舞。定王但张袖小举手,左右笑其拙。上怪问之,对曰:‘臣国小地狭,不足回旋。’帝乃以武陵、零陵、桂阳益焉。” ⑨ 杨仆怙宠而移关:据《汉书·武帝纪》,元鼎三年(前114),迁徙函谷关于新安,以故关为弘农县。颜师古注引应劭曰:“当时楼船将军杨仆数有大功,耻为关外民,所以上书武帝请求向东迁徙函谷关，愿意以家财供给迁徙的用度。武帝也喜好广阔，于是迁徙函谷关到新安，离弘农县有三百里。”

又古今有殊，浇淳不等[①]。帝尧则天称大，《书》惟一篇；周武观兵孟津，言成三誓；伏羲止画八卦，文王加以《系辞》。俱为大圣，行事若一，其丰俭不类，悬隔如斯。必以古方今，持彼喻此，如蚩尤、黄帝交战阪泉[②]，施于春秋，则城濮、鄢陵之事也[③]。有穷篡夏，少康中兴[④]，施于两汉，则王莽、光武之事也[⑤]。夫差既灭，句践霸世，施于东晋，则桓玄、宋祖之事也[⑥]。张仪、马错为秦开蜀[⑦]，施于三国，则邓艾、钟会之事也[⑧]。而往之所载，其简如彼；后之所书，其审如此。若使同后来于往世，限一概以成书，将恐学者必诟其疏遗，尤其率略者矣。而议者苟嗤沈、萧之所记，事倍于孙、习；华、谢之所编，语烦于班、马，不亦谬乎！故曰论史之烦省者，但当求其事有妄载，言有缺书，斯则可矣。必量世事之厚薄，限篇第以多少，理则不然，其斯之谓也。

【注释】

① 浇淳不等：社会风气浮薄淳厚有所差别。② 蚩尤、黄帝交战阪泉：蚩尤、黄帝见《列传》篇注。《史记·五帝本纪》：“轩辕乃习用干戈，以征不享，诸侯咸来宾从。而蚩尤最为暴，莫能伐。……蚩尤作乱，不用帝命。于是黄帝乃征师诸侯，与蚩尤战于涿鹿之野，遂禽杀蚩尤。”阪泉，地名，《史记集解》引皇甫谧曰：“在上谷。”③ 城濮、鄢陵之事：指春秋时的晋楚城濮之战和晋楚鄢陵之战。④“有穷篡夏”二句：夏朝相在位的时候，后羿篡位，改国号为有穷。后来寒浞又杀了后羿，自立为帝。寒浞的儿子杀了相，相的妻子逃到有仍，生下了少康。少康长大以后，灭掉了寒浞，恢复了夏王朝。⑤ 王莽、光武之事：指王莽篡政，光武帝刘秀建立东汉，中兴汉室。⑥ 桓玄、宋祖之事：桓玄为桓温之子，晋安帝元兴二年(403)，矫诏自任大将军，加授相国，封楚王，同年晋安帝禅位于桓玄，桓玄正式称帝，国号楚，改元永始。永始二年(404)，刘裕起兵讨伐桓玄，最终击败桓玄，建立刘宋政权。⑦ 张仪、马错为秦开蜀：常璩《华阳国志》：“(秦)惠文王使张仪、司马错伐蜀，灭之。”⑧ 邓艾、钟会之事：邓艾、钟会都是三国魏

名将。魏景元四年出兵伐蜀，邓艾、钟会分别统军入蜀，蜀后主刘禅投降。后邓艾被钟会诬以谋反，被杀。钟会欲据蜀自立，与蜀将姜维共谋，因为没有得到部下的支持，部下叛乱，钟会死于乱军之中。

【导读】

史书编撰中的详略问题，是刘知几较为重视的一个问题，前此诸篇，已有颇多论述。如在《载文》篇中提出史书载文要“拨浮华，采真实”，在《叙事》篇中指出“叙事之工，以简要为主”，在《书事》篇中批评“近史之烦有四”。本篇以“烦省”为题，对这个问题展开专门论述。

《荀子·非相》篇中说：“五帝之外无传人，非无贤人也，久故也。五帝之中无传政，非无善政也，久故也。禹、汤有传政而不若周之察，久故也。传者久则论略，近则论详，略则举大，详则举小。”后世史家将这一观点归纳为“远略近详”。这其实是史书编撰中的详略不均问题。刘知几以荀子这一观念立论，以干宝对在《左传》简约的赞美和张辅《班马优劣论》以繁简论《史记》、《汉书》优劣为例，引出对详略问题的讨论。

刘知几认为，古今史书编撰中详略不均的原因，是因为时代的不同，“势使之然也”。《左传》之所以简约，有两个方面的原因：从空间上说，春秋时期，诸侯国之间关梁不通，如果国家有吉凶大事，能被别地国家知道的，或者是从别国借道才得以听说，或者是因为同盟才派遣使者，秦国、燕国占据西北，楚国、越国开辟东南，地域偏僻，与中原地区交往艰难，所以被记载的事情就比较少；从时间上说，宣公、成公以前，年代久远，史料缺略，所以记载较少，襄公、昭公以后，年代较近，所以记载相对详细。从这两方面原因来看，并不是左丘明故意简约。汉代统一天下，四方之事都上报朝廷，远近没有阻隔，史书的篇幅自然成倍地扩大。到了东汉，作者更多，地方才俊纷纷写作别录、谱、谍，因此，史官可以采录的资料，更加多了。魏晋以后，谢承、陈寿因为空间的限制，在史书编撰中就有明显的详略不均的问题，南北朝时期，小国因为地域偏僻、年代较短，史料容易收集，所以记载仍然很详细，篇幅不减于大国。这都说明史书的烦省，完全受到空间和时间，史料多少的限制。

理解史书详略“势使之然也”，刘知几又举《左传》、《汉书》为例，说明史书的繁简没有确定的规则,评论烦省,只应当看记事是否有不恰当以致杂乱,或是记事是否过于简略以致缺漏。而且"古今有殊,浇淳不等",不能"限一概以成书",以统一的详略标准来要求。

篇末,刘知几指出:"论史之烦省者,但当求其事有妄载,言有缺书,斯则可矣。必量世事之厚薄,限篇第以多少,理则不然。"可谓是本篇之主旨。

本篇论述周详,说理圆融,浦起龙《史通通释》称赞说:"篇意都从荀卿子悟来。荀言久则论略,近则论详,略则举大,详则举小。持此四语,括此一篇,大致了了,不须复赘疏义也。其曰但论妄载阙书,不论厚薄多少,说理尤为圆足。《史通》著论,不难其综核,难其宽和,如此篇醇乎醇者也。"纪昀《史通削繁》评论:"推寻尽致,持论平允,子元难得此圆通之论。"浦、纪都对本篇的说理推论给予了高度评价。

卷　十

杂述第三十四

在昔三坟、五典、春秋、梼杌,即上代帝王之书,中古诸侯之记。行诸历代,以为格言①。其余外传,则神农尝药,厥有《本草》②;夏禹敷土,实著《山经》③;《世本》辨姓,著自周室④;《家语》载言,传诸孔氏⑤。是知偏记小说,自成一家。而能与正史参行,其所由来尚矣。

【注释】

① 格言:含有教育意义可为准则的词语句子。② "神农尝药"二句:传说神农尝百草,始有医药,后世有托名神农所著的药学著作《神农本草》。《隋书·经籍志》著录"《神农本草》十卷"注曰:"梁有陶隐居《本草》十卷。"又著录"《神农本草》四卷,雷公集注。桐君《药录》三卷。均已佚"。唐人于志宁认为《神农本草》书中所载郡县多在汉时,怀疑是张仲景、华佗窜记其语。③ "夏禹敷土"二句:汉唐间人认为《山海经》是夏禹、伯益所

作。刘歆《上山海经表》:“禹别九州,任土作贡,而益等类物善恶,著《山海经》。”《论衡·别通篇》:“禹主治水,益主记物,海外山表,无远不至。以所闻见,作《山海经》。”后世学者对此书的作者和写作时代多有不同看法,一般认为大约成书于战国,秦汉间有所增删。敷土,陈述地方风物。④“《世本》辨姓”二句:《世本》有《姓氏篇》。《后汉书·班彪传》:“又有记录黄帝以来至春秋时帝王、公侯、卿大夫,号曰《世本》。”《颜氏家训·书证》:“《世本》,左丘明所书。”注称:“此说出皇甫谧《帝王世系》。”⑤“《家语》载言”二句:《家语》即《孔子家语》,见《六家》篇注。

爰及近古,斯道渐烦。史氏流别,殊途并骛。権而为论,其流有十焉:一曰偏纪,二曰小录,三曰逸事,四曰琐言,五曰郡书,六曰家史,七曰别传,八曰杂记,九曰地理书,十曰都邑簿。

夫皇王受命,有始有卒,作者著述,详略难均。有权记当时,不终一代,若陆贾《楚汉春秋》①、乐资《山阳载记》②、王韶《晋安陆纪》③、姚最《梁昭后略》④,此之谓偏纪者也。普天率土,人物弘多,求其行事,罕能周悉,则有独举所知,编为短部,若戴逵《竹林名士》⑤、王粲《汉末英雄》⑥、萧世诚《怀旧志》⑦、卢子行《知己传》⑧。此之谓小录者也。

【注释】

① 陆贾《楚汉春秋》:见《六家》篇注。② 乐资《山阳载记》:乐资,晋著作郎,曾编纂国史,《隋书·经籍志》杂史类著录乐资所著《山阳公载记》十卷,此书已经亡佚。山阳公,即汉献帝,曹丕称帝以后,封汉献帝为山阳公。③ 王韶《晋安陆纪》:王韶即王韶之,字休泰,琅玡临沂(今山东省临沂市)人。王韶之的父亲王伟之,担任郎中令,武帝和晋安帝时候的大小史实,他都详细记录。王韶之喜好史籍,博涉多闻,继承父志,撰成《晋安帝阳秋》。《史通通释》注“陆”曰:“当作‘帝’。”这本书书名繁多,《隋书·经籍志》作《晋纪》、两《唐志》作《崇安记》、《南史·萧韶传》作《隆安记》。马铁浩《〈史通〉引书考》从《隋书·经籍志》题作《晋纪》。④ 姚最《梁昭后略》:见《题目》篇“鱼豢、姚察著魏、梁二史”注。⑤ 戴逵《竹林名士》:戴逵,字道安,谯郡铚(今安徽省宿州市)人。东晋名士,博学多才,著

有《竹林七贤论》二卷，此书已经亡佚。程千帆先生《史通笺记》认为《竹林七贤论》即刘知几所谓《竹林名士》："子玄以取俪下文'汉末英雄'，辄改七贤字为名士耳。论而属之史部杂传、小录者，盖以其先序事迹，继乃加以品藻，亦兼传体。" ⑥ 王粲《汉末英雄》：王粲，字仲宣，东汉山阳高平（今山东省邹城市西南）人。年少时即为蔡邕赏识，曹操辟为丞相掾，官至侍中。王粲诗文成就很高，被刘勰誉为"七子之冠冕"。《隋书·经籍志》著录有《汉末英雄记》八卷，两《唐志》作十卷，已经亡佚。《汉魏丛书》收有王粲《英雄记钞》一卷，凡四十四人，明王世贞辑。⑦ 萧世诚《怀旧志》：梁元帝萧绎字世诚。《隋书·经籍志》杂史类著录"《怀旧志》九卷，梁元帝撰"。此书已经亡佚。萧绎《金楼子·著书篇》录有《怀旧志序》。⑧ 卢子行《知己传》：卢思道，字子行，范阳（今河北省涿州市）人。北齐时，为给事黄门侍郎，北周间，官至仪同三司，迁武阳太守，入隋后，官终散骑侍郎。《隋书·经籍志》著录"《知己传》一卷，卢思道撰"。此书已经亡佚。

国史之任，记事记言，视听不该[①]，必有遗逸。于是好奇之士，补其所亡，若和峤《汲冢纪年》[②]、葛洪《西京杂纪》[③]、顾协《琐语》[④]、谢绰《拾遗》[⑤]。此之谓逸事者也。街谈巷议，时有可观，小说卮言，犹贤于已[⑥]。故好事君子，无所弃诸，若刘义庆《世说》[⑦]、裴荣期《语林》[⑧]、孔思尚《语录》[⑨]、阳玠松《谈薮》[⑩]。此之谓琐言者也。

【注 释】

① 该：博洽。② 和峤《汲冢纪年》：和峤，字长舆，西晋汝南西平（今河南省西平县）人。历任太子舍人、颍川太守、中书令。《隋书·经籍志》古史类著录"《纪年》十二卷"，注曰："《汲冢书》并《竹书考异》一卷。"没有注明撰著者姓名。其《类序》中说："晋太康元年，汲郡人发魏襄王冢，得古竹简书，字皆科斗。发冢者不以为意，往往散乱。帝命中书监荀勖、令和峤撰次为十五部，八十七卷。" ③ 葛洪《西京杂纪》：葛洪，见《论赞》篇注。《西京杂记》，《隋书·经籍志》著录二卷，没有注明撰著者。《旧唐书·经籍志》著录为一卷，题为葛洪撰，《新唐书·艺文志》著录为二卷，也是题为葛洪撰。关于《西京杂记》的作者，有多种说法，余嘉锡《四库提要辨证》论

定为葛洪所作。④ 顾协《琐语》：顾协，字正礼，南朝吴郡吴（今江苏省苏州市）人。梁时，官至中书通事舍人。著有《异姓苑》五卷、《琐语》十卷。《隋书·经籍志》著录《琐语》一卷，此书已经亡佚。⑤ 谢绰《拾遗》：谢绰，南朝梁时曾官至少府卿。《隋书·经籍志》杂史类著录"《宋拾遗》十卷，梁少府卿谢绰撰"，此书已经亡佚。⑥ 犹贤于已：胜过没有。《论语·阳货篇》："饱食终日，无所用心，难矣哉！不有博弈者乎？为之，犹贤乎已。"⑦ 刘义庆《世说》：见《六家》篇"临川《世说》"注。⑧ 裴荣期《语林》：裴启，字荣期，东晋河东（今山西省运城市）人。少有风姿才气，好议论人物，著有《语林》。《隋书·经籍志》小说家类著录："《语林》十卷，东晋处士裴启撰。亡。"⑨ 孔思尚《语录》：《宋齐语录》，孔思尚撰。《旧唐书·经籍志》、《新唐书·艺文志》杂史类均著录孔思尚《宋齐语录》十卷，此书已经亡佚。⑩ 阳玠松《谈薮》：浦起龙《史通通释》注："或作'松玠'。"陈振孙《直斋书录解题》著录："《谈薮》二卷，北齐秘书省正字北平阳玠松撰。事综南北，时更八代，隋开皇中所述。"姚振宗《隋书经籍志考证》卷三十二："按阳玠松当是阳休之之族人，北平无终人。或作'松玠'，或作'松玢'，《唐志·目录类》有杨松珍《史目》三卷，则又作'松珍'，今依《史通》及陈振孙《直斋书录解题》提正。两《唐志》无《解颐》，并无《谈薮》，《史通》以《谈薮》为小说之琐言，陈氏列之史部，而《崇文目》及《宋志》皆入小说家，与本志部居合，知《解颐》即《谈薮》之异名，故《谈薮》亦不见于本志也。玠松所著此书及诸史目之外，又有《帝纪》十卷、《帝王世纪》之类，见《日本书目》。"

汝、颍[①]奇士，江、汉[②]英灵，人物所生，载光郡国。故乡人学者，编而记之，若圈称《陈留耆旧》[③]、周斐《汝南先贤》[④]、陈寿《益部耆旧》[⑤]、虞预《会稽典录》[⑥]。此之谓郡书者也。高门华胄，奕世载德，才子承家，思显父母。由是纪其先烈，贻厥后来，若扬雄《家谍》[⑦]、殷敬《世传》[⑧]、《孙氏谱记》[⑨]、《陆宗系历》[⑩]。此之谓家史者也。

【注 释】

① 汝、颍：汝水、颍川。泛指中原地区。② 江、汉：长江、汉水。泛指南方地区。③ 圈称《陈留耆旧》：《隋书·经籍志》杂传类著录"《陈留耆旧

传》二卷。汉议郎圈称撰”。此书已经亡佚。同时,《隋书·经籍志》地理类著录“《陈留风俗传》三卷,圈称撰”。④ 周斐《汝南先贤》:《隋书·经籍志》、《新唐书·艺文志》杂传类著录《汝南先贤传》五卷,魏周斐撰。《旧唐书·经籍志》则作三卷,周裴传。马铁浩《〈史通〉引书考》:“学者多以为‘周裴’乃‘周斐’之误,实则未可遽定也。”此书已经亡佚。有辑本。⑤ 陈寿《益部耆旧》:常璩《华阳国志·后贤志》:“益部自建武侯,蜀郡郑伯邑、太尉赵彦信及汉中陈申伯、祝元灵、广汉王文表皆以博学洽闻,作《巴蜀耆旧传》。寿以为不足经远,乃并巴汉撰为《益部耆旧传》十篇。散骑常侍文立标呈其传,武帝善之。”《隋书·经籍志》杂传类著录“《益部耆旧传》十四卷,陈寿撰”。此书已经亡佚。有辑本。⑥ 虞预《会稽典录》:虞预,见《二体》篇“王、虞”注。《会稽典录》,见《采撰》篇注。⑦ 扬雄《家谍》:《世说新语》刘孝标注、桓谭《新论》及《汉书·扬雄传》颜师古注,都提到扬雄自序谱牒之事。⑧ 殷敬《世传》:《新唐书·艺文志》著录《殷氏家传》三卷,殷敬撰。《旧唐书·经籍志》作十卷,殷敬等撰。⑨《孙氏谱记》:《旧唐书·经籍志》和《新唐书·艺文志》都著录《孙氏谱记》十五卷,没有著录撰者姓名。⑩《陆宗系历》:《隋书·经籍志》著录《陆史》十五卷,没有著录撰者姓名。两《唐志》都著录《陆史》十五卷,陆煦撰。《新唐书·艺文志》还著录有《吴郡陆氏宗系谱》,陆景献撰。

贤士贞女,类聚区分,虽百行殊途,而同归于善。则有取其所好,各为之录,若刘向《列女》[①]、梁鸿《逸民》[②]、赵采《忠臣》[③]、徐广《孝子》[④]。此之谓别传者也。阴阳为炭,造化为工[⑤],流形赋象,于何不育。求其怪物,有广异闻,若祖台《志怪》[⑥]、干宝《搜神》[⑦]、刘义庆《幽明》[⑧]、刘敬叔《异苑》[⑨]。此之谓杂记者也。

【注释】

① 刘向《列女》:《隋书·经籍志》杂传类著录“《列女传》十五卷,刘向撰,曹大家注”。② 梁鸿《逸民》:梁鸿,字伯鸾,东汉扶风平陵(今陕西省咸阳市西北)人。家贫而有节操,《后汉书·逸民》有传。《史通通释》认为梁鸿所撰当为《高士》,而非《逸民》,而且“‘《后汉书》本传:鸿仰慕前世高

士，为皓以下二十四人作颂。'案：鸿所撰即此，不当云逸民，或因鸿在《逸民传》中，有注字句旁者，传写误耶？"章宗源《隋书经籍志考证》考定"梁书本号《逸民》，非称《高士》"。其书已亡佚。③ 赵采《忠臣》：《史通通释》："隋、唐志忠臣传但有梁元帝撰，赵采无考。"《隋书·经籍志》、两《唐志》均著录《忠臣传》三十卷，梁元帝萧绎撰。④ 徐广《孝子》：徐广，见《六家》篇"徐贾"注。两《唐志》著录徐广《孝子传》三卷。⑤ "阴阳为炭"二句：语出贾谊《鹏鸟赋》："天地为炉兮，造化为工；阴阳为炭兮，万物为铜。"意思是天地就像一座大熔炉，这熔炉能够熔铸万物。⑥ 祖台《志怪》：祖台，即祖台之，字元辰，东晋范阳（今河北省涿州市）人，官至侍中、光禄大夫。《隋书·经籍志》杂传类著录"《志怪》二卷，祖台之撰"。⑦ 干宝《搜神》：《隋书·经籍志》著录干宝《搜神记》三十卷。原书已亡佚，今本为后人从《法苑珠林》、《太平御览》、《艺文类聚》、《初学记》等书中辑录而成。⑧ 刘义庆《幽明》：《隋书·经籍志》著录刘义庆《幽明录》二十卷，两《唐志》著录为三十卷，已经亡佚。《玉函山房辑佚丛书》、《古小说钩沉》均有辑本。⑨ 刘敬叔《异苑》：刘敬叔，彭城（今江苏省徐州市）人，历任东晋南平王郎中令、宋给事黄门郎。《隋书·经籍志》著录"《异苑》十卷，宋给事刘敬叔撰"。

九州土宇，万国山川，物产殊宜，风化异俗，如各志其本国，足以明此一方，若盛弘之《荆州记》[①]、常璩《华阳国志》[②]、辛氏《三秦》[③]、罗含《湘中》[④]。此之谓地理书者也。帝王桑梓，列圣遗尘[⑤]，经始之制，不恒厥所。苟能书其轨则，可以龟镜将来，若潘岳《关中》[⑥]、陆机《洛阳》[⑦]、《三辅黄图》[⑧]、《建康宫殿》[⑨]。此之谓都邑簿者也。

【注释】

① 盛弘之《荆州记》：《隋书·经籍志》地理类著录"《荆州记》三卷，宋临川王侍郎盛弘之撰"。此书已亡佚。② 常璩《华阳国志》：见《补注》篇"常璩之《华阳士女》"注。③ 辛氏《三秦》：史志目录均未收录辛氏《三秦》。《说郛》收《三秦记》一卷，题辛氏撰。④ 罗含《湘中》：罗含，字君章，东晋桂阳耒阳（今湖南省耒阳市）人。博学多才，桓温称其为"江左之秀"，

官至散骑常侍、侍中、廷尉。《通志·艺文略》地理类著录《湘川记》一卷、《湘中记》一卷，罗含撰。《文献通考·经籍考》称："《湘中山水记》三卷，晋耒阳罗含章君撰。"⑤"帝王桑梓"二句：语出左思《魏都赋》："先王桑梓，列圣遗尘。"桑梓，古代常在家屋旁栽种桑树和梓树，后来常用"桑梓"代指故乡，这里指帝王之都。列圣，历代帝王。⑥潘岳《关中》：两《唐志》皆著录潘岳《关中记》一卷，此书已亡佚。⑦陆机《洛阳》：《隋书·经籍志》著录陆机《洛阳记》一卷，此书已亡佚。⑧《三辅黄图》：《旧唐书·经籍志》著录《三辅黄图》一卷，作者姓名亡佚，原书已亡佚，今有辑校本。三辅，西汉时本指治理京畿地区的三位官员，后指这三位官员（京兆尹、左冯翊、右扶风）管辖的地区（辖境相当今陕西中部地区）。⑨《建康宫殿》：此书无可确考。《太平御览·居处部》引书有《建康宫阙簿》。今人辑本见《汉唐方志辑佚》。

大抵偏纪小录之书，皆记即日当时之事，求诸国史，最为实录。然皆言多鄙朴，事罕圆备，终不能成其不刊①，永播来叶②，徒为后生作者削稿之资焉。逸事者，皆前史所遗，后人所记，求诸异说，为益实多。即妄者为之，则苟载传闻，而无铨择。由是真伪不别，是非相乱。如郭子横之《洞冥》③，王子年之《拾遗》④，全构虚辞，用惊愚俗。此其为弊之甚者也。琐言者，多载当时辨对，流俗嘲谑，俾夫枢机⑤者藉为舌端，谈话者将为口实。及蔽者为之，则有诋讦⑥相戏，施诸祖宗，亵狎鄙言，出自床第，莫不升之纪录，用为雅言，固以无益风规，有伤名教者矣。郡书者，矜⑦其乡贤，美其邦族，施于本国，颇得流行，置于他方，罕闻爱异。其有如常璩之详审⑧，刘昞之该博⑨，而能传诸不朽，见美来裔者，盖无几焉。

【注 释】

①不刊：不可改易。古代的文书刻在竹简上，错了就削去，叫做"刊"。②来叶：后世。③郭子横之《洞冥》：郭宪，字子横，汉代汝南宋（今安徽太和县北）人。为人刚正，敢于直谏，光武帝征拜博士，再迁光禄勋。《隋书·经籍志》杂传类著录"《汉武帝洞冥记》一卷，郭氏撰"；《旧唐书·经籍志》著录"《汉别国洞冥记》，四卷，郭宪撰"；《新唐书·艺文志》著录

“郭宪《汉武帝别国洞冥记》，四卷”。④ 王子年之《拾遗》：王嘉，字子年，陇西安阳（今甘肃省渭源县）人。初隐东阳谷，后隐终南山，门徒数百人，前秦苻坚屡次征召不就，后秦姚苌逼以自随，旋被杀。《隋书·经籍志》杂史类著录“《拾遗录》二卷，伪秦姚苌方士王子年撰”；又“《王子年拾遗记》十卷，萧绮撰”。《汉魏丛书》收有王嘉《拾遗记》十卷。⑤ 枢机：言谈、辩论。⑥ 诋讦（jié）：诋毁攻击。⑦ 矜：夸耀。⑧ 常璩之详审：指常璩《华阳国志》。⑨ 刘昞之该博：刘昞见《论赞》篇注。此处指刘昞所撰《敦煌实录》。

家史者，事惟三族[①]，言止一门，正可行于室家，难以播于邦国。且箕裘[②]不堕，则其录犹存；苟薪构[③]已亡，则斯文亦丧者矣。别传者，不出胸臆，非由机杼[④]，徒以博采前史，聚而成书。其有足以新言加之别说者，盖不过十一而已。如寡闻末学之流，则深所嘉尚[⑤]；至于探幽索隐[⑥]之士，则无所取材。杂记者，若论神仙之道，则服食炼气，可以益寿延年；语魑魅[⑦]之途，则福善祸淫，可以惩恶劝善，斯则可矣。及谬者为之，则苟谈怪异，务述妖邪，求诸弘益，其义无取。地理书者，若朱赣所采[⑧]，浃[⑨]于九州；阚骃所书[⑩]，殚于四国。斯则言皆雅正，事无偏党者矣。其有异于此者，则人自以为乐土，家自以为名都，竞美所居，谈过其实。又城池旧迹，山水得名，皆传诸委巷，用为故实，鄙哉！

【注 释】

① 三族：《仪礼·士昏礼》：“惟是三族之不虞，使某也请吉日。”郑玄注：“三族，谓父昆弟、己昆弟、子昆弟。”② 箕裘：见《直书》篇“河朔王公”注。③ 薪构：见《直书》篇“邺城将相”注。④ 机杼（zhù）：指织布机，此处指诗文创作中的构思。杼，织布梭子。⑤ 嘉尚：赞美，赞许。⑥ 探幽索隐：探究深奥的道理，搜索隐秘的事情。⑦ 魑魅：古谓能害人的山泽之神怪。也泛指鬼怪。⑧ 朱赣所采：《汉书·地理志》：“汉承百王之末，国土变改，民人迁徙。成帝时，刘向略言其域分，丞相张禹使蜀颍川朱赣，条其风俗，犹未宣究，故辑而论之，终其本末，著于篇。”⑨ 浃（jiā）：齐备。⑩ 阚骃所书：阚骃，字玄阴，敦煌（今甘肃省敦煌市）人。博通经传，官至

北凉尚书。著有《十三州志》十卷,已经亡佚。清人张澍《二酉堂丛书》有辑本二卷。朱祖延先生《北魏佚书考》有其较完备的辑佚。

都邑簿者,如宫阙、陵庙、街廛[①]、郭邑,辨其规模,明其制度,斯则可矣。及愚者为之,则烦而且滥,博而无限,论榱栋[②]则尺寸皆书,记草木则根株必数,务求详审,持此为能。遂使学者观之,瞀[③]乱而难纪[④]也。于是考兹十品,征彼百家,则史之杂名,其流尽于此矣。至于其间得失纷糅,善恶相兼,既难为觎缕[⑤],故粗陈梗概。且同自郐,无足讥焉[⑥]。

又案子之将史,本为二说。然如《吕氏》[⑦]、《淮南》[⑧]、《玄晏》[⑨]、《抱朴》[⑩],凡此诸子,多以叙事为宗,举而论之,抑亦史之杂也,但以名目有异,不复编于此科。

【注 释】

① 廛(chán):古代城市平民的房地。② 榱栋:屋椽及栋梁。③ 瞀(mào):目眩,眼花。④ 纪:整理。⑤ 觎(luó)缕:详细叙述。⑥“且同自郐(kuài)”二句:表示自此以下的不值得评论。《左传·襄公二十九年》:“自郐以下,无讥焉。”季札出使鲁国,鲁国乐工演奏各国民谣,自《郐风》以下,季札就不再评议了。郐,春秋时期的小国。⑦《吕氏》:即《吕氏春秋》。见《六家》篇“吕氏”注。⑧《淮南》:《淮南子》,又称《淮南鸿烈》,西汉淮南王刘安与其宾客编撰,《汉书·艺文志》著录“淮南内二十一篇,外三十三篇”,颜师古注曰:“内篇论道,外篇杂说。”今存21篇,大概都是原说的内篇所遗。全书内容庞杂,主要宗旨倾向于道家,《汉书·艺文志》将其列入杂家。⑨《玄晏》:即皇甫谧《玄晏春秋》,皇甫谧见《论赞》篇注。《隋书·经籍志》史部杂传类著录《玄晏春秋》三卷,皇甫谧撰。⑩《抱朴》:即葛洪《抱朴子》,葛洪见《论赞》篇注。据《晋书·葛洪传》可知,《抱朴子》内外篇原共有116篇。今本已非完帙,存内篇20篇,外篇50篇。《抱朴子》一书总结了战国以来的神仙家理论,确立了道教神仙理论体系,又继承魏伯阳炼丹理论,集魏晋炼丹术之大成。

盖语曰:“众星之明,不如一月之光。”[①]历观自古,作者著述多矣。虽复门千户万，波委云集[2]。而言皆琐碎，事必丛残。固难以接光尘于《五传》[3]，并辉烈于《三史》。古人以比玉屑满箧，良有旨哉！然则刍荛之言[4]，明王必择；葑菲之体[5]，诗人不弃。故学者有博闻旧事，多识其物，若不窥别录，不讨异书，专治周、孔之章句，直守迁、固之纪传，亦何能自致于此乎？且夫子有云："多闻，择其善者而从之"，"知之次也"[6]。苟如是，则书有非圣[7]，言多不经[8]，学者博闻，盖在择之而已。

【注 释】

①"众星之明"二句：《文子·上德篇》："百星之明，不如一月之光。"② 波委云集：如波之相积，云之相聚。比喻众物聚在一起。③ 接光尘于《五传》：接续《五传》的传统。光尘，《老子》："和其光，同其尘。"《五传》，指《春秋经》的《左传》、《公羊传》、《谷梁传》、《邹氏传》、《夹氏传》。④ 刍荛之言：割草打柴人的话。指普通百姓的浅陋言辞。刍荛：割草打柴的人。⑤ 葑菲之体：《诗·邶风·谷风》："采葑采菲，无以下体。"采摘葑菲的叶子，你却忘了它们的根。比喻不因其所短而舍其所长。葑：蔓青，叶和根、茎都可食，但味苦。菲：芜菁类植物。⑥"且夫子"四句：语出《论语·述而》："子曰：'多闻，择其善者而从之。多见而识者，知之次也。'"意思是广泛听取各方面的意见，采取其中合理的部分。⑦ 书有非圣：有的书不属于圣贤的书。⑧ 言多不经：很多言论不符合儒家经典规范。

【导 读】

《六家》篇中，刘知几将古今正史编撰体例分为《尚书》、《春秋》、《左传》、《国语》、《史记》、《汉书》六家，详细论述各家源流，而对于史书编撰而言，撰史者视野须开阔，"博闻旧事，多识其物"，对正史之外的历史撰述，即"杂述"也应有足够的关注，所以，本篇其实还是就史料采录问题立论。《采撰》篇主要讨论了史料采录的方法和标准，本篇则衡论杂史的史料价值，强调正史采录史料，不应固步自封。因此，本篇须与《六家》、《采撰》篇合读，方能领会刘知几用意之深。

从古代目录学发展来看，唐初修《隋书·经籍志》继承发展了荀勖、李充以甲、乙、丙、丁为序的四部分类，正式确立经、史、子、集四部类目名称，概括各部类书籍的性质内容。《隋书·经籍志》将史部分为十三类：正史、古史、杂史、霸史、起居注、旧事、职官、仪注、刑法、杂传、地理、谱系、簿录，其中，正史和古史都属于"正史"的范围，其余十一类，则为杂史。刘知几提出，偏记、小说，自成一种体系，与正史并行，其源头已经很古了，后来这类史书的数量更为繁杂，可以分为十类：偏记、小录、逸事、琐言、郡书、家史、别传、杂记、地理书、都邑簿。刘知几对杂史的分类，与《隋书·经籍志》相比较，类目有不同的地方，但也有很多相一致的地方。

本篇中，刘知几对所列十类杂述的源流、代表著述一一作了简明的介绍，指出各类的利弊得失。同时，他又举诸子著述如《吕氏春秋》、《淮南子》、《玄晏春秋》、《抱朴子》等以叙事为主的子书为例，认为也可以归入杂史的范围。刘知几对十类杂述的简约阐发，浦起龙称赞说："其流十，其举似者四十。流别虽多，不离史属，赜而不乱也。举似烦而约，约且取小，小册见收，大者可知也。约而尽也。"(《史通通释》)

最后，刘知几对这十类杂史作了总的评价，认为"言皆琐碎，事必丛残"，不能和正史典雅详实相提并论，但是其中保存着很多有价值的史料，史官编撰史书，不能仅凭周、孔经典，迁、固列传，史官应本着去粗取精、择善而从的态度，对史料谨慎严肃地加以采录，"学者博闻，盖在择之而已"。他的这一观点，张舜徽先生深表赞同："此论极其圆通。当时治经者，率据守《五经正义》数家之说，而六朝疏谊，散佚为多。治史者，但籀绎纪传编年二体之书，而稗官野史，搜寻不广。知几盖有鉴于学者专固之失，故发为救弊补偏之论。所谓'书有非圣，言多不经，学者博闻，盖在择之而已'。此数语尤为精要！信足以矫俗士之僻陋也。"(《史通平议》)

对于刘知几本篇所论，吕思勉先生、张舜徽先生等皆有阐发。吕思勉先生指出："此篇乃刘氏所谓非正史者，合此篇及《六家》篇观之，可见刘氏史书分类之法。"(《史通评》)张舜徽先生评论说："唐人以纪传、编年为正史。知几于论述正史之余，复厘杂史为十科。有郡书、地里，则方志入史矣。有家史、别传，则谱牒入史矣。有琐言、杂记，则小说入史矣。于是治史取材，其途益广。学者致力之端，知不局限于纪传、编年之书。则知几是篇，启牖之益为多。惟方志之作，务欲矜其州里；谱牒之书，无不夸其氏族。至于小说笔记，又多出于街谈巷语、道听途说者之所造。叙述之真实与否，读之者不可不练其得失，明其真伪。本书《采撰篇》，既已详道之矣。则固有待于取材之际，审辨而善用之。”(《史通平议》)就扩大史料的范围、谨慎选择史料的角度而言，刘知几本篇所阐发的思想对于今人治史仍有参考价值。

自叙第三十六

予幼奉庭训①，早游文学②。年在纨绮③，便受《古文尚书》。每苦其辞艰琐，难为讽读。虽屡逢捶挞④，而其业不成。尝闻家君⑤为诸兄⑥讲《春秋左氏传》，每废《书》而听。逮讲毕，即为诸兄说之。因窃叹曰：“若使书皆如此，吾不复怠矣。”先君奇其意，于是始授以《左氏》，期年⑦而讲诵都毕。于时年甫十有二矣。所讲虽未能深解，而大义略举。父兄欲令博观义疏，精此一经。辞以获麟⑧已后，未见其事，乞且观余部，以广异闻。次又读《史》、《汉》、《三国志》。既欲知古今沿革，历数⑨相承，于是触类而观，不假师训。自汉中兴已降，迄乎皇家实录，年十有七，而窥览略周。其所读书，多因假赁，虽部帙残缺，篇第有遗，至于叙事之纪纲⑩，立言之梗概，亦粗知之矣。

【注 释】

① 庭训：父亲的教诲，泛指家庭教育。《论语·季氏》：“尝独立，鲤趋而过庭。曰：‘学诗乎？’对曰：‘未也。’‘不学诗，无以言。’鲤退而学诗。他日，又独立，鲤趋而过庭，曰：‘学礼乎？’对曰：‘未也。’‘不学礼，无以礼。’鲤退而学礼。” ② 早游文学：很早就学习文学。《论语·述而》：“子曰：‘志于道，据于德，依于仁，游于艺。’”游，学习。《论语·先进》：“文学：子游、子夏。”文学，此处指文献典籍。③ 纨绮(wán qǐ)：精美的丝织品。此处指少年时期。《隋书·卢思道传》：“纨绮之年，服膺教义；巾冠之后，濯缨受署。” ④ 捶挞：杖击，鞭打。⑤ 家君：父亲。刘知几父亲刘藏器，唐初曾官比部员外郎，后出任安州司马。⑥ 诸兄：据张舜徽先生《史通平议》所述，刘知几共有兄弟六人，其兄名含章、贲、居简、知柔，弟名知章。⑦ 期年：一年。⑧ 获麟：指春秋鲁哀公十四年猎获麒麟事。相传孔子作《春秋》至此而辍笔。⑨ 历数：君主相继的顺序。⑩ 纪纲：网罟的纲绳。

引申为纲领。

但于时将求仕进，兼习揣摩[①]，至于专心诸史，我则未暇。洎年登弱冠[②]，射策登朝[③]，于是思有余闲，获遂本愿。旅游京洛，颇积岁年，公私借书，恣情披阅。至如一代之史，分为数家，其间杂记小书，又竞为异说，莫不钻研穿凿[④]，尽其利害。加以自小观书，喜谈名理，其所悟者，皆得之襟腑[⑤]，非由染习。故始在总角[⑥]，读班、谢两《汉》[⑦]，便怪《前书》不应有《古今人表》，《后书》宜为更始[⑧]立纪。当时闻者，共责以为童子何知，而敢轻议前哲。于是赧然自失[⑨]，无辞以对。其后见《张衡》、《范晔集》，果以二史为非。其有暗合于古人者，盖不可胜纪。始知流俗之士，难与之言。凡有异同，蓄诸方寸[⑩]。

【注 释】

① 揣摩：揣度对方，以相比合。这里指为应科举而揣度探究应试文字。② 弱冠：古代男子二十岁行冠礼，表示已经成人，但体还未壮，所以称做弱冠，后泛指男子二十左右的年纪。③ 射策登朝：射策，汉代考试取士方法之一。《汉书·萧望之传》："望之以射策甲科为郎。"颜师古注："射策者，谓为难问疑义，书之于策，量其大小，署为甲、乙之科，列而置之，不使彰显。有欲射者，随其所取得而释之，以知优劣。射之言投射也。"后泛指应试。登朝，进用于朝廷。《旧唐书·刘知几传》："弱冠举进士，授嘉县主簿。" ④ 穿凿：开凿；挖掘。这里指深入探究。⑤ 襟腑：心胸，襟怀。⑥ 总角：古代未成年的人把头发扎成两髻，形状如角，故称总角。指童年时期，幼年。⑦ 班、谢两《汉》：指班固《汉书》和谢沈《后汉书》。⑧ 更始：指汉更始帝刘玄。参见《编次》篇"更始升坛改元"注。⑨ 赧（nǎn）然自失：因惭愧而脸红，失去了常态。⑩ 方寸：心神。

及年以过立[①]，言悟日多，常恨时无同好，可与言者。维东海徐坚[②]，晚与之遇，相得甚欢，虽古者伯牙之识钟期[③]，管仲之知鲍叔[④]，不是过也。复有永城朱敬则[⑤]、沛国刘允济[⑥]、义兴薛谦光[⑦]、河南元行冲[⑧]、陈留吴兢[⑨]、寿春裴怀古[⑩]，亦以言议见许，道术相知。所有榷扬，得尽怀抱。每云："德不孤，必有邻，四海之内，知我者不过数子而已矣。"

【注 释】

① 年以过立：已经过了三十岁。《论语·为政》："子曰：'吾十有五而志于学，三十而立。'" ② 东海徐坚：徐坚，字元固，湖州长城（今浙江长兴县东）人。少好学，遍览经史，举进士，累官司封员外郎、礼部侍郎。与徐彦伯、刘知几、张说同修《三教珠英》。因为徐氏郡望为东海，所以称"东海徐坚"。③ 伯牙之识钟期：《列子·汤问》："伯牙善鼓琴，钟子期善听。伯牙鼓琴，志在高山，钟子期曰：善哉！峨峨兮若泰山。志在流水，钟子期曰：善哉！洋洋兮若江河。伯牙所念，钟子期必得之。伯牙游于泰山之阴，卒逢暴雨，止于崖下；心悲，乃援琴而鼓之。初为霖雨之操，更造崩山之音。曲每奏，钟子期辄穷其趣。伯牙乃舍琴而叹曰：善哉！善哉！子之听大志，想象犹吾心也，吾于何逃声哉！" ④ 管仲之知鲍叔：管仲和鲍叔牙本为挚友，后来管仲辅佐公子纠，鲍叔牙辅佐公子小白，公子小白夺得政权以后，管仲被囚禁，鲍叔牙推荐管仲为相。管仲感叹说："吾少贫困时，尝与鲍叔贾，分财多自与，鲍叔不以我为贪，知我贫也；吾尝为鲍叔谋事，而大穷困，鲍叔不以我为愚，知时有利、不利也；吾尝三仕见逐于君，鲍叔不以我为不肖，知我不遭时也；吾尝三战三北，鲍叔不以我为怯，知我有老母也；公子纠败，吾忽死之，吾幽囚受辱，鲍叔不以我为无耻，知我不羞小节而耻名不显于天下也。生我者父母，知我者鲍叔也。"（《列子·力命》） ⑤ 永城朱敬则：朱敬则，字少连，亳州永城（今河南省永城市）人。好学而重节义。唐高宗时任右补缺。武则天朝，累迁正谏大夫兼修国史，凤阁鸾台平章事。著有《十代兴亡论》等。《唐会要》卷六十三："长安三年正月一日敕，宜令特进梁王三思与纳言李峤、正谏大夫朱敬则、司农少卿徐彦伯、凤阁舍人魏知古、崔融、司封郎中徐坚、左史刘知几、直史馆吴兢等修唐史。采四方之志，成一家之言，长悬楷则，以贻劝诫。"《唐会要·史馆上·修史官》："长安三年七月，朱敬则请择史官。上表曰：'国之要者，在乎记事之官，倘不遇良史之才，则大典无由而就。董狐、南史，岂独无于此时，在乎求与不求耳。'" ⑥ 沛国刘允济：刘允济，洛州巩（今河南巩义市）人。博学，善属文，举进士，官至著作佐郎，兼修国史。著有《鲁后春

秋》二十卷。《唐会要·史馆·修史官》："长安二年，凤阁舍人修国史刘允济尝云：'史官善恶必书，言成轨范，使骄主贼臣，有所知惧，此亦权重，理合安贫乐道也。昔班生受金，陈寿求米，仆视之如浮云耳。'" ⑦ 义兴薛谦光：薛谦光，常州义兴（今江苏宜兴市）人。博涉文史，少与徐坚、刘知几齐名而相互友善。官至给事中、御史大夫。⑧ 河南元行冲：元澹，字行冲，河南人。博学多通，举进士，官至太常少卿。编撰有《魏典》三十卷。表请通撰古今书目，为《群书四录》。⑨ 陈留吴兢：吴兢，汴州浚仪（今河南开封市）人。励志勤学，博通经史。武周时入史馆，修国史，迁右拾遗内供奉。唐中宗时，改右补阙，累迁起居郎，水部郎中。唐玄宗时，为谏议大夫，修文馆学士，卫尉少卿兼修国史。曾与刘知几共同编撰《武后实录》。另编有《西斋书目》。⑩ 寿春裴怀古：裴怀古，寿州寿春（今安徽省寿县）人，唐高宗仪凤年间授下邳主簿，后任监察御史、幽州都督。

昔仲尼以睿圣明哲，天纵多能[①]，睹史籍之繁文，惧览之者之不一，删《诗》为三百篇，约史记以修《春秋》，赞《易》道以黜八索，述《职方》以除九丘，讨论坟、典，断自唐、虞，以迄于周[②]。其文不刊，为后王法。自兹厥后，史籍逾多，苟非命世大才[③]，孰能刊正其失？嗟予小子，敢当此任！其于史传也，尝欲自班、马已降，讫于姚、李、令狐、颜、孔诸书[④]，莫不因其旧义，普加厘革[⑤]。但以无夫子之名，而辄行夫子之事，将恐致惊末俗，取咎时人，徒有其劳，而莫之见赏。所以每握管叹息，迟回[⑥]者久之。非欲之而不能，实能之而不敢也。

【注释】

① 天纵多能：《论语·子罕》："固天纵之将圣，又多能也。" ② "睹史籍"九句：出自孔安国伪《古文尚书序》："先君孔子，生于周末，睹史籍之烦文，惧览之者不一。遂乃定礼乐，明旧章，删《诗》为三百篇，约史记以修《春秋》，赞《易》道以黜八索，述《职方》以除九丘。讨论坟、典，断自唐、虞，以下迄于周。" ③ 命世大才：贤名昭著于世的才能之士。④ 姚、李、令狐、颜、孔诸书：姚，姚思廉，编撰有《梁书》、《陈书》。李，李百药，编撰有《北齐书》。令狐，令狐德棻，编撰有《周书》。颜、孔，颜师古、孔颖达，二人编撰

有《隋书》。⑤ 厘革:改革。⑥ 迟回:徘徊。

既朝廷有知意[①]者,遂以载笔[②]见推。由是三为史臣,再入东观[③]。每惟皇家受命,多历年所,史官所编,粗惟纪录。至于纪传及志,则皆未有其书。长安[④]中,会奉诏预修《唐史》。及今上[⑤]即位,又敕撰《则天大圣皇后实录》[⑥]。凡所著述,尝欲行其旧议。而当时同作诸士及监修贵臣[⑦],每与其凿枘相违,龃龉难入[⑧]。故其所载削,皆与俗浮沈。虽自谓依违苟从,然犹大为史官所嫉。嗟乎!虽任当其职,而吾道不行;见用于时,而美志不遂。郁怏孤愤,无以寄怀。必寝而不言,嘿[⑨]而无述,又恐没世之后,谁知予者。故退而私撰《史通》,以见其志。

【注释】

① 意:《史通通释》浦起龙注曰:"恐'音'字之讹。"② 载笔:携带文具以记录王事。借指史官。③"三为史臣"二句:程千帆先生《史通笺记》曰:"三为史臣,谓以著作佐郎兼修国史,以中书舍人兼修国史,以著作郎兼修国史也。详本书《叙录》。三为史臣之三字实指,再入东观之再字虚拟(犹云累入)。当分别观之。"④ 长安:武则天年号(701—704)。⑤ 今上:指唐中宗李显。⑥ 敕撰《则天大圣皇后实录》:唐中宗神龙元年(705),诏武三思、魏元忠、祝钦明、刘知几等编修《则天实录》,次年书成,共二十卷,文集一百二十卷。⑦ 监修贵臣:指武三思。⑧"凿枘(ruì)相违"二句:凿,榫眼。枘,榫头。凿和枘一致,才能吻合。龃龉,上下牙齿对不齐,比喻意见不合,互相抵触。⑨ 嘿(mò):同"默"。

昔汉世刘安著书,号曰《淮南子》。其书牢笼天地,博极古今,上自太公[①],下至商鞅。其错综经纬,自谓兼于数家,无遗力矣。然自《淮南》已后,作者无绝。必商榷而言,则其流又众。盖仲尼既殁,微言不行[②];史公著书,是非多谬[③]。由是百家诸子,诡说异辞,务为小辨,破彼大道[④],故扬雄《法言》生焉。儒者之书,博而寡要[⑤],得其糟粕,失其菁华。而流俗鄙夫,贵远贱近,传兹抵牾[⑥],自相欺惑,故王充《论衡》生焉。民者,冥也,冥然罔知,率彼愚蒙,墙面而视[⑦]。或讹音鄙句,莫究本源,或守株胶柱,动多拘忌，故应劭《风俗通》生焉。五常异禀，百行殊执，能有兼偏，知有长短。苟随才而任使，则片善不遗，必求备而后用，则举世莫可，故刘劭《人物志》生焉。夫开国承家，立身立事，一文一武，或出或处，虽贤愚壤隔，善恶区分，苟时无品藻，则理难铨综，故陆景《典语》生焉[8]。词人属文，其体非一，譬甘辛殊味，丹素异彩，后来祖述，识昧圆通，家有诋诃[9]，人相掎摭[10]，故刘勰《文心》生焉。

【注释】

① 太公：太公望，即姜尚，年老钓鱼于渭水之滨，周文王出猎遇到他，与语大悦，同载以归，后来姜尚辅佐武王灭掉了殷商，建立了周朝。② 仲尼既殁，微言不行：孔子死后，微言大义不行于世。刘歆《移太常博士书》："及夫子没而微言绝，七十子终而大义乖。" ③"史公著书"二句：司马迁著《史记》，其是非判定多与圣人不同。《汉书·司马迁传赞》："又其是非颇谬于圣人。论大道，则先黄、老而后六经；序游侠，则退处士而进奸雄；述货殖，则崇势利而羞贫贱。此其所蔽也。" ④"务为小辨"二句：斤斤于小事的辨析，破坏圣人的大道。《大戴礼记·小辨》："小辨破言，小言破义，小义破道。" ⑤ 博而寡要：内容广博却缺少要点。《史记·太史公自序》载司马谈《论六家要旨》："夫儒者以六艺为法，六艺经传，以千万数，累世不能通其学，当年不能究其礼。故曰：博而寡要，劳而少功。" ⑥ 抵牾：抵触，矛盾。⑦ 墙面而视：如同面对着墙壁一样看不到更多东西。《论语·阳货》："人而不为《周南》、《召南》，其犹正墙面而立也与。" ⑧ 陆景《典语》：陆景，字士仁，以尚公主拜骑都尉，封毗陵侯，后拜偏将军、中夏督，《三国志·吴书·陆抗传》称其"澡身好学，著书数十篇也"。《隋书·经籍志》著录陆景《典语》十卷，《典语别》二卷，已亡佚，有辑本。⑨ 诋诃(hē)：诋毁，呵责，指责。⑩ 掎摭(jǐ zhí)：指摘。

若《史通》之为书也，盖伤当时载笔之士，其义不纯。思欲辨其指归，殚其体统。夫其书虽以史为主，而余波所及，上穷王道，下掞[1]人伦，总括万殊，包吞千有。自《法言》已降，迄于《文心》而往，固以纳诸胸中，曾不慸芥[2]者矣。夫其为义也，有与夺焉，有褒贬焉，有鉴诫焉，有讽刺焉。其为贯穿者深矣，其为网罗者密矣，其所商略者远矣，其所发明者多矣。盖谈经者恶闻服、杜之嗤[3]，论史者憎言班、马之失。而此书多讥往哲，喜述前非。获罪于时，固其宜矣。犹冀知音君子，时有观焉。尼父有云："罪我者《春秋》，知我者《春秋》。"[4]抑斯之谓也。

【注 释】

① 掞(shàn)：舒展，铺张。② 蒂(dì)芥：鲠刺。比喻想不通或心怀嫌隙。③ 服、杜：服虔、杜预。④ "罪我者"二句：《孟子·滕文公下》："孔子曰：'知我者其惟《春秋》乎，罪我者其惟《春秋》乎？'"

昔梁征士刘孝标作《叙传》[1]，其自比于冯敬通[2]者有三。而予辄不自揆，亦窃比于扬子云者有四焉。何者？扬雄尝好雕虫小技[3]，老而悔其少作。余幼喜诗赋，而壮都不为，耻以文士得名，期以述者自命。其似一也。扬雄草《玄》，累年不就，当时闻者，莫不哂其徒劳。余撰《史通》，亦屡移寒暑。悠悠尘俗，共以为愚。其似二也。扬雄撰《法言》，时人竞尤其妄，故作《解嘲》以酬[4]之。余著《史通》，见者亦互言其短，故作《释蒙》[5]以拒之。其似三也。扬雄少为范踆、刘歆所重[6]，及闻其撰《太玄经》，则嘲以恐盖酱瓿[7]。然刘、范之重雄者，盖贵其文彩若《长扬》、《羽猎》[8]之流耳。如《太玄》深奥，理难探赜[9]。既绝窥逾[10]，故加讥诮。余初好文笔，颇获誉于当时。晚谈史传，遂减价于知己。其似四也。夫才唯下劣，而迹类先贤。是用铭之于心，持以自慰。

【注 释】

① 梁征士刘孝标作《叙传》：刘孝标，见《补注》篇注。《叙传》，指刘孝标所作《自序》。《梁书·刘峻传》："峻尝为《自序》，其略曰：'余自比于冯敬通，而有同之者三，异之者四，何则？敬通雄才冠世，志刚金石，余虽不及之，而节亮慷慨，此一同也。敬通值中兴明君，而终不试用。余逢命世英主，亦摈斥当年，此二同也。敬通有忌妻，至于身操井臼。余有悍室，亦令家道轗轲，此三同也。敬通当更始之世，受握兵符，跃马食肉。余自少迄长，戚戚无欢，此一异也。敬通有一子仲文，官成名立。余祸同伯道，求

无血胤，此二异也。敬通膂力方刚，老而益壮，余有犬马之疾，溘死无时，此三异也。敬通虽芝残蕙焚，终填沟壑，而为名贤所慕，其风流郁烈芬芳，久而弥盛。余声尘寂寞，世不吾知，魂魄一去，将同秋草，此四异也。'”征士，应征辟之士。② 冯敬通：冯衍字敬通，京兆杜陵(今陕西省西安市东南)人。幼有奇才，博通群书。王莽执政时，冯衍不愿为官。王莽派遣廉丹镇压赤眉起义，冯衍劝廉丹背叛王莽，拥兵待变。廉丹死，冯衍投奔刘玄，为立汉将军。刘玄死后，冯衍降于光武帝，光武帝怨其不早降，出为曲阳令，迁司隶从事。因为与外戚交往，免官归故里。明帝即位，又遭诽谤，潦倒而死。有文集五卷，已经亡佚，后世辑有《冯曲阳集》一卷。③ 雕虫小技：扬雄《法言·吾子》：“或问：吾子少而好赋？曰：然，童子雕虫篆刻。俄而曰：壮夫不为也。”雕虫小技此处指辞赋创作。④ 酬：回答。⑤《释蒙》：已经亡佚，无可考。⑥ 扬雄少为范踆、刘歆所重：《汉书·扬雄传》赞：“实好古而乐道，其意欲求文章成名于后世，以为经莫大于《易》，故作《太玄》；传莫大于《论语》，作《法言》……用心于内，不求于外，于时人皆忽之，唯刘歆、范逡敬焉。而桓谭以为绝伦。”⑦ 嘲以恐盖酱瓿：嘲笑说恐怕《太玄经》将来只能给人家盖酱坛子。《汉书·扬雄传》赞：“钜鹿侯芭常从雄居，受其《太玄》、《法言》焉。刘歆亦尝观之，谓雄曰：'空自苦！今学者有禄利，然尚不能明《易》，又如《玄》何？吾恐后人用覆酱瓿也。'雄笑而不应。”⑧《长扬》、《羽猎》：指扬雄所作《长杨赋》、《羽猎赋》。⑨ 探赜(zé)：探索奥秘。⑩ 窥逾：觊觎。

抑犹有遗恨，惧不似扬雄者有一焉。何者？雄之《玄经》始成，虽为当时所贱，而桓谭以为数百年外，其书必传[①]。其后张衡、陆绩果以为绝伦参圣[②]。夫以《史通》方诸《太玄》，今之君山[③]，即徐、朱[④]等数君是也。后来张、陆，则未之知耳。嗟乎！傥使平子[⑤]不出，公纪[⑥]不生，将恐此书与粪土同捐[⑦]，烟烬俱灭。后之识者，无得而观。此予所以抚卷涟洏[⑧]，泪尽而继之以血也。

【注 释】

① “桓谭”二句：《汉书·扬雄传》：“王邑、严尤谓桓谭曰：'子常称扬

雄书，岂能传于后世乎？'谭曰：'必传，顾君与谭不及见也。'" ② 其后张衡、陆绩果以为绝伦参圣：据《后汉书·张衡传》，张衡喜好《太玄经》，曾经对崔瑗说："吾观《太玄》，方知子云妙极道数，乃与五经相似。"陆绩，字公纪，三国时吴人，孙权辟为奏曹掾。通晓天文历算，作《浑天图》，注《易》，释《玄》，皆传于世。陆绩在《述玄》中说："扬子云之言，文谊至深，论不诡于圣人。至若遭遇时君，更阅贤智，为所称善，则必度越诸子矣。雄受气纯和，韬真含道，通敏锐达，钩深致远，建立《玄经》，与圣人同趣。虽周公繇《大易》，孔子修《春秋》，不能是过。论其所述，终年不能尽其美也。考之古今，宜曰圣人。" ③ 君山：桓谭字君山。④ 徐、朱：指徐坚、朱敬则等人。⑤ 平子：张衡字平子。⑥ 公纪：陆绩字公纪。⑦ 捐：抛弃，湮没。⑧ 涟洏(ér)：泪流不断的样子。

【导读】

如前所述，史书编撰完成一般有作者"序传"，本篇是《史通》内篇的最后一篇，题为"自叙"，内容体例相当于"序传"。篇中刘知几叙述了自己研究史学的经历和志趣，写作《史通》的缘起、目的和宗旨。

刘知几幼年接受家庭教育，学习古代典籍，对史学有着过人的领悟能力和学习兴趣，至十七岁时已经遍览历代史书，中举入朝后，又阅读了大量杂记小书。他自幼读书就喜欢辨别分析事物的道理、是非，对史书编撰有自己独立的思考，又有诸多好友砥砺切磋的助益，有志重新修订自《史记》以来的历代史书。其后，他"三为史臣，再入东观"，担当修史之任，然而自己的史学见解却与一起修史的诸位史官和监修贵臣"凿枘相违，龃龉难入"，深为他人嫉妒，所以退而私撰《史通》，以表明自己的史学志向。

刘知几写作史通，一方面是因为自己的史学思想无法在修史实践中实现，撰《史通》以明志，另一方面，则是因为"盖伤当时载笔之士，其义不纯。思欲辨其指归，殚其体统"。张振珮先生在《史通笺注》中对此观点有所阐发："辨指归，就是要明确修史之目的；殚体统，就是要严格遵守史书的体例。这六个字，可说是这篇文章的精义所在，也是《史通》反复申论的内容。"理解可谓确切。

《史通》一书具有强烈的批判精神，刘知几历举刘安《淮南子》、司马迁

《史记》、扬雄《法言》、王充《论衡》、应劭《风俗通》、陆景《典语》，指出这些书都是针对时弊而作，有振聋发聩之功，写作《史通》的宗旨与前贤是一致的。他深知此书对前人多有评议，又是针对时弊而作，所以难免会与世俗的观念有冲突，得罪时人。他以扬雄自比，指出相似有四，而不似有一，可见他对《史通》的期许之高，同时，他又有着《史通》不能传于后世的忧惧。

刘知几在《序传》篇讨论了诸史序传的得失以及序传写作应该遵循的基本原则，本篇没有像一般史书的作者序传那样追溯家世，自有其篇章体制，可以说是《序传》篇的写作实践。

浦起龙《史通通释》评论本篇："《史通》非史也，而史肆也。故于正集之终，拟史作叙。亦不全乎叙传也，而专乎叙书也，体例然也。其始循年铨综，其中况古著述，其末待后论定。其骨岸然，其味油然。"吕思勉先生《史通评》："中国论作史之法，有特见者，当推刘知几、郑渔仲、章实斋三人，世皆怪此等人才之少，不知此等人，必值史学趋向大变之时而后生，其势不能多也。若夫宗旨无甚特异，但循前人成例，随事襞积补苴，此等人才，则固不少矣。此篇欲自班、马以降，诸史之书，普加厘革，则可见其见解有迥然特异于人者在也。"刘知几在本篇没有叙述其世系家学，张舜徽先生对这方面有补充论述："知几鉴于昔人叙传远述世系之弊，故自撰此文，但叙一生为学次第，及著书体要，而不详其先人世系行事。考知几从祖胤之，学行甚著，与李百药为忘年友。永徽初，累迁著作郎，宏文馆学士。与令狐德棻等，撰成《国史》及《实录》，奏上之。从父延祐，进士及第，亦有文名，均见《旧唐书·文苑传》。父藏器，高宗时为比部员外郎，监察御史。魏元忠称其贤。兄知柔，性简静。亦以善文词知名。均见《新唐书·文艺传》。知几兄弟六人，俱以学行有名于时。乡人敬异之，号其乡曰高阳，里曰居巢。见两《唐书》本传。六人者：曰含章，曰贲，曰居简，曰知柔，曰知章，而知几居第五。其家学渊源如此，宜其学问夙成，卓尔不群也。"(《史通平议》)刘知几的家学渊源是刘知几成为杰出史学家不可或缺的因素。

外　篇

卷　十　一

史官建置第一

夫人寓形天地，其生也若蜉蝣[①]之在世，如白驹之过隙[②]，犹且耻当年而功不立，疾没世而名不闻。上起帝王，下穷匹庶[③]，近则朝廷之士，远则山林之客，谅其于功也名也，莫不汲汲焉孜孜焉。夫如是者何哉？皆以图不朽之事也。何者而称不朽乎？盖书名竹帛而已。向使世无竹帛，时缺史官，虽尧、舜之与桀、纣，伊、周之与莽、卓[④]，夷、惠之与跖、跻[⑤]，商、冒之与曾、闵[⑥]，但一从物化。坟土未干，则善恶不分，妍媸永灭者矣。苟史官不绝，竹帛长存，则其人已亡，杳成空寂，而其事如在，皎同星汉。用使后之学者，坐披囊箧[⑦]，而神交万古，不出户庭，而穷览千载，见贤而思齐，见不贤而内自省[⑧]。若乃《春秋》成而逆子惧，南史至而贼臣书[⑨]，其记事载言也则如彼，其劝善惩恶也又如此。由斯而言，则史之为用，其利甚博[⑩]，乃生人之急务，为国家之要道。有国有家者，其可缺之哉！故备陈其事，编之于后。

【注 释】

① 蜉蝣：虫名，幼虫生活在水中，成虫褐绿色，有四翅，生存期极短。比喻微小的生命。② 如白驹之过隙：像小白马在细小的缝隙前跑过一样。白驹，白色骏马，比喻太阳。隙，缝隙。形容时间过得极快。《庄子·知北游》："人生天地间，若白驹过隙，忽然而已。" ③ 匹庶：平民。④ 伊、周之与莽、卓：伊，伊尹。周，周公。莽，王莽。卓，董卓。⑤ 夷、惠之与跖、跻：

夷，伯夷。惠，柳下惠。跖，盗跖。盗跖原名展雄，又名柳下跖，相传是当时贤臣柳下惠的弟弟，为鲁孝公的儿子公子展的后裔，因以展为姓，是战国、春秋之际奴隶起义领袖。跻，庄跻。公元前301年，秦、齐、韩、魏四国联合攻楚，楚国大败。庄跻率领军队叛变并引发农民起义，起义队伍一度攻下楚国都城郢，将楚国划分为好几个区域。后来庄跻受招抚成为楚将。楚顷襄王在位时，庄跻奉命南征。大军沿长江而上，攻略巴郡、黔中郡以西地区，直抵滇池。庄跻正准备归报楚王，但是楚国的巴郡、黔中郡被秦国攻占，庄跻归路断绝，于是在滇池建立滇国，自立为滇王。⑥ 商、冒之与曾、闵：商，商臣。楚成王一心要做霸主，却被晋国军队打败。太子商臣失德，成王想废掉他，商臣听从太傅之计，潜入宫中夜弑其父，自立为王。冒，指冒顿单于。《史记·匈奴列传》："冒顿从其父单于头曼猎，射杀单于头曼，自立为单于。"曾，曾参。闵，闵子骞。两人都是孔子弟子，以孝闻名。⑦ 囊箧：古代读书人多用以装书籍文稿，因此也借指书籍。⑧"见贤而思齐"二句：出自《论语·里仁》。见到有德行的人就向他看齐，见到没有德行的人就反省自身有无同样的缺点。⑨ 南史至而贼臣书：见《直书》篇"齐史之书崔弑"注。⑩ 其利甚博：史书发挥的功用是很大的。《左传·昭公三年》："君子曰：仁人之言，其利博哉！"

盖史之建官，其来尚矣。昔轩辕氏[①]受命，仓颉、沮诵[②]实居其职。至于三代[③]，其数渐繁。案《周官》、《礼记》，有太史、小史、内史、外史、左史、右史之名。太史掌国之六典[④]，小史掌邦国之志，内史掌书王命，外史掌书使乎四方，左史记言，右史记事[⑤]。《曲礼》曰："史载笔，大事书之于策，小事简牍而已。"[⑥]《大戴礼》曰："太子既冠成人，免于保傅，则有司过之史。"[⑦]《韩诗外传》云："据法守职而不敢为非者，太史令也。"[⑧]斯则史官之作，肇自黄帝，备于周室，名目既多，职务咸异。至于诸侯列国亦各有史官，求其位号，一同王者。

【注 释】

① 轩辕氏：即黄帝。② 仓颉、沮诵：传说二人都是黄帝时的史官。③ 三代：指夏、商、周三朝。④ 六典：据《周礼》，六典指治典、教典、礼典、

政典、刑典、事典六种典制，太宰主管，以佐王命。⑤“左史记言”二句：语出《汉书·艺文志》。《礼记·王藻》则说：“动则左史书之，言则右史书之。”⑥“《曲礼》曰”四句：杜预《春秋经传集解序》：“周礼有史官，掌邦国四方之事，达四方之志，诸侯亦各有国史，大事书之于策，小事简牍而已。”⑦“《大戴礼》曰”四句：见《大戴礼记·保傅篇》。司过，劝善规过。⑧“《韩诗外传》”三句：见《韩诗外传》卷五。原文最后一句不是“太史令也”，而是“人吏也”。

至如孔甲、尹逸[①]，名重夏、殷，史佚、倚相[②]，誉高周、楚，晋则伯黡司籍[③]，鲁则丘明受经[④]，此并历代史臣之可得言者。降及战国，史氏无废。盖赵鞅，晋之一大夫尔，有直臣书过，操简笔于门下[⑤]。田文，齐之一公子尔，每坐对宾客，侍史记于屏风[⑥]。至若秦、赵二主渑池交会，各命其御史书某年某月鼓瑟、鼓缶[⑦]。此则《春秋》“君举必书”[⑧]之义也。

【注 释】

① 孔甲、尹逸：孔甲，《汉书·艺文志》杂家类著录“孔甲盘盂二十六篇”。原注曰：“黄帝之史，或曰夏帝孔甲，似皆非。”张振珮《史通笺注》认为孔甲当为夏初史官。尹逸，殷末史官，《周书·克殷解》：“尹逸策曰：‘殷末孙受，侮灭神只不祀。’” ② 史佚、倚相：史佚，周初史官。《史记·晋世家》：“周公诛灭唐，成王于叔虞戏削桐叶为珪，以与叔虞曰：‘以此封若。’史佚因请择日立叔虞。成王曰：‘吾与之戏尔！’史佚曰：‘天子无戏言。’于是，遂封叔虞于唐。” 倚相，春秋时期楚国的左史。《左传·昭公十二年》：“左史倚相趋过，王曰：‘良史也，子善视之。是能读三坟、五典、八索、九丘。’” ③ 伯黡(yǎn)司籍：伯黡，晋国的史官。《左传·昭公十五年》：“伯黡司晋之典籍，以为大政，故曰籍氏。” ④ 丘明受经：丘明，即左丘明。《春秋左氏传》杜预序中曰：“左丘明受经于仲尼。” ⑤ “盖赵鞅”四句：赵鞅，即赵简子，晋国执政上卿。《新序·杂事一》：“昔周舍事赵简子，立于门三日。简子问之，舍曰：‘愿为谔谔之臣，墨笔操牍，司君之过而书之。日有记，月有效，岁有得也。’简子说。” ⑥ “田文”四句：《史记·孟尝君列传》：“孟尝君待客坐语，屏风后常有侍史主记君所与客语。” ⑦ “至若”二

句：据《史记·廉颇蔺相如列传》，赵惠文王与秦王嬴政会盟于渑池，秦王饮酒酣，请赵王鼓瑟，秦御史写道："某年、月、日，秦王令赵王鼓瑟。"蔺相如请秦王击缶，秦王不悦，为一击缶。蔺相如召赵国御史写道："某年、月、日，秦王为赵王击缶。" ⑧ 君举必书：国君的行为必然要被史官记载。《左传·庄公二十三年》："(庄)公如齐观社，非礼也。曹刿谏曰：'不可，君举必书，书而不法，后嗣何观。'"

然则官虽无缺，而书尚有遗，故史臣等差，莫辨其序①。案《吕氏春秋》曰："夏太史终古②见桀惑乱，载其图法出奔商。商太史向挚③见纣迷乱，载其图法出奔周。晋太史屠黍④见晋之乱，亦以其图法归周。"又《春秋》晋、齐太史书赵、崔之弑⑤；郑公孙黑强与于盟，使太史书其名，且曰七子⑥。昭二年，晋韩宣子⑦来聘，观书于太史氏，见《易象》与《鲁春秋》，曰："周礼尽在鲁矣。"然则诸史之任，太史其最优乎？至秦有天下，太史令胡毋敬作《博学章》⑧。此则自夏迄秦，斯职无改者矣。

【注释】

①"史臣"二句：史官的尊卑序列与职能分工，后人模糊不清。金毓黻《中国史学史》有论述详细："史官之始，不过掌书起草，品秩最微，同于胥吏，只称为史。继则品秩渐崇，入居宫省，出纳王言，乃有大史、小史、内史、外史、御史诸称，以别于掌书起草之史。凡官以史名者，既掌文书，复典秘籍，渐以闻见笔之于书。初本以史名官，继则以史名书。而史官之名，乃为载笔修史者所独擅。而向之掌书起草，以史名官之辈，不得不以吏自号矣。史官发展之序，不外是矣。" ② 终古：夏朝太史。《吕氏春秋·先识览》："夏太史令终古出其图法，执而泣之。夏桀迷惑，暴乱愈甚，太史令终古乃出奔，如商。" ③ 向挚：殷商太史。《吕氏春秋·先识览》："殷内史向挚见纣之愈乱迷惑也，于是载其图法，出亡之周。" ④ 屠黍：晋国太史。《吕氏春秋·先识览》："晋太史屠黍，见晋之乱也，见晋公知骄而无德义也，以其图法归周。" ⑤ 赵、崔之弑：赵盾事见《直书》篇"董狐之书法不隐，赵盾之为法受屈"注。崔杼事见《直书》篇"齐史之书崔弑"注。⑥"郑公孙黑强"三句：据《左传·昭公元年》，郑国因为大夫游楚叛乱的

缘故，郑厉公与大夫会盟于公孙段氏。罕虎、公孙侨、公孙段、印段、游吉、驷带等强迫公孙黑私盟于闺门之外。公孙黑使太史书其名，注明七人名氏。⑦ 韩宣子：韩起，姬姓，韩氏，名起，谥号曰“宣”，史称韩宣子，春秋后期晋国卿大夫，六卿之一。⑧《博学章》：秦统一六国以后，秦始皇接受李斯建议改革文字。李斯作《仓颉》七篇，赵高作《爰历》六篇，太史令胡毋敬作《博学》七篇。《汉书·艺文志》六艺略小学序中说：“《博学》七章者，太史令胡毋敬所作也。”

汉兴之世，武帝又置太史公，位在丞相上，以司马谈为之。汉法，天下计书先上太史，副上丞相[①]。叙事如《春秋》。及谈卒，子迁嗣[②]。迁卒，宣帝以其官为令，行太史公文书而已。寻自古太史之职，虽以著述为宗，而兼掌历象、日月、阴阳、管数[③]。司马迁既殁，后之续《史记》者，若褚先生[④]、刘向、冯商[⑤]、扬雄之徒，并以别职来知史务。于是太史之署，非复记言之司。故张衡、单飏、王立、高堂隆等[⑥]，其当官见称，唯知占侯[⑦]而已。

当王莽代汉，改置柱下五史[⑧]，秩[⑨]如御史。听事，侍傍记迹言行，盖效古者动则左史书之[⑩]，此其义也。

【注释】

① “天下”二句：《史记·太史公自序》“谈为太史公”句，《集解》引如淳曰：“汉仪注：太史公，武帝置，位在丞相上，天下计书，先上太史公，副上丞相，序事如春秋。” ② “及谈卒”二句：司马谈去世后，司马迁继任太史公。③ 管数：观察天象。《史通通释》注曰：“管，窥天器，一作‘度’。” ④ 褚先生：即褚少孙，西汉颍川（今河南省禹州市）人。早年应博士弟子选，以高第为郎，迁侍郎。汉元帝末年，迁博士。曾拜大儒王式为师。司马迁死后，《史记》有些篇章亡佚，据班固说是“十篇缺，有录无书”。褚少孙补《史记》之缺，今本《史记》有“褚先生曰”者共十篇。⑤ 冯商：字子高，阳陵（今陕西省咸阳市东）人。初学《易》于五鹿充宗，后改学于刘向。奉命续《太史公书》，书未成而因病去世。⑥ 张衡、单飏、王立、高堂隆等：张衡，字平子，东汉南阳西鄂（今河南省南阳市石桥镇）人。通五经，贯六艺，精通天文、阴阳、历算，汉安帝时公车征拜张衡为郎中，再迁为太史令。单

飏,《后汉书·方术·单飏传》:"飏,字武宣,善明天官算术,举孝廉,稍迁太史令。"王立,汉代人,生平不详。高堂隆,字升平,泰山平阳(今山东省新泰市)人。汉明帝时任给事中,迁侍中,领太史令。学识博洽,精通天文历法,曾参与制定太和历。⑦ 占侯:天文历算。⑧ 柱下五史:周代的御史在朝会时一般站立在柱间,所以被称为柱下史。秦代改称御史。《汉书·王莽传》:"居摄元年,莽置柱下五史。听政事,侍旁记疏言行。" ⑨ 秩:班秩,官员的品级。⑩ 动则左史书之:《史通通释》注曰:"当有'言则右史书之'六字,今缺。"《礼记·玉藻》:"动则左氏书之,言则右氏书之。"

汉氏中兴,明帝以班固为兰台令史①,诏撰《光武本纪》及诸列传、载记。又杨子山②为郡上计吏,献所作《哀牢传》,为帝所异,征诣兰台。斯则兰台之职,盖当时著述之所也。自章、和③已后,图籍盛于东观④。凡撰汉记⑤,相继在乎其中,而都谓著作,竟无他称。

【注释】

① 兰台令史:兰台,汉代宫内藏书之处,以御史中丞掌之,后世因称御史台为兰台。应劭《汉官仪》:"兰台令史,六人,秩百石,掌书劾奏。" ② 杨子山:杨终,字子山,东汉蜀郡成都(今四川省成都市)人。汉明帝时,征诣兰台,拜校书郎。受诏删《太史公书》为十万余言。③ 章、和:汉章帝、汉和帝。还有一种说法,认为"章、和"指汉章帝时的"章和"年号。④ 东观:东汉洛阳南宫内观名。汉明帝诏班固等修撰《汉记》于此,书成名为《东观汉记》。章帝、和帝时为皇宫藏书之府。后因以称国史修撰之所。⑤ 汉记:这里指《东观汉记》。

当魏太和中①,始置著作郎②,职隶中书,其官即周之左史也。晋元康初,又职隶秘书,著作郎一人,谓之大著作③,专掌史任,又置佐著作郎八人,宋、齐已来,以"佐"名施于"作"下。旧事,佐郎职知博采,正郎资以草传,如正、佐有失,则秘监职思其忧。其有才堪撰述,学综文史,虽居他官,或兼领著作。亦有虽为秘书监④,而仍领著作郎者。若中朝之华峤、陈寿、陆机、束皙⑤,江左之王隐、虞预、干宝、孙盛⑥,宋之徐爰、苏宝生⑦,梁之沈约、裴子野[⑧]，斯并史官之尤美，著作之妙选也。而齐、梁二代又置修史学士，陈氏[⑨]因循，无所变革，若刘陟、谢昊、顾野王、许善心之类是也[⑩]。

【注释】

① 太和：三国时魏明帝曹叡年号，始自公元227年，终于公元232年。② 著作郎：官名。三国魏明帝始置，属中书省，掌编纂国史。其属有著作佐郎、校书郎、正字等。《晋书·职官志》："著作郎，周左史之任也。"朱希祖《史官名称议》认为著作郎置于东汉桓帝时，从属于秘书监。③ 大著作：官名，晋武帝时设置。《晋书·职官志》："著作郎一人，谓之大著作郎，专掌史任，又置佐著作郎八人。"④ 秘书监：官名。东汉桓帝时设置。⑤ 若中朝之华峤、陈寿、陆机、束皙：华峤，见《二体》篇注。陈寿，见《列传》篇注。陆机，见《本纪》篇注。刘知几称"虽为秘书监，而仍领著作郎"，根据史籍将三人官职列举如下。华峤，《晋书·华峤传》："拜散骑常侍，典中书著作，领国子博士，迁侍中。"陈寿，《晋书·陈寿传》："举为孝廉，除佐著作郎。"陆机，《晋书·陆机传》："累迁太子洗马、著作郎。"束皙，字广微，西晋阳平元城(今河北省大名县东)人。《晋书·束皙传》："转佐著作郎，撰《晋书·帝纪》、十《志》，迁转博士，著作如故。"⑥ 江左之王隐、虞预、干宝、孙盛：王隐，见《二体》篇注。虞预，见《二体》篇注。干宝，见《六家》篇注。孙盛，见《六家》篇注。刘知几称"虽为秘书监，而仍领著作郎"，根据史籍将四人官职列举如下。王隐，《晋书·王隐传》："太兴初，典章稍备，乃召隐及郭璞俱为著作郎，令撰晋史。"虞预，《晋书·虞预传》："除佐著作郎……转琅邪国常侍，迁秘书丞、著作郎。"干宝，《晋书·干宝传》："宝少勤学，博览书记，以才器召为著作郎。"孙盛，《晋书·孙盛传》："起家佐著作郎。"⑦ 宋之徐爰、苏宝生：徐爰，见《二体》篇注。《宋书·恩幸·徐爰传》："六年，又以爰领著作郎，使终其业。"苏宝生，《宋书·王僧达传》云："苏宝者，名宝生，本寒门，有文义之美。元嘉中立国子学，为《毛诗》助教，为太祖所知，官至南台侍御史，江宁令。"⑧ 梁之沈约、裴子野：沈约，见《二体》篇注。沈约历仕宋、齐、梁三朝。在宋仕记室参军、尚书度支郎；在齐仕著作郎、尚书左丞、骠骑司马将军；在梁官至尚书左仆射，后迁尚书令，领太子少傅。裴子野，见《六家》篇注。梁武帝时，裴子野

被吏部尚书徐勉推荐为著作郎，掌修国史及起居注。后又兼中书通事舍人，掌中书诏诰，迁中书侍郎。⑨ 陈氏：指陈朝。⑩ 若刘陟、谢昊、顾野王、许善心之类是也：刘陟，据《南史·杜伟之传》，梁武帝时刘陟曾与东宫学士杜伟之抄撰群书，著有《齐纪》十卷。谢昊，曾任梁中书郎、太子洗马。著有《梁书》四十九卷。顾野王，《陈书·顾野王传》："顾野王，字希冯，吴郡吴人也。……六年，除太子率更令，寻领大著作，掌国史，知梁史事，兼东宫通事舍人。"许善心，《北史·文苑传》："许善心，字务本，高阳北新城人也。……对策高第，授度支郎中，补撰史学士。"

至若偏隅僭国[①]，夷狄伪朝，求其史官，亦有可言者。案《蜀志》称王崇补东观，许盖掌礼仪[②]，又郤正[③]为秘书郎，广求益部[④]书籍。斯则典校无缺，属辞有所矣。而陈寿评云"蜀不置史官"[⑤]者，得非厚诬诸葛乎？别有《曲笔》篇，言之详矣。吴归命侯时[⑥]，有左右二国史之职，薛莹为其左，华核为其右[⑦]。又周处[⑧]自左国史迁东观令。以斯考察，则其班秩可知。

【注 释】

① 偏隅僭国：割据偏僻之地，未受封号的国家。② "王崇"二句：陈寿《三国志》以及裴松之注都没有出现王崇和许盖。常璩《华阳国志》卷十二提到王崇称："述作，蜀郡太守王崇，字幼远。" ③ 郤正：本名纂，字令先，三国时期河南郡偃师（今河南省偃师市）人。敏而好学，博览群籍，文辞灿烂，善属文章，仕蜀任秘书吏、秘书令等职。蜀国灭亡，随刘禅至洛阳。晋泰始中任安阳令，迁巴西太守。④ 益部：指今川、滇、黔部分地区。⑤ 蜀不置史官：《三国志·蜀书·后主禅传》："评曰：'国不置史，注记无官，是以行事多遗，灾异靡书，诸葛亮虽达于政，犹有未周焉。'" ⑥ 吴归命侯：三国吴末代君主孙皓，投降西晋后，被封为归命侯。⑦ "薛莹"二句：薛莹，华核都是三国时期吴国史官。薛莹字道言，沛郡竹邑（今安徽省宿州市北）人。初为秘府中书郎，孙皓时，为左执法，历官选曹尚书，领太子少傅。后因事下狱，贬职广州。后被诏还修国史，迁左国史，升光禄勋。入晋以后，任散骑常侍。曾撰《后汉纪》一百卷。华核，字永贤，吴郡武进（今江苏镇江市丹徒区）人。初任上虞尉，以文学授秘书郎，升中书丞。后迁

东观令,领右国史。⑧ 周处:见《补注》篇“周处之《阳羡风土》”注。周处仕吴时曾任东观左丞。

伪汉嘉平初[①],公师彧以太中大夫领左国史[②],撰其国君臣纪传。前凉张骏时[③],刘庆[④]迁儒林郎、中常侍,在东苑撰其国书。蜀李与西凉二朝记事[⑤],委之门下。南凉主乌孤[⑥]初定霸基,欲造国纪,以其参军郭韶[⑦]为国纪祭酒,使撰录时事。自余伪主,多置著作官,若前赵之和苞[⑧],后燕之董统[⑨]是也。

【注 释】

① 伪汉嘉平:公元308年,匈奴贵族刘渊称帝,国号汉。嘉平,刘渊子刘聪年号(311—314)。② 公师彧以太中大夫领左国史:《晋书》刘渊和刘聪传中只提到公师彧任太中大夫,没有领左国史撰国君臣纪传的记载。③ 前凉张骏:张骏,字公庭,十六国时期前凉政权的君主,在位22年。④ 刘庆:在《晋书·张轨传》所附其孙张骏的传中,有张骏“命窦涛等进讨辛晏,从事刘庆谏”之语,没有记载东苑撰史的事情。⑤ 蜀李与西凉二朝:蜀李指成汉政权,《晋书·李雄载记》:“(李)雄乃兴学校,置史官。”西凉,李暠所建,《录略》中说,李暠起静恭堂以议朝政,立泮宫,增高门学士。⑥ 南凉主乌孤:秃发乌孤,河西鲜卑人,十六国时期南凉建立者。⑦ 郭韶:《晋书·秃发乌孤载记》:“乌孤更称武威王……梁昶、韩疋、张昶、郭韶,中州之才令。”但是书中没有记载郭韶曾任国纪祭酒。⑧ 和苞:前赵刘曜时,和苞与乔豫上疏谏营建寿陵事,刘曜敕停止寿陵修建,封和苞平舆子、乔豫安昌子,并领谏议大夫。《隋书·经籍志》著录和苞《汉赵记》十卷。⑨ 董统:见《直书》篇“董统《燕史》”注。

元魏初称制,即有史臣,杂取他官,不恒厥职[①]。故如崔浩、高闾[②]之徒,唯知著述,而未列名号。其后始于秘书置著作局,正郎二人,佐郎四人。其佐三史者,不过一二而已。普泰[③]以来,三史稍替,别置修史局,其职有六人。当代都之时,史臣每上奉王言,下询国俗,兼取工于翻译者,来直史曹[4]。及洛京之末[5]，朝议又以为国史当专任代人，不宜归之汉士。于是以谷纂、山伟更主文籍[6]。凡经二十余年，其事缺而不载。斯盖犹秉夷礼，有互乡之风者焉[7]。

【注 释】

①“元魏”四句：元魏建国之初即有史臣。据《魏书·官氏志》记载，天兴四年，罢外兰台御史，总属内省。太和中，议定百官，秘书监从第二品中。② 崔浩、高闾：崔浩，见《直书》篇“崔浩犯讳于魏国”注。高闾，字阎士，渔阳雍奴（今天津市武清区东北）人。本名驴，司徒崔浩为其更名。博综经史，文才俊伟。累官中书侍郎。孝文帝时，任中书令、给事中。文明太后时，任尚书、中书监。宣武帝时，授光禄大夫。③ 普泰：北魏节闵帝拓跋恭年号（531—532）。④ 来直史曹：据《魏书·官氏志》记载，天兴四年，复尚书三十六曹，曹置代人令史一人，译令史一人，书令史二人。⑤ 洛京之末：指北魏孝文帝拓跋宏迁都洛阳之后。⑥ 谷纂、山伟：谷纂，字灵绍，昌黎（今辽宁省凌源市）人。北魏时任著作郎，监国史，因为学识浅陋而没有编撰史书。山伟，字仲才，洛阳（今河南省洛阳市东）人。历官著作郎、秘书监。尔朱兆乱后，山伟又任中书令，兼修起居注，领著作。据《魏书·山伟传》载：“自崔鸿死后，迄终伟身，二十许载，时事荡然，万不记一，后人执笔，无所凭据。史之遗阙，伟之由也。”⑦ 互乡之风：《论语·述而》：“互乡难与言。”朱熹注：“互乡，乡名。其人习于不善，难与言善。”

高齐及周，迄于隋氏，其史官以大臣统领者，谓之监修。国史自领，则近循魏代，远效江南[1]，参杂其间，变通而已。唯周建六官[2]，改著作之正郎为上士，佐郎为下士，名谥虽易，而班秩不殊。如魏收之擅名河朔[3]，柳虬之独步关右[4]，王劭、魏淡展效于开皇之朝[5]，诸葛颖、刘炫宣功于大业之世[6]，亦各一时也。

【注 释】

① 江南：指东晋。② 周建六官：周指北周。西魏文帝时，宇文泰认

为官职繁杂，意欲改革，命令苏绰、卢辨等依照周制建六官。置公卿、大夫、士，至恭帝拓跋廓三年(556)开始施行。③ 魏收之擅名河朔：见《本纪》篇"逮伯起之次《魏书》"注。河朔，指北齐。④ 柳虬之独步关右：柳虬，字仲蟠，河东解(今山西省运城市西南)人。年少时便专精好学，遍授五经，博涉子史，雅好属文。西魏文帝时，任行台郎中，大统十四年(548)，任秘书丞，领著作，监修国史。迁中书侍郎，修起居注。关右，指西魏、北周。⑤ 王劭、魏澹展效于开皇之朝：王劭，见《六家》篇注。魏澹，见《本纪》篇"魏著作"注。开皇，隋文帝杨坚年号(581—600)。⑥ 诸葛颖、刘炫宣功于大业之世：诸葛颖，字汉，建康(今江苏省南京市)人。清辨有俊才，善属文。初任梁邵陵王参军事，转记室。侯景之乱后，奔北齐，任太子舍人。入隋以后，受到隋炀帝杨广亲幸，任著作郎。著有《銮驾北巡记》、《幸江都道里记》、《洛阳古今记》、《马名录》等。

暨皇家之建国也，乃别置史馆，通籍禁门[①]。西京则与鸾渚为邻，东都则与凤池相接[②]。而馆宇华丽，酒馔丰厚，得厕其流者，实一时之美事。至咸亨[③]年，以职司多滥，高宗喟然而称曰："朕甚懵焉。"乃命所司曲加推择，如有居其职而缺其才者，皆不得预于修撰。由是史臣拜职，多取外司，著作一曹，殆成虚设。凡有笔削，毕归于馀馆。始自武德[④]，迄乎长寿[⑤]，其间若李仁实[⑥]以直辞见惮，敬播[⑦]以叙事推工，许敬宗[⑧]之矫妄，牛凤及[⑨]之狂惑，此其善恶尤著者也。

【注释】

① "别置"二句：《旧唐书·职官志》："历代史官，隶秘书省著作局，皆著作郎掌修国史。武德因隋旧制。贞观三年(629)闰十二月，始移史馆于禁中，在门下省北，宰相监修国史，自是著作郎始罢史职。及大明宫初成，置史馆于门下省之南。"通籍，记名于门籍，可以进出宫门。后来称做官为"通籍"。"籍"是二尺长的竹片，上写姓名、年龄、身份等，挂在宫门外，以备出入时查对。禁门，指宫廷。② "西京"二句：史馆与门下省和中书省临近。据《旧唐书·职官志》记载，龙朔二年，改中书门下为东西台。武后

光宇元年，改门下省为鸾台，中书省为凤阁。《通典·职官志》："中书省地在枢近，多承宠任，谓之凤凰池。故鸾台凤阁，又称鸾渚凤池。"③ 咸亨：唐高宗李治年号（670—674）。④ 武德：唐高祖李渊年号（618—626）。⑤ 长寿：武则天年号（692—694）。⑥ 李仁实：唐魏州顿丘（今河南省濮阳市）人，官至左史，曾参与修撰国史。唐高宗认为许敬宗所修贞观二十三年以后《实录》，多与史实不符，诏刘仁轨等主持改撰，刘仁轨荐他专掌其事，所撰于志宁、许敬宗、李义府诸传，皆秉笔直书。著有《格论》三卷、《通历》八卷、《戎州记》等。⑦ 敬播：蒲州河东（今山西省永济市西）人。贞观初举进士，与颜师古、孔颖达共同修撰《隋史》，书成，迁著作郎，兼修国史。与给事中许敬宗一起修撰《高祖实录》、《太宗实录》，迁太子司议郎。唐高宗即位，升著作郎，历任谏议大夫、给事中，兼修国史。著有《隋略》等。⑧ 许敬宗：字延族，杭州新城（今浙江省富阳市新登）人。初任隋朝通事舍人，后投李密，授元帅府记室。唐太宗时，除著作郎，兼修国史，不久改中书舍人。贞观年间，因完成武德、贞观两朝实录，封高阳县男，权检校黄门侍郎，跟随太宗远征高丽，起草文书，深得太宗赞赏。高宗时，任礼部尚书，后因事贬郑州刺史。永徽年间，入为卫尉卿，加弘文馆学士，兼修国史，奉敕主编《文馆词林》一千卷，复拜礼部尚书。显庆年间，官至太子少师，仍兼修国史。⑨ 牛凤及：唐代安定（甘肃省泾川县北）人。唐中宗时，官至中书门下侍郎兼修国史，修撰《唐书》一百一十卷。

又按《晋令》[①]，著作郎掌起居集注[②]，撰录诸言行勋伐旧载史籍者。元魏置起居令史[③]，每行幸宴会，则在御左右，记录帝言及宾客酬对。后别置修起居注二人，多以余官兼掌。至隋，以吏部散官及校书、正字闲于述注者修之，纳言[④]兼领其事。炀帝以为古有内史、外史，今既有著作，宜立起居。遂置起居舍人二员，职隶中书省，如庾自直、崔祖濬、虞世南、蔡允恭等[⑤]，咸居其职，时谓得人。皇家因之，又加置起居郎二员，职与舍人同。每天子临轩，侍立于玉阶之下，郎居其左，舍人居其右。人主有命，则逼阶延首而听之，退而编录，以为起居注。龙朔中[⑥]，改名左史、右史。今上即位，仍从国初之号焉。高祖、太宗时，有令狐德棻、吕才、萧钧、褚遂良、上官仪[⑦]；高宗、则天时，有李安期、顾胤、高智周、张太素、凌季友[⑧]。斯并当时得名,朝廷所属者也。夫起居注者,编次甲子之书[⑨],至于策命、章奏、封拜、薨免,莫不随事记录,言惟详审,凡欲撰帝纪者,皆称之以成功。即今为载笔之别曹[⑩],立言贰职。故略述其事,附于斯篇。

【注释】

①《晋令》:西晋贾充等撰,共四十卷,《隋书·经籍志》刑法类著录。② 著作郎掌起居集注:晋惠帝元康二年(300),改中书著作为秘书著作,改隶秘书省,置著作郎一人,又置佐著作郎八人。③ 元魏置起居令史:据《魏书·官氏志》记载:"太和中高祖诏定群僚议定百官,著于令。"于秘书著作郎、秘书著作佐郎外置起居注令史,从第七品上。④ 纳言:官名。据《隋书·百官志下》记载,门下省纳言二人。⑤ 庾自直、崔祖濬、虞世南、蔡允恭:庾自直,颍川鄢陵(今河南省鄢陵县)人。仕陈,历任豫章王府外兵参军、宣惠记室。入隋,隋炀帝时授著作佐郎,后以本官知起居舍人事。崔祖濬,隋炀帝时官起居舍人。《太平御览·文部》引《隋大业拾遗》:"大业之初,敕内史舍人窦威、起居舍人崔祖濬及龙川赞治侯伟等三十余人撰《区宇图志》一部,五百余卷,新成奏之。"虞世南,字伯施,会稽余姚(今浙江省余姚市)人。博通经籍,擅长书法。隋炀帝时,累授秘书郎、起居舍人。入唐,唐太宗引为秦府参军,弘文馆学士。贞观时转秘书监,赐爵永兴县子,授银青光禄大夫。蔡允恭,字克让,荆州江陵(今湖北省荆州市荆州区)人。隋炀帝时任著作佐郎、起居舍人。唐太宗时,任弘文馆大学士,兼太子洗马。⑥ 龙朔:唐高宗李治年号(661—663)。⑦ 令狐德棻、吕才、萧钧、褚遂良、上官仪:令狐德棻,宜州华原(今陕西省铜川市耀州区)人。博览文史,早年就有文名。隋炀帝末年,授官为药城(今安徽省亳州市东南)长。唐高祖李渊称帝后,任起居舍人,迁秘书丞。贞观年间,历任礼部侍郎,兼修国史。唐高宗时,任弘文馆学士,兼修国史。吕才,博州清平(今山东省临清市)人。精通音律、历法。唐太宗时,官居太常博士、太常丞。后迁太子司更大夫。著有《隋记》二十卷,已经亡佚。萧钧,博学有才望。唐太宗时,累官中书舍人。唐高宗时,累迁谏议大夫、兼弘文馆学士,后为太子率更令,兼崇贤馆学士。褚遂良,字登善,杭州钱塘

(今浙江省杭州市)人。博通文史,工书法。贞观年间历任秘书郎、起居郎、谏议大夫。唐高宗时,任吏部尚书,同中书门下三品,监修国史。上官仪,陕州陕县(今河南省陕县)人。贞观初,进士及第,授弘文馆直学士,迁秘书郎。参与修撰《晋书》,书成之后,迁起居郎。⑧ 李安期、顾胤、高智周、张太素、凌季友:李安期,李百药之子。幼聪辩,七岁能属文。贞观年间,任符玺郎,预修《晋书》成,除主客员外郎。唐高宗时,迁中书舍人。顾胤,苏州吴(今江苏省苏州市)人。唐高宗时,任起居郎,兼修国史,参与修撰《太宗实录》二十卷,书成,授弘文馆学士。高智周,常州晋陵(今江苏省常州市武进区)人。少好学,举进士,授秘书郎,弘文馆直学士。后累迁黄门侍郎同中书门下三品,兼修国史。张太素,见《言语》篇注。凌季友,生平不详。⑨ 甲子之书:逐日记录皇帝言行的史书。⑩ 别曹:分支。

又按《诗·邶风·静女》之三章,君子取其彤管。夫彤管者,女史记事规诲之所执也①。古者人君,外朝则有国史,内朝则有女史②,内之与外,其任皆同。故晋献惑乱,骊姬夜泣③,床笫之私,房中之事,不得掩焉。楚昭王宴游,蔡姬对以其愿,王顾谓史:"书之,蔡姬许从孤死矣。"④ 夫宴私而有书事之册,盖受命者即女史之流乎?至汉武帝时,有《禁中起居注》;明德马皇后撰《明帝起居注》。凡斯著述,似出宫中,求其职司,未闻位号。隋世王劭上疏,请依古法,复置女史之班,具录内仪,付于外省。文帝不许,遂不施行。

大抵自古史官,其沿革废置如此。夫仲尼修《春秋》,公羊高作《传》。汉、魏之陆贾、鱼豢⑤,晋、宋之张璠、范晔⑥,虽身非史职,而私撰国书。若斯人者,有异于是。故不复详而录之。

【注 释】

① "夫彤管者"二句:《诗·邶风·静女》:"静女其娈,贻我彤管。彤管有炜,说怿女美。"《后汉书·皇后记序》:"女史彤管,记功书过。"② "外朝"二句:《礼记·文王之命》:"外朝以官,体异姓也。公族朝于内朝,内,亲也。" ③ "晋献"二句:见《载文》篇"晋献不明"注。④ "楚昭

王"五句：据刘向《列女传》，楚昭王宴游，蔡姬在左，越姬在右，楚昭王环顾二姬说："乐乎？"蔡姬对曰："乐。"楚昭王说："吾愿与子生若此，死又若此。"蔡姬说："固愿生俱乐，死同时。"楚昭王对史官说："蔡姬许从孤死矣。" ⑤ 陆贾、鱼豢：陆贾，见《六家》篇注。鱼豢，见《题目》篇"鱼豢、姚察著魏、梁二史"注。⑥ 张璠、范晔：张璠，见《六家》篇注。范晔，见《列传》篇注。

夫为史之道，其流有二。何者？书事记言，出自当时之简；勒成删定，归于后来之笔。然则当时草创者，资乎博闻实录，若董狐、南史是也；后来经始者，贵乎隽识通才，若班固、陈寿是也。必论其事业，前后不同。然相须而成，其归一揆。

观夫周、秦已往，史官之取人，其详不可得而闻也。至于汉、魏已降，则可得而言。然多窃虚号，有声无实。案刘、曹二史[1]，皆当代所撰，能成其事者，盖唯刘珍、蔡邕、王沈、鱼豢之徒耳[2]。而旧史载其同作，非止一家，如王逸、阮籍亦预其列。且叔师[3]研寻章句，儒生之腐者也。嗣宗[4]沈湎麹糵[5]，酒徒之狂者也。斯岂能错综时事，裁成国典乎？

而近代趋竞之士，尤喜居于史职，至于措辞下笔者，十无一二焉，既而书成缮写，则署名同献；爵赏既行，则攘袂争受。遂使是非无准，真伪相杂，生则厚诬当时，死则致惑来代。而书之谱传，借为美谈；载之碑碣，增其壮观。昔魏帝有言："舜、禹之事，吾知之矣。"[6]此其效欤！

【注释】

① 刘、曹二史：指《后汉书》和《三国志·魏书》。② 刘珍、蔡邕、王沈、鱼豢：刘珍，字秋孙，东汉南阳蔡阳(今湖北省枣阳市)人。少好学，博览经史。曾编撰《建武以来名臣传》。蔡邕，字伯喈，东汉陈留(今河南省开封市陈留镇)人。汉灵帝时召拜郎中，校书于东观，迁议郎。曾因弹劾宦官流放朔方。献帝时任侍御史、左中郎将。王沈，见《直书》篇"王沈《魏书》"注。鱼豢，见本篇前注。③ 叔师：王逸，字叔师，南郡宜城(今湖北省宜城市)人。安帝时为校书郎，顺帝时官侍中。官至豫州刺史，豫章太守。曾参加编修《东观汉记》，所著《楚辞章句》为现存最早的《楚辞》注释本。

④ 嗣宗：阮籍，字嗣宗，三国陈留尉氏（今河南省尉氏县）人。“建安七子”之一，曾任步兵校尉，世称“阮步兵”。曾与王沈共同编撰《魏书》。⑤ 麴糵（qū niè）：酿酒的发酵物，这里指酒。⑥“昔魏帝”三句：《三国志·魏书·文帝纪》：“王升坛即阼。”裴松之注引《魏氏春秋》：“帝升坛，礼毕，顾谓群臣曰：‘舜、禹之事，吾知之矣。’”

【导 读】

本篇主要论述中国古代从上古至唐初史官建置的起源与变迁。

篇首，刘知几从对史书功用的讨论进入问题。人生天地间，汲汲于功名，都是为了图不朽之事，如何使自己的名字不朽呢？那就是载入史册。贤与不贤，人虽已亡，而其事犹在。后世之学者，凭借史书的阅读，就能和古人作思想上的交往；足不出户，却能洞察千年的历史面貌。后人在阅读史书时，见到贤能者，便向他们学习，见到品德恶劣者，则考虑如何从他们的身上吸取教训。这是讲史书对于个体的影响。同时，史官记载史实，实事求是，不虚美，不隐恶，客观上就起到了劝善惩恶的作用。从这一点上来说，史书的社会作用是很大的。所以，史书“乃生人之急务，为国家之要道”，无论对于普通百姓，还是对于国家来说，都是非常重要的。而自古记事载言，掌于史官，史籍藏于史官，史学存乎史官，所以，考察古代史学，应当从史官开始。

史官一职的设立，由来久远。古代黄帝时，造字记事的仓颉、沮诵即是史官。到周代时则体制完备，分工细密，各类史官专司一职，互不相同。各地诸侯国，也设立史官，其职务类目，一如周王朝。战国时期，史官仍然沿袭“君举必书”的传统，太史在诸史官中位置最高。除了编撰史书，太史还兼掌星象历法。秦有太史令，汉置太史公，位在丞相之上，到汉宣帝时，又改太史公为太史令。王莽篡夺了汉朝政权后看，改为设置柱下五史，侍立在帝王身旁记载帝王的言行。东汉以兰台为编撰史书的地方，将图书典籍藏于东观，在其中任职的，都称为著作。曹魏的时候，置著作郎，晋朝将著作郎隶属秘书省，著作郎职位为一人，称之为大著作，专门掌管修史事，配置佐著作郎八人。南朝宋、齐以来，有著作郎与著作佐郎。佐郎负责收集资料，著作郎负责起草文稿。齐、梁两个朝代，又设置了修史学士。

三国时的蜀、吴两国，史官体制也很健全。十六国的时候，汉称左国史，南凉称国纪祭酒，其余各国，多置著作官。元魏在秘书监设置著作局，后来，又设立修史局，而且专门让代地的人担任此项工作。北朝齐、周，直至隋朝，用大臣统领史官，称为监修。唐初设置史馆，史官多来自史馆外的部门，著作郎这一职位，几乎是形同虚设。此外，还有专门编撰帝王起居注的史官，内朝有记录帝王皇后作息举止的女史。

刘知几认为，编撰史书的工作可以分为两个方面：一是当时史官所做的书事记言，二是后来史官所做的勒成删定。草创者凭借博闻实录，做的是史料收集工作，需要的是“学”；后来者贵于隽识通才，做的是史书编撰工作，需要的是“识”与“才”。在他看来，这两个方面有先后次序之分，工作性质有所不同，但是相辅相成，目的一致。

最后，刘知几指出，汉魏以来，史官中很多人有史官之名，却无史官之实。这些人热衷于史官的职位，却没有史官的才能，又不参与史书的编撰工作，但却署名于史书之上，“生则厚诬当时，死则致惑来代”。刘知几自己身为史官，自然是感慨良多。

浦起龙《史通通释》有一段评论颇能揭示本篇在《史通》全书中的意义：“论史必原职史之官，犹买珠并买其椟也，故首《外篇》焉。其为体也主考稽，其为文也主叙述，与史家职官志同方，为杜、郑、马《三通》发轫。”吕思勉先生也有相似的观点：“史之作，不尽由于史官；十口流传，私家记述，皆与有力焉。然保存材料之多而且确，究以史官为最，故论史之所由成者，必以史官居首焉。”（《史通评》）对于刘知几篇首提出的史的功用，张舜徽先生有进一步阐发，可以给我们提供更多的思考：“自知几作《史通》，始于史籍义例，作缜密之分析，而后史部批判，始有专书；杜佑纂《通典》，始于典章因革，作系统之理董，而后历代制度，可以类考；自此史之为用，不止于修己治人，以古为鉴矣。”（《史通平议》）如何认识史书乃至历史的重要功用，本篇给我们以很大启发。

卷　十　二

古今正史第二

《易》曰:“上古结绳以理,后世圣人易之以书契。”[①]儒者云:“伏羲氏始画八卦,造书契,以代结绳之政,由是文籍生焉。”又曰:“伏羲、神农、黄帝之书谓之‘三坟’,言大道也;少昊、颛顼、高辛、唐、虞之书谓之‘五典’,言常道也。”[②]《春秋传》载楚左史能读三坟、五典[③],《礼记》曰:“外史掌三皇、五帝之书。”[④]由斯而言,则坟、典文义,三、五史策,至于春秋之时犹大行于世。爰及后古,其书不传,惟唐、虞已降,可得言者。然自尧而往,圣贤犹述,求其一二,仿佛存焉。而后来诸子,广造奇说,其语不经,其书非圣。故马迁有言:“神农已前,吾不知矣。”[⑤]班固亦曰:“颛顼之事,未可明也。”[⑥]斯则坟、典所记,无得而称者焉。

【注 释】

①“《易》曰”三句:见《易·系辞下》。②“儒者云”十句:引自伪《尚书孔安国序》。③《春秋传》载楚左史能读三坟、五典:《左传·昭公十二年》:“是能读《三坟》、《五典》、《八索》、《九丘》。”④外史掌三皇、五帝之书:《周礼·春官》:“外史掌书外令,掌四方之志,掌三皇五帝之书。”⑤“故马迁有言”三句:《史记·货殖列传》:“太史公曰:‘夫神农以前,吾不知已。至若诗书所述虞夏以来,耳目欲极声色之好,口欲穷刍豢之味,身安逸乐,而心夸矜势能之荣。使俗之渐民久矣,虽户说以眇论,终不能化。故善者因之,其次利道之,其次教诲之,其次整齐之,最下者与之争。’”⑥“班固亦曰”三句:“唐虞以前,虽有遗文,其语不经。故言黄帝、颛顼之事,未可明也。”

案尧、舜相承,已见坟、典;周监二代[①],各有书籍。至孔子讨论其义,删为《尚书》,始自唐尧,下终秦穆,其言百篇,而各为之序[②]。属秦为不道，坑儒禁学，孔子之末孙曰惠，壁藏其书③。汉室龙兴，旁求儒雅，闻故秦博士伏胜能传其业④，诏太常使掌故晁错⑤受焉。时伏生年且百岁，言不可晓，口授其书，才二十九篇。自是传其学者有欧阳氏、大小夏侯⑥。宣帝时，复有河内女子得《泰誓》一篇献之⑦，与伏生所诵合三十篇，行之于世。其篇所载年月不与序相符会，又与《左传》、《国语》、《孟子》所引《泰誓》不同，故汉、魏诸儒，咸疑其谬⑧。

【注释】

① 周监二代：《论语·八佾》："周监于二代，郁郁乎文哉！吾从周。"周朝的礼仪制度是以夏商两代为依据制定的，多么丰富多彩啊。孔子主张周朝的礼制。② "其言"二句：《史记·孔子世家》："孔子之时，周室微而礼乐废，诗书缺。追迹三代之礼，序《书传》，上纪唐虞之际，下至秦缪，编次其事。" ③ "孔子"二句：《隋书·经籍志》："汉武帝时鲁恭王坏孔子旧室，得其末孙惠所藏之书，字皆古文。" ④ 故秦博士伏胜能传其业：汉文帝的时候，文帝听说秦博士伏胜能治《尚书》，但是伏胜年纪已经九十多了，不能征召入朝，所以文帝就派太常掌故晁错去从伏胜学《尚书》。秦时禁书，伏胜把书藏在墙壁里，汉朝建立，伏胜整理壁中《尚书》共二十九篇。⑤ 晁错：见《二体》篇注。⑥ 自是传其学者有欧阳氏、大小夏侯：据《汉书·儒林传》和《后汉书·儒林传》，伏生将《尚书》之学传与欧阳生和张生。欧阳生授同郡兒宽，宽授欧阳生的儿子，世世相传。到曾孙欧阳高，为《尚书》欧阳氏学。张生授夏侯都尉，都尉授族子始昌，始昌传族子胜，为大夏侯氏的《尚书》之学。夏侯胜传给从兄的儿子夏侯建，夏侯建别为《尚书》小夏侯氏之学。三家都被立为《尚书》博士。⑦ 复有河内女子得《泰誓》一篇献之：《论衡·正说》："至孝宣皇帝之时，河内女子发老屋，得逸《易》、《礼》、《尚书》各一篇，奏之。宣帝下示博士，然后《易》、《礼》、《尚书》各益一篇，而《尚书》二十九篇始定矣。"这里并未指明《泰誓》篇名。《隋书·经籍志》中说："其《泰誓》与河内女子所献不同。"指明河内女子所献有《泰誓》一篇。刘知几应该是依据《隋书·经籍志》的说法。⑧ "汉、魏诸儒"二句：此处"诸儒"的所指，刘知几原注："谓马融、郑玄、王肃也。"

《古文尚书》者,即孔惠所藏,科斗之文字也[1]。鲁恭王坏孔子旧宅,始得之于壁中[2]。博士孔安国以校伏生所诵,增多二十五篇,更以隶古字写之,编为四十六卷。司马迁屡访其事,故多有古说[3]。安国又受诏为之训传。值武帝末,巫蛊事起[4],经籍道息,不获奏上,藏诸私家。刘向取校欧阳、大小夏侯三家经文,脱误甚众。至于后汉,孔子之本遂绝。其有见于经典者,诸儒皆谓之逸书。王肃亦注《今文尚书》,而大与《古文》孔《传》相类,或肃私见其本而独秘之乎?

晋元帝时,豫章内史梅赜[5]始以孔《传》奏上,而缺《舜典》一篇,乃取肃之《尧典》,从"慎徽"以下分为《舜典》以续之。自是欧阳、大小夏侯家等学,马融、郑玄、王肃诸注废,而古文孔传独行,列于学官,永为世范。

齐建武中,吴兴人姚方兴采马、王之义以造孔传《舜典》,云于大航购得,诣阙以献[6]。举朝集议,咸以为非。及江陵板荡[7],其文入北,中原学者得而异之,隋学士刘炫[8]遂取此一篇列诸本第。古今人所习《尚书·舜典》,元出于姚氏者焉。

【注释】

① 科斗之文字:郑玄《尚书赞》:"《书》初出屋壁,皆周时象形文字,今所谓科斗书。"科斗书是篆字(包括古、籀)手写体的俗称。因为是以笔蘸墨或漆作书,笔道起笔处粗,收笔处细,状如蝌蚪,所以得此名称。② "鲁恭王"二句:据《汉书·景十三王传》,孝景皇帝宠妾程姬生鲁恭王馀。鲁恭王喜欢大兴土木,准备拆除孔子旧宅,扩大宫殿的规模,在墙壁中得到古文经传。③ "司马迁"二句:《汉书·儒林传》:"安国为谏大夫,授都尉朝;而司马迁亦从安国问故。"《汉书·儒林传》认为《史记》所引《尧典》、《禹贡》、《洪范》、《微子》、《金縢》等篇都是古文《尚书》。④ 巫蛊事起:指汉武帝末年,江充诬告太子以巫蛊谋反,太子畏惧而发兵捉拿江充,兵败后自杀。⑤ 梅赜:字仲真,东晋时人,曾任豫章太守。《隋书·经籍志》记载:"至东晋,豫章内史梅赜,始得安国之传,奏之,时又阙《舜典》一篇。"⑥ "齐建武中"四句:据《隋书·经籍志》:"齐建武中,吴姚方兴于大桁市得其书,奏上,比马、郑所注多二十八字,于是始列国学。"建武,南朝齐明帝萧鸾年号。大航,即朱雀航。东晋南朝建康城南的浮桥,正对朱雀门。

也称大桁。⑦ 江陵板荡：江南动乱。⑧ 刘炫：字光伯，隋代河间景城（今河北省献县东北）人。开皇年间，奉敕修史。后与诸儒修定五礼，授旅骑尉。不久以后，任太学博士。卒于岁末，门人谥为宣德先生。所撰《尚书述义》诸书，已经亡佚，清马国翰《玉函山房辑佚书》有辑本。

当周室微弱，诸侯力争，孔子应聘不遇，自卫而归。乃与鲁君子左丘明观书于太史氏[1]，因鲁史记而作《春秋》。上遵周公遗制，下明将来之法，自隐及哀十二公行事。经成以授弟子，弟子退而异言[2]。丘明恐失其真，故论本事而为传，明夫子不以空言说经也。《春秋》所贬当世君臣，其事实皆形于传，故隐其书而不宣，所以免时难也。

及末世，口说流行，故有《公羊》、《谷梁》、《邹》、《夹》之传。邹氏无师，夹氏有录无书[3]，故不显于世。汉兴，董仲舒、公孙弘[4]并治《公羊》，其传习者有严、颜二家之学[5]。宣帝即位，闻卫太子私好《谷梁》，乃召名儒蔡千秋、萧望之[6]等大议殿中，因置博士。

平帝初，立《左氏》[7]。逮于后汉，儒者数廷毁之。会博士李封卒，遂不复补[8]。逮和帝元兴十一年，郑兴父子[9]奏请重立学官。至魏、晋，其书渐行，而二《传》亦废。今所用《左氏》本，即杜预所注者。

【注 释】

① 乃与鲁君子左丘明观书于太史氏：《汉书·艺文志》："仲尼思存先圣之业，以鲁周公之国，礼文备物，史官有法，故与左丘明观其史记。"② 异言：随意做注解。③ "及末世"五句：《汉书·艺文志》："及末世口说流行，故有公羊、谷梁、邹、夹之传。四家之中，公羊、谷梁立于学官，邹氏无师，夹氏未有书。" ④ 董仲舒、公孙弘：董仲舒，见《二体》篇注。公孙弘：字季，一字汉卿，西汉菑川国薛（今山东省曲阜市）人。武帝时，应征为博士，累官至丞相，封平津侯。专治《春秋》公羊学。⑤ 严、颜二家之学：严指严彭祖，颜指颜安乐。严彭祖和颜安乐都是西汉人，二人都从学于公羊学大师眭孟，眭孟死后，严彭祖和颜安乐各自传授公羊学。于是《公羊春秋》有严、颜之学。⑥ 蔡千秋、萧望之：蔡千秋，字少君，西汉沛（今安徽省濉溪县东）人。曾从鲁荣广王孙和皓星公学习《谷梁春秋》，为学笃实。

汉宣帝即位后，丞相韦贤建议兴《谷梁》之学，汉宣帝擢蔡千秋为谏大夫，给事中。选郎十余人跟从他学习。萧望之，字长倩，东海兰陵(今山东省苍山县兰陵镇)人。以好学为京师诸儒称道，早年治《论语》等，后潜心于《谷梁》。官太子太傅。宣帝时，曾与蔡千秋等大议《公羊》、《谷梁》于殿中，参加辩论的儒生大多认同《谷梁》，由此《谷梁》学兴盛起来。⑦“平帝初”二句：西汉平帝元始五年(5)，王莽专权，立《左氏春秋》于学官。⑧“会博士”二句：据《后汉书·儒林传》，东汉光武帝建武年间，曾召集公卿商议立《左氏春秋》博士，诸儒争论激烈。最终光武帝下诏太常卿选立《左氏》学博士四名，以李封为第一。其他学派极力反对，李封死后，光武帝顺从众儒生的建议，不再选《左氏》博士。⑨郑兴父子：据《后汉书·郑兴传》，郑兴，字少赣，河南开封(今河南省开封市)人。早年学《公羊春秋》，晚年长于《左氏春秋》，深得刘歆赏识。郑兴的儿子郑众，字仲师，十二岁就跟从父亲学习《左传》，著有《春秋难记条例》等。

又当春秋之世，诸侯国自有史。故孔子求众家史记，而得百二十国书。如楚之书，郑之志，鲁之春秋，魏之纪年，此其可得言者。左丘明既配经立传，又撰诸异同，号曰《外传国语》，二十一篇。斯盖采书志等文，非唯鲁之史记而已。楚、汉之际，有好事者，录自古帝王、公侯、卿大夫之世，终乎秦末，号曰《世本》，十五篇。春秋之后，七雄并争，秦并诸侯，则有《战国策》三十三篇。汉兴，太中大夫陆贾[1]纪录时功，作《楚汉春秋》九篇。

孝武之世，太史公司马谈欲错综古今，勒成一史，其意未就而卒。子迁乃述父遗志，采《左传》、《国语》，删《世本》、《战国策》，据楚、汉列国时事，上自黄帝，下讫麟止[2]，作十二本纪、十表、八书、三十世家、七十列传，凡百三十篇，都谓之《史记》。厥协[3]《六经》异传，整齐百家杂言，藏诸名山，副在京师，以俟后圣君子。至宣帝时，迁外孙杨恽祖述其书，遂宣布焉[4]。而十篇未成，有录而已。元、成之间，褚先生[5]更补其缺，作《武帝纪》、《三王世家》、《龟策》、《日者》等传，辞多鄙陋，非迁本意也。晋散骑常侍巴西谯周，以迁书周、秦已上或采家人诸子，不专据正经，于是作《古史考》二十五篇[6]，皆凭旧典以纠其缪。今则与《史记》并行于代焉。

【注 释】

① 陆贾：见《六家》篇注。② 下讫麟止：指史记的断限终于汉武帝元狩元年（前 122）冬至雍获白麟。《史记·太史公自序》："卒述历黄帝以来，至于太初而讫。" ③ 厥协：综合。④ "迁外孙"二句：《汉书·司马迁传》："迁既死后，外孙杨恽祖述其书，遂宣布焉。" ⑤ 褚先生：指褚少孙，西汉颍川（今河南省禹州市）人。汉宣帝时从学于大儒王式，授《鲁诗》博士，迁侍郎。⑥ "晋散骑常侍"四句：见《模拟》篇"谯周撰《古史考》"注。

《史记》所书，年止汉武，太初[①]已后，阙而不录。其后刘向、向子歆及诸好事者，若冯商、卫衡、扬雄、史岑、梁审、肆仁、晋冯、段肃、金丹、冯衍、韦融、萧奋、刘恂等相次撰续[②]，迄于哀、平间，犹名《史记》。至建武中，司徒掾班彪[③]以为其言鄙俗，不足以踵前史；又雄、歆褒美伪新，误后惑众，不当垂之后代者也。于是采其旧事，旁贯异闻，作《后传》六十五篇。其子固以父所撰未尽一家，乃起元高皇，终乎王莽，十有二世，二百三十年，综其行事，上下通洽，为《汉书》纪、表、志、传百篇。其事未毕，会有上书云固私改作《史记》者，有诏京兆收系[④]，悉录家书封上。固弟超诣阙自陈，明帝引见，言固续父所作，不敢改易旧书，帝意乃解。即出固，征诣校书，受诏卒业。经二十余载，至章帝建初[⑤]中乃成。

固后坐窦氏事，卒于洛阳狱[⑥]，书颇散乱，莫能综理。其妹曹大家[⑦]博学能属文，奉诏校叙。又选高才郎马融[⑧]等十人，从大家受读。其八表及《天文志》等，犹未克成，多是待诏东观马续[⑨]所作。而《古今人表》尤不类本书。始自汉末，迄乎陈世，为其注解者凡二十五家，至于专门受业[⑩]，遂与《五经》相亚。

【注 释】

① 太初：汉武帝第七个年号（前 104—前 101）。② "若冯商"句：冯商，字子高，曾从学于刘向，《汉书·艺文志》著录冯商《续太史公书》七篇。卫衡，即阳城衡，见于《后汉书·班彪传》，生平不详。扬雄续史之事见于《论衡·须颂》："司马子长纪黄帝以至孝武，扬子云录宣帝以至哀平。"史岑，字子孝，仕于王莽末年。梁审、肆仁、金丹、萧奋、刘恂等五人生平不

详。《后汉书·隗嚣传》有云:“嚣素谦恭爱士……杜陵、金丹之属为宾客。由此名震西州,闻于山东。”晋冯,与班固同时,班固曾举荐晋冯:“京兆祭酒晋冯,结发修身,白首无违,好古乐道,玄默自守。古人之美行,时俗所莫及。”段肃,《后汉书·班固传》作“般肃”,班固文集作“段肃”,班固曾举荐段肃:“弘农功曹史殷肃,达学洽闻,才能绝伦,诵诗三首,奉使专时。”冯衍,字敬通,京兆杜陵(今陕西省西安市东南)人。年少即博览群书,王莽时被辟为掾,光武时,遭人诋毁而隐居于家,著有赋、诔、铭等多篇。③ 班彪:字叔皮,扶风安陵(今陕西省咸阳市东北)人。班固之父,出生于儒学之家,专心史学,所作史传和收集的资料对班固编撰《汉书》有直接影响。④ 收系:逮捕,囚禁。⑤ 建初:东汉汉章帝刘炟年号(76—84)。⑥ 卒于洛阳狱:据《后汉书·班固传》,东汉和帝永元初年,大将军窦宪出征匈奴,以班固为中护军,窦宪兵败后,班固因为窦氏家族谋反被牵连,洛阳令种兢与班固素有仇怨,趁机捕班固入狱,班固死于狱中。⑦ 曹大家(gū):班昭,一名姬,字惠班,班固之妹。班固死后,班昭奉命和马续共同续撰《汉书》的“八表”和《天文志》。《汉书》多用古字,班昭能通晓,曾教马融等诵读。和帝的时候,班昭常出入宫廷,担任皇后和嫔妃的老师,因为其夫为曹世叔,所以被称为曹大家。⑧ 马融:见《载文》篇注。⑨ 马续:字季则,扶风茂陵(今陕西省兴平市东北)人。七岁能通《论语》,十三岁明《尚书》,十六岁治《诗》,博览群籍。汉顺帝时,官至护羌校尉,迁度辽将军。⑨ 专门受业:《隋书·经籍志》记载:“唯《史记》、《汉书》,师法相传,并有解释。《三国志》及范晔《后汉》,虽有音注,既近世之作,并读之可知。梁时,明《汉书》有刘显、韦棱,陈时有姚察,隋代有包恺、萧该,并为名家。”

初,汉献帝以固书文繁难省,乃诏侍中荀悦[1]依《左氏传》体删为《汉纪》三十篇,命秘书给纸笔。经五六年乃就。其言简要,亦与纪传并行。

在汉中兴,明帝始诏班固与睢阳令陈宗、长陵令尹敏、司隶从事孟异[2]作《世祖本纪》,并撰功臣及新市、平林、公孙述事,作列传、载记二十八篇。

自是以来,春秋考纪[3]亦以焕炳[4],而忠臣义士莫之撰勒[5]。于是又诏史官谒者仆射刘珍[6]及谏议大夫李尤[7]杂作记,表,名臣、节士、儒林、外戚诸传，起自建武，讫乎永初。事业垂竟而珍、尤继卒。复命待中伏无忌[⑧]与谏议大夫黄景[⑨]作诸王、王子、功臣、恩泽侯表，南单于、西羌传、地理志。

【注 释】

① 荀悦：见《六家》篇注。② 陈宗：字平仲，生平不详。《论衡·别道》："陈平仲纪光武。"尹敏：字幼季，东汉南阳堵阳（今河南省方城县东）人。初习《欧阳尚书》，后受《古文尚书》，兼善《毛诗》、《谷梁》、《左氏春秋》。与班彪亲善。三迁长陵令。又除郎中，迁谏议大夫。孟异：东汉扶风茂陵（今陕西省兴平市）人。曾与班固共同编撰《世祖本纪》。③ 春秋考纪：浦起龙《史通通释》："此句旧本作'春秋世'三字，王本'世'字下空一字。……《汉书·叙传》，为春秋考纪，表、志、传凡百篇。师古注：春秋考纪。谓帝纪也。彪、固本传章怀注：谓帝纪考核时事，具四时以立言，如《春秋经》也。按：帝纪通有此称，《史通》用成语也。旧本、王本皆讹脱失考。"张振珮先生综合前人考证，认为浦起龙为臆改，"世"原为"卅"，"卅"是三十的意思，光武帝在位三十三年，三十是举约数。④ 焕炳：昭彰。⑤ 撰勒：编定，镌刻。⑥ 刘珍：字秋孙，或作秘孙，一名宝，南阳蔡阳（今湖北省枣阳市西南）人。汉安帝时曾任谒者仆射，参与修撰《东观汉记》。⑦ 李尤：字伯仁，广汉雒（今四川省广汉市）人。汉和帝时任兰台令史，汉安帝时为谏议大夫，奉诏与刘珍等共同修撰《东观汉记》。⑧ 伏无忌：字惠公，琅玡东武（今山东省诸城市）人。学识渊博，汉桓帝时，曾与黄景等人共同修撰《汉记》。⑨ 黄景：生平不详，曾与伏无忌等人共同修撰《汉记》。

至元嘉元年，复令太中大夫边韶[①]、大军营司马崔寔[②]、议郎朱穆[③]、曹寿[④]杂作《孝穆》、《崇》二皇及《顺烈皇后传》，又增《外戚传》入《安思》等后，《儒林传》入崔篆[⑤]诸人。寔、寿又与议郎延笃[⑥]杂作《百官表》，顺帝功臣《孙程》、《郭愿》及《郑众》、《蔡伦》等传。凡百十有四篇，号曰《汉纪》。

【注释】

① 边韶：字孝先，陈留浚仪(今河南省开封市)人。以文学知名，汉桓帝时征拜太中大夫，著作东观。② 崔寔：字子真，又名台，字元始，东汉涿郡安平(今河北省安平县)人。曾任议郎、五原太守等职，参与撰述《东观汉记》。③ 朱穆：字公叔，一字文元，东汉南阳郡宛(今河南省南阳市)人，丞相朱晖之孙。初举孝廉。顺帝末，大将军梁冀使典兵事。桓帝时任侍御史。永兴初，出任冀州刺史，镇压起事灾民。后触犯宦官，罚作刑徒，因千人上书为之鸣不平，赦归。居乡数年，复拜尚书。上书请除宦官未成，忧愤死。④ 曹寿：字世叔，班昭的丈夫。⑤ 崔篆：东汉涿郡安平(今河北省安平县)人。王莽时为郡文学，以明经征召，甄丰举荐他做步兵校尉，推辞，后来不得已出任建新大尹。著《周易林》六十四篇。⑥ 延笃：字叔坚，东汉南阳犨(今河南省鲁山县)人。曾跟从马融等学经传，汉桓帝以博士征拜议郎，与朱穆、边韶等著作东观。

熹平中①，光禄大夫马日磾②，议郎蔡邕、杨彪、卢植著作东观③，接续纪传之可成者，而邕别作《朝会》、《车服》二志。后坐事徙朔方④，上书求还，续成十志。会董卓作乱，大驾西迁，史臣废弃，旧文散佚。及在许都⑤，杨彪颇存注记。至于名贤君子，自永初⑥已下阙续。

【注释】

① 熹平：汉灵帝年号(172—177)。② 马日磾(mì dī)：字翁叔，马融族子，传马融经传，以才学被举荐，与蔡邕等典校中书，任太傅。③ 议郎蔡邕、杨彪、卢植著作东观：蔡邕，字伯喈，东汉陈留(今河南省开封市陈留镇)人，汉献帝时曾拜左中郎将，后人称他为“蔡中郎”。杨彪，字文先，东汉弘农华阴(今陕西省华阴市)人，以博学旧闻，征拜议郎，迁侍中，京兆尹，后任南阳太守。④ 朔方：郡名。西汉元朔二年(前127)置，治所在今内蒙古自治区杭锦旗北。⑤ 许都：中国古都之一，位于今河南省许昌县古城村。东汉建安元年(196)，曹操迎汉献帝自洛阳迁都于此。⑥ 永初：汉安帝年号(107—113)。

魏黄初中[1]，唯著《先贤表》，故《汉记》残缺，至晋无成。泰始中，秘书丞司马彪[2]始讨论众书，缀其所闻，起元光武，终于孝献，录世十二，编年二百，通综上下，旁引庶事，为纪、志、传凡八十篇，号曰《续汉书》。又散骑常侍华峤[3]删定《东观记》为《汉后书》，帝纪十二、皇后纪二、典十、列传七十、谱三，总九十七篇。其十典竟不成而卒。自斯已往，作者相继，为编年者四族[4]，创纪传者五家[5]，推其所长，华氏居最。而遭晋室东徙，三惟一存。

【注 释】

① 黄初：魏文帝曹丕年号(220—226)。② 司马彪：字绍统，河内温县(今河南省温县)人，晋朝皇族，高阳王司马睦长子。年少时好色薄行，他的父亲斥责他不得继承皇嗣，他因此闭门读书，博览群籍，官至秘书丞。著有《续汉书》八十篇，已经亡佚，姚振宗辑有一卷，汪文台辑有五卷。③ 华峤：见《二体》篇注。④ 为编年者四族：指张璠《后汉纪》三十卷、刘艾《灵献二帝纪》六卷、袁晔《献帝春秋》十卷，孔衍《汉春秋》十卷。⑤ 创纪传者五家：谢承《后汉书》一百三十卷，薛莹《后汉纪》一百卷，谢忱《后汉书》一百二十二卷，张莹《后汉南纪》五十五卷，袁山崧《后汉书》一百卷。

至宋宣城太守范晔[1]，乃广集学徒，穷览旧籍，删烦补略，作《后汉书》，凡十纪、十志、八十列传，合为百篇。会晔以罪被收，其十志亦未成而死。先是，晋东阳太守袁宏[2]抄撮《汉氏后书》，依荀悦体，著《后汉纪》三十篇。世言汉中兴史者，唯范、袁二家而已。

魏史，黄初、太和中始命尚书卫觊、缪袭[3]草创纪传，累载不成。又命侍中韦诞、应璩[4]，秘书监王沈[5]、大将军从事中郎阮籍[6]，司徒右长史孙该[7]，司隶校尉傅玄[8]等，复共撰定。其后王沈独就其业，勒成《魏书》四十四卷。其书多为时讳，殊非实录。

【注 释】

① 范晔：见《列传》篇注。② 袁宏：见《六家》篇“议拟荀、袁”注。③ 卫觊、缪袭：卫觊，字伯儒，河东安邑(今山西省夏县北)人。少时以才

学著称。曹操为司空时，就任他为属吏。魏国建立后，他与王粲等共同主持制定典礼制度，魏文帝时官至尚书，魏明帝即位后，受诏典著作。著有《魏官仪》，已亡佚。缪袭，字熙伯，东海兰陵（今山东省苍山县兰陵镇）人。有才学，勤于著述，建安中出仕，在御史大夫府供职，历事曹操、曹丕、曹叡、曹芳四世，官至尚书、光禄勋。著有《列女传赞》一卷、文集五卷，已经亡佚。④ 韦诞、应璩：韦诞，字仲将，京兆（今陕西省西安市）人。魏明帝太和年间，官至光禄大夫。善文章，精书法，编撰《魏书》五十卷。应璩，字休琏，汝南南顿（今河南省项城市西南）人。博学好属文，魏文帝、魏明帝时，历官散骑常侍。齐王曹芳即位，迁侍中、大将军长史。⑤ 王沈：见《直书》篇"王沈《魏书》"注。⑥ 阮籍：字嗣宗，三国时陈留尉氏（今河南省尉氏县）人，"竹林七贤"之一。曾任步兵校尉，世称阮步兵。⑦ 孙该：字公达，三国时任城（今山东省济宁市）人。累官著作郎，官至陈郡太守。⑧ 傅玄：见《书事》篇注。

吴大帝[①]之季年，始命太史丁孚、郎中项峻撰《吴书》。孚、峻俱非史才，其文不足纪录。至少帝时[②]，更敕韦曜、周昭、薛莹、梁广、华核访求往事，相与记述。并作之中，曜、莹为首。当归命侯时，昭、广先亡，曜、莹徙黜，史官久阙，书遂无闻。核表请召曜、莹续成前史，其后曜独终其书，定为五十五卷[③]。

至晋受命，海内大同，著作陈寿乃集三国史，撰为《国志》，凡六十五篇。夏侯湛[④]时亦著《魏书》，见寿所作，便坏已草而罢。及寿卒，梁州大中正范頵表言《国志》明乎得失，辞多劝诫，有益风化，愿垂采录。于是诏下河南尹，就家写其书[⑤]。

先是，魏时京兆鱼豢私撰《魏略》[⑥]，事止明帝。其后孙盛撰《魏氏春秋》[⑦]，王隐撰《蜀记》[⑧]，张勃撰《吴录》[⑨]，异闻错出，其流最多。宋文帝以《国志》载事伤于简略，乃命中书郎裴松之兼采众书，补注其阙[⑩]。由是世言《三国志》者，以裴《注》为本焉。

【注 释】

① 吴大帝：指孙权。② 少帝：指孙皓。③ "吴大帝之季年"段：这段文字见《三国志·吴书·薛莹传》："右国史华核上疏曰：'臣闻五帝三王皆

立史官，叙录功美，垂之无穷。汉时司马迁、班固，咸命世大才，所撰精妙，与六经俱传。大吴受命，建国南土。大皇帝末年，命太史令丁孚、郎中项峻始撰吴书。孚、峻俱非史才，其所撰作，不足纪录。至少帝时，更差韦曜、周昭、薛莹、梁广及臣五人，访求往事，所共撰立，备有本末。昭、广先亡，曜负恩蹈罪，莹出为将，复以过徙，其书遂委滞，迄今未撰奏。臣愚浅才劣，适可为莹等记注而已，若使撰合，必袭孚、峻之迹，惧坠大皇帝之元功，损当世之盛美。莹涉学既博，文章尤妙，同寮之中，莹为冠首。今者见吏，虽多经学，记述之才，如莹者少，是以慺慺为国惜之。实欲使卒垂成之功，编于前史之末。奏上之后，退填沟壑，无所复恨。'皓遂召莹还，为左国史。" ④ 夏侯湛：字孝若，谯（今安徽省亳州市）人。文章宏富，晋惠帝时任散骑常侍，曾编撰《魏书》。⑤ "及寿卒"七句：《晋书·陈寿传》："寿卒，梁州大中正尚书郎范頵等上表曰：'陈寿作《三国志》，辞多劝诫，明乎得失，有益风化，虽文艳不若相如，而质直过之。愿垂采录。'于是诏下河南尹洛阳令就家写其书。" ⑥ 鱼豢私撰《魏略》：见《题目》篇"鱼豢、姚察著魏、梁二史"注。⑦ 孙盛撰《魏氏春秋》：见《六家》篇注。⑧ 王隐撰《蜀记》：见《二体》篇注。⑨ 张勃撰《吴录》：《隋书·经籍志》著录："张勃《吴录》三十卷"。⑩ "裴松之"二句：见《称谓》篇"裴引魏室"注。

晋史，洛京时，著作郎陆机始撰三祖纪[①]，佐著作郎束皙又撰十志[②]。会中朝丧乱，其书不存。先是，历阳令陈郡王铨[③]有著述才，每私录晋事及功臣行状[④]，未就而卒。子隐[⑤]，博学多闻，受父遗业，西都事迹，多所详究。过江为著作郎，受诏撰晋史。为其同僚虞预所诉[⑥]，坐事免官。家贫无资，书未遂就，乃依征西将军庾亮[⑦]于武昌镇。亮给其纸笔，由是获成，凡为《晋书》八十九卷。咸康[⑧]六年，始诣阙奏上。隐虽好述作，而辞拙才钝。其书编次有序者，皆铨所修；章句混漫者，必隐所作[⑨]。时尚书郎领国史干宝[⑩]亦撰《晋纪》，自宣迄愍七帝，五十三年，凡二十二卷。其书简略，直而能婉，甚为当时所称。

【注 释】

① 三祖纪：《隋书·经籍志》著录陆机所撰《晋纪》四卷。三祖指追尊

的晋宣帝司马懿、晋景帝司马师、晋文帝司马昭。② 束晳又撰十志：《晋书·束晳传》："撰《晋书》帝纪、十志。" ③ 王铨：王隐之父。《晋书·王隐传》："王隐，字处叔，陈郡陈人也。世寒素。父铨，历阳令，少好学，有著述之志，每私录晋事及功臣行状，未就而卒。" ④ 行状：履历，事迹。⑤ 子隐：指王隐。见《二体》篇注。⑥ 虞预：见《二体》篇注。⑦ 庾亮：字元规，颍川鄢陵（今河南省鄢陵县西北）人。晋元帝初年，任中书侍郎，领著作。明帝时，任中书监。平定王导叛乱，辅佐成帝即位，镇守武昌，任征西将军。⑧ 咸康：东晋成帝年号（335—342）。⑨ "其书"四句：此据《晋书·王隐传》："隐虽好著述，而文辞鄙拙，芜舛不伦。其书次第可观者，皆其父所撰；文体混漫义不可解者，隐之作也。" ⑩ 干宝：见《六家》篇注。

晋江左史，自邓粲、孙盛、檀道鸾、王韶之已下[①]，相次继作。远则偏记两帝，近则唯叙八朝[②]。至宋湘东太守何法盛[③]，始撰《晋中兴书》，勒成一家，首尾该备。齐隐士东莞臧荣绪[④]又集东、西二史，合成一书。

皇家贞观中，有诏以前后晋史十有八家[⑤]，制作虽多，未能尽善，乃敕史官更加纂录[⑥]。采正典与杂说数十余部，兼引伪史十六国书，为纪十、志二十、列传七十、载记三十，并叙例、目录合为百三十二卷。自是言晋史者，皆弃其旧本，竞从新撰者焉。

【注释】

① 邓粲、孙盛、檀道鸾、王韶之：邓粲，见《序例》篇注。孙盛，见《六家》篇注。檀道鸾，见《序例》篇注。王韶之，见《杂述》篇"王韶《晋安陆纪》"注。② "远则偏记两帝"二句：东晋共十一帝，起自元帝司马睿，止于恭帝司马德文。邓粲撰有《元明纪》，叙元帝、明帝，所以说"远则偏记两帝"，后来王韶之续撰至安帝，恭帝不入纪，因此说"近则唯叙八朝"。③ 何法盛：见《表历》篇"法盛书载中兴"注。④ 臧荣绪：南朝齐东莞莒（今山东莒县）人。纯笃好学，撰《晋书》一百一十卷，卷帙繁富，包括了西晋和东晋的历史。⑤ 前后晋史十有八家：十八家晋史包括纪传体：谢灵运《晋书》、王隐《晋书》、庾预《晋书》、谢忱《晋书》、何法盛《晋中兴书》、朱凤《晋书》、臧荣绪《晋史》、萧子显《晋书》等八家；编年体：陆机《晋帝纪》、干宝

《晋纪》、曹嘉之《晋纪》、习凿齿《汉晋春秋》、邓粲《元明纪》、孙盛《晋阳秋》、刘谦之《晋纪》、王韶之《晋安帝春秋》、徐广《晋纪》、檀道鸾《续晋阳秋》、郭季产《续晋纪》等十家。⑥ 乃敕史官更加纂录:《唐会要》卷六十三"修前代史"条记载:"贞观二十年闰三月四日诏,令修史所更撰《晋书》,于是房玄龄等掌其事。"

宋史,元嘉[①]中,著作郎何承天[②]草创纪传。自此以外,悉委奉朝请山谦之[③]补承天残缺。后又命裴松之续成国史[④]。松之寻卒,史佐孙冲之[⑤]表求别自创立,为一家之言。孝建[⑥]初,又敕南台侍御史苏宝生[⑦]续造诸传,元嘉名臣皆其所撰。宝生被诛,大明六年,又命著作郎徐爰[⑧]踵成前作。爰因何、孙、山、苏所述,勒为一书,其《臧质》、《鲁爽》、《王僧达》诸传,又皆孝武自造,而序事多虚,难以取信。自永光[⑨]已后,至禅让[⑩]十余年中,阙而不载。

【注 释】

① 元嘉:南朝宋文帝刘义隆年号(424—453)。② 何承天:东海郯(今山东省郯城县西南)人。聪明博学。东晋末年,官至太学博士。入宋,累官尚书中丞。元嘉中,起任著作佐郎,受诏纂《宋书》。③ 奉朝请山谦之:《宋书·恩幸传》:"先是元嘉中,使著作郎何承天草创国史。世祖初,又使奉朝请山谦之、南台御史苏宝生踵成之。"奉朝请,古代诸侯春季朝见天子叫朝,秋季朝见为请。因称定期参加朝会为奉朝请。汉代退职大臣、将军和皇室、外戚多以奉朝请名义参加朝会。晋代以奉车、驸马、骑三都尉为奉朝请,南北朝设以安置闲散官员,隋初罢之,另设朝请大夫、朝请郎,为文散官。④ 后又命裴松之续成国史:《宋书·裴松之传》:"领国子博士。进太中大夫,博士如故。续何承天国史,未及撰述。"⑤ 孙冲之:孙盛曾孙,官至右军将军、巴东太守,史书上并未记载其修撰史书的事情。程千帆先生《史通笺记》引《隋书·经籍志》记载:"《宋书》六十五卷,齐冠军录事参军孙严撰。"⑥ 孝建:宋孝武帝年号(454—456)。⑦ 苏宝生:出身寒门,宋文帝元嘉年间,任国子学毛诗助教,孝武帝时,奉命续成国史,撰《元嘉名臣诸传》。⑧ 徐爰:见《二体》篇注。⑨ 永光:前废帝刘子业年号

(465)。⑩ 禅让：指南朝宋顺帝让位。

至齐著作郎沈约，更补缀所遗，制成新史。始自义熙肇号[①]，终乎升明[②]三年，为纪十、志三十、列传六十，合百卷，名曰《宋书》。永明末，其书既行，河东裴子野更删为《宋略》二十卷。沈约见而叹曰："吾所不逮也。"由是世之言宋史者，以裴《略》为上，沈《书》次之。

齐史，江淹[③]始受诏著述，以为史之所难，无出于志，故先著十志，以见其才。沈约复著《齐纪》二十篇。梁天监[④]中，太尉录事萧子显启撰齐史[⑤]。书成，表奏之，诏付秘阁。起升明之年，尽永元[⑥]之代，为纪八、志十一、列传四十，合成五十九篇。

时奉朝请吴均[⑦]亦表请撰齐史，乞给起居注并群臣行状。有诏："齐氏故事，布在流俗，闻见既多，可自搜访也。"均遂撰《齐春秋》三十篇。其书称梁帝[⑧]为齐明[⑨]佐命，帝恶其实，诏燔之。然其私本竟能与萧氏所撰并传于后。

【注 释】

① 义熙肇号：义熙，东晋安帝司马德年号(405—418)。肇，开始。号，年号。② 升明：南朝宋顺帝年号(477—479)。③ 江淹：字文通，济阳考城(今河南省民权县)人。少时贫孤好学，历侍南朝宋、齐、梁三朝。齐武帝永明年间，掌国史，寻为秘书监，受诏撰《齐史》。④ 天监：南朝梁武帝萧衍年号(502—519)。⑤ 萧子显启撰齐史：《梁书·萧子显传》记载："子显字景阳……好学，工属文……又启撰《齐史》，书成，表奏之，诏付秘阁。" ⑥ 永元：南朝齐东昏侯萧宝卷年号(499—501)。⑦ 吴均：见《六家》篇注。⑧ 梁帝：指南朝梁武帝萧衍。⑨ 齐明：指南朝齐明帝萧鸾。

梁史，武帝时，沈约与给事中周兴嗣、步兵校尉鲍行卿、秘书监谢昊相承撰录[①]，已有百篇。值承圣沦没[②]，并从焚荡。庐江何之元、沛国刘璠[③]以所闻见究其始末，合撰《梁典》三十篇，而纪传之书未有其作。陈祠部郎中姚察[④]有志撰勒，施功未周[⑤]。但既当朝务，兼知国史，至于陈亡，其书不就。

陈史，初有吴郡顾野王、北地傅縡[6]各为撰史学士，其武、文二帝纪即顾、傅所修。太建初[7]，中书郎陆琼[8]续撰诸篇，事伤烦杂。姚察就加删改，粗有条贯。及江东不守，持以入关。隋文帝尝索梁、陈事迹，察具以所成每篇续奏，而依违荏苒，竟未绝笔。

皇家贞观初，其子思廉[9]为著作郎，奉诏撰成二史。于是凭其旧稿，加以新录，弥历九载，方始毕功。定为《梁书》五十卷、《陈书》三十六卷，今并行世焉。

【注 释】

① 给事中周兴嗣、步兵校尉鲍行卿、秘书监谢昊：周兴嗣，字思纂，陈郡项(今河南省项城市)人。梁武帝时，佐撰国史。别撰有《梁武帝实录》、《皇德记》、《起居注》、《职仪》等。鲍行卿，东海(今江苏省涟水县)人。以博学大才称，深得梁武帝赏识，天监年间，位后军临川王录事，兼中书舍人，迁步兵校尉。撰有《皇宝仪》十三卷、《乘舆飞龙记》二卷。谢昊，南朝梁中书郎，撰有《梁史》四十九卷。② 承圣沦没：承圣，南朝梁元帝萧绎年号(552—555)。沦没，指金陵沦没于侯景之乱。③ 庐江何之元、沛国刘璠：何之元，见《六家》篇注。刘璠，见《题目》篇注。④姚察：字伯审，吴兴武康(今浙江省德清县)人。历梁、陈、隋三朝，梁时任司文侍郎；入陈，为秘书郎，领著作郎、吏部尚书等职；入隋，授秘书丞，太子舍人，奉诏撰梁史、陈史，未竟而卒。⑤ 施功未周：加工前人没有完成的部分。⑥ 吴郡顾野王、北地傅縡：顾野王，字希冯，南朝吴郡吴县(今江苏省苏州市)人。梁大同年间，拜太学博士，入陈，领大著作，掌国史。著有《玉篇》等。傅縡，字宜事，北地灵州(今宁夏回族自治区灵武市)人。聪敏好学，善为文，陈文帝召为撰史学士，陈后主时，迁秘书监，右卫将军，兼中书通事舍人，掌诏诰。⑦ 太建：南朝陈宣帝陈顼年号(569—582)。⑧ 陆琼：字伯玉，吴郡吴(江苏省苏州市)人。陈文帝时，任尚书殿中郎，太建初，累官太子中庶子，领大著作撰国史。陈后主时，官至吏部尚书。撰有《陈书》四十二卷。⑨ 思廉：姚察修梁、陈二史未成而卒，临终令其子思廉续成其志。入隋，思廉上表陈其父遗言，诏许其续成梁、陈史。唐贞观初，迁著作郎。贞观二年，诏与魏征同撰梁、陈二史，撰成《梁书》五十卷，《陈书》三十卷。

十六国史，前赵刘聪[①]时，领左国史公师彧[②]撰《高祖本纪》及功臣传二十人，甚得良史之体。凌修谮其讪谤光帝，聪怒而诛之。刘曜[③]时，平舆子和苞[④]撰《汉赵记》十篇，事止当年，不终曜灭。

后赵石勒令其臣徐光、宗历、傅畅、郑愔等[⑤]撰《上党国记》、《起居注》、《赵书》。其后又令王兰、陈宴、程阴、徐机等相次撰述[⑥]。至石虎[⑦]，并令刊削，使勒功业不传。其后燕太傅长史田融[⑧]、宋尚书库部郎郭仲产[⑨]、北中郎参军王度追撰二石事[⑩]，集为《邺都记》、《赵记》等书。

【注 释】

① 刘聪：字玄明，十六国汉国君，刘渊第四子，杀兄刘和自立，在位八年，谥昭武，庙号烈宗。② 公师彧：十六国时人，善相术，刘渊深相崇敬。刘聪嘉平初年，以太中大夫领左国史，撰汉君臣纪传。③ 刘曜：字永明，十六国汉最后一位国君，在位仅一年。④ 平舆子和苞：据《晋书·刘曜载记》记载，刘曜命令兴建凌霄台，又将营建寿陵，侍中和苞上书谏，刘曜大悦，封和苞平舆子，领谏议大夫。⑤ 徐光、宗历、傅畅、郑愔：徐光，字季武，顿丘（今河北省清丰县）人。后赵石勒署为记室参军，迁中书令，领秘书监。宗历，生平事迹不详。傅畅，字世道，北地（今陕西省南郑县）人。曾任记事参军，大将军右司马，深受石勒器重。著有《晋诸公叙赞》二十卷、《公卿故事》九卷。郑愔，生平事迹不详。⑥ 王兰、陈宴、程阴、徐机：四人生平事迹不详。《晋书·石季龙载记》有徐机官至尚书令的记载。⑦ 石虎：字季龙，十六国时期后赵君主，公元 335 年至公元 349 年在位。⑧ 田融：《隋书·经籍志》著录"《赵书》十卷"注曰："一曰《二石集》，记石勒事，伪燕太傅长史田融撰。"⑨ 郭仲产：据唐余知古《渚宫旧事》，郭仲产曾任宋南郡王从事，孝武帝孝建元年（454），南郡王刘义宣叛乱失败，郭仲产因预谋被杀。著有《湘州记》二卷。⑩ 王度：太原人，曾为石虎著作郎。《隋书·经籍志》著录《赵书》十卷，注曰："《二石传》二卷，晋北中郎参军王度撰。《二石伪治时事》二卷，王度撰。"

前燕有起居注，杜辅全录以为《燕纪》[①]。后燕建兴元年[②]，董统受诏草创后书[③]，著本纪并佐命功臣、王公列传，合三十卷。慕容垂[④]称其叙事富赡，足成一家之言。但褒述过美，有惭董、史之直。其后申秀、范亨各取前后二燕合成一史[5]。

南燕有赵郡王景晖[6]，尝事德、超[7]，撰二主起居注。超亡，仕于冯氏[8]，官至中书令，仍撰《南燕录》六卷。

蜀初号曰成，后改称汉。李势[9]散骑常侍常璩撰《汉书》十卷。后入晋秘阁，改为《蜀李书》。璩又撰《华阳国志》[10]，具载李氏兴灭。

【注 释】

① 杜辅全录以为《燕纪》：杜辅全生平不详。前燕起居注与杜辅全所撰《燕记》未见史书著录。② 建兴：十六国后燕慕容垂年号（386—395）。③ 董统受诏草创后书：后书指后燕史书。董统生平不详，据《初学记》记载，董统曾劝慕容垂即皇帝位。④ 慕容垂：字道明，后燕政权的建立者，公元384年建立后燕，号成武皇帝。⑤ 申秀、范亨各取前后二燕合成一史：据《隋书·经籍志》记载，《燕书》二十卷，记慕容儁事，燕尚书范亨撰。《史通》此谓申秀、范亨共撰，不专记慕容儁事，而为前、后燕二代的正史。程千帆先生《史通笺注》理解《史通》原文意思，认为《燕书》为申秀、范亨二人分撰。书已亡佚。朱祖延先生《北魏佚书考》有辑本。⑥ 王景晖：前秦太史令高鲁外甥，高鲁派遣王景晖献玉玺于慕容德，留仕南燕，后又任北燕中书令。著有《南燕录》六卷。⑦ 德、超：指十六国南燕君主慕容德、慕容超。⑧ 冯氏：指北燕君主冯跋、冯弘父子。⑨ 李势：字子仁，十六国成汉君主，桓温北伐成汉，李势被迫降，封归义侯。⑩ 璩又撰《华阳国志》：见《补注》篇注。

前凉张骏[1]十五年，令其西曹边浏[2]集内外事以付秀才索绥[3]，作《凉国春秋》五十卷。又张重华[4]护军参军刘庆[5]在东苑专修国史二十余年，著《凉记》十二卷。建康太守索晖、从事中郎刘昞又各著《凉书》[6]。

【注 释】

① 张骏：十六国前凉君主，公元324年至公元345年在位。② 边浏：生平事迹不详。③ 索绥：字士艾，敦煌（今甘肃省敦煌市）人。幼举孝廉，

又举秀才，曾为儒林祭酒，著《凉春秋》五十卷。④ 张重华：字泰临，十六国前凉君主，张骏次子，公元346年至公元353年在位。⑤ 刘庆：见《史官建置》篇注。《凉记》十二卷不见于史书著录。⑥ 建康太守索晖、从事中郎刘昞：索晖，生平不详。刘昞，字延明，敦煌（今甘肃省敦煌市）人。隐居酒泉，李暠征为儒林祭酒，从事中郎，著《凉书》十卷，《敦煌实录》二十卷。

前秦史官，初有赵渊、车敬、梁熙、韦谭[1]相继著述。苻坚尝取而观之，见苟太后幸李威事，怒而焚灭其本[2]。后著作郎董谊追录旧语[3]，十不一存。及宋武帝入关，曾访秦国事，又命梁州刺史吉翰问诸仇池[4]，并无所获。先是，秦秘书郎赵整[5]参撰国史，值秦灭，隐于商洛山，著书不辍，有冯翊、车频[6]助其经费。整卒，翰乃启频纂成其书，以元嘉九年起，至二十八年方罢，定为三卷。而年月失次，首尾不伦。河东裴景仁[7]又正其讹僻，删为《秦纪》十一篇。

后秦，扶风马僧虔、河东卫隆景[8]并著《秦史》。及姚氏之灭，残缺者多。泓从弟和都[9]，仕魏为左民尚书，又追撰《秦纪》十卷。

【注 释】

① 赵渊、车敬、梁熙、韦谭：生平事迹均无可考。赵渊、车敬曾任前秦著作郎。② "苻坚"三句：《晋书·苻坚载记》："初，坚母少寡，将军李威有辟阳之宠，史官载之。至是，坚收起居注及著作所录而观之，见其事，惭怒，乃焚其书，大检史官，将加其罪。著作郎赵泉、车敬等已死，乃止。"③ 董谊追录旧语：《十六国春秋辑补》："著作郎董朏虽皆书时事，然十不留一。"朱希祖《十六国旧史考》："案即董朏，或作斐。《史通》作谊，盖误。"④ 吉翰问诸仇池：吉翰字休文，冯翊（今陕西省大荔县）人，曾任南朝宋梁、南秦二州刺史，仇池氐杨兴平遣使归顺。⑤ 赵整：字文业，一名正，曾任前秦苻坚著作郎、秘书侍郎。后归隐商洛山，专精经律。⑥ 冯翊、车频：冯翊，代指吉翰。车频，《世说新语·识鉴》刘孝标注引车频《秦书》记载苻坚生应符命及其将问晋鼎事。⑦ 裴景仁：南朝宋殿中员外将军，受命撰《秦记》十一卷，叙前秦符氏立国始末。⑧ 扶风马僧虔、河东卫隆景：

生平无可考。⑨ 和都：即姚和都，后秦左民尚书，撰有《秦纪》十卷，记姚苌时事。马铁浩《〈史通〉引书考》据其书佚文考察，“姚兴、姚泓事亦有数条，知其所记不限于姚苌也”。

夏天水赵思群、北地张渊[①]，于真兴[②]、承光[③]之世，并受命著其国书。及统万[④]之亡，多见焚烧。

西凉与西秦，其史或当代所书，或他邦所录。段龟龙记吕氏[⑤]，宗钦记沮渠氏[⑥]，失名记秃发氏[⑦]，韩显宗记冯氏[⑧]。唯有三者可知，自余不详谁作。

【注 释】

① 天水赵思群、北地张渊：赵逸字思群，天水(今甘肃省天水市)人。仕后秦姚兴，任中书侍郎，后随齐难征赫连屈丐，被俘，拜著作郎。魏世祖平统万，拜赵逸为中书侍郎。张渊，曾仕苻坚，又仕姚兴父子为灵台令。姚泓灭，入赫连昌，任太史令，魏世祖平统万，拜张渊为太史令。② 真兴：十六国夏赫连勃勃年号(419—424)。③ 承光：十六国夏赫连昌年号(425—427)。④ 统万：十六国夏最初的都城，在今陕西省靖边县北。⑤ 段龟龙记吕氏：《隋书·经籍志》载：“《凉记》十卷，记吕光事，伪凉著作佐郎段龟龙撰。”⑥ 宗钦记沮渠氏：据《魏书·宗钦传》，宗钦字景若，金城(今甘肃省兰州市)人。沮渠蒙逊时，任中书郎、太子洗马。北凉亡，任魏著作郎。著有《蒙逊记》十卷。⑦ 失名记秃发氏：此为浦起龙所补，《史通通释》：“旧本‘宗钦记’误粘‘秃发’，脱去沮渠一家，今照史补此六字。”朱希祖《十六国旧史考》认为应改“失名”为“郭韶”：“浦氏谓失名记秃发，此为不词，且亦未深考。《史官篇》明言郭韶为《南凉国记》，则此句当云‘郭韶记秃发’。”⑧ 韩显宗记冯氏：韩显宗，字茂亲，昌黎棘城(河北省平乡县南)人。性格刚直，能面折廷诤，有才学。任北魏著作佐郎，著有《燕志》十卷，记冯跋事。其书已佚，今有辑本。

魏世黄门侍郎崔鸿[①]，乃考核众家，辨其同异，除烦补阙，错综纲纪，易其国书曰录，主纪曰传，都谓之《十六国春秋》。鸿始以景明[②]之初求诸国逸史，逮正始[3]元年，鸠集稽备[4]，而犹阙蜀事，不果成书。推求十有五年，始于江东购获，乃增其篇目，勒为一百二卷。鸿殁后，永安[5]中，其子缮写奏上，请藏诸秘阁。由是伪史宣布，大行于时。

【注释】

① 崔鸿：见《表历》篇“崔鸿著表”注。② 景明：北魏宣武帝拓跋恪年号(500—504)。③ 正始：北魏宣武帝拓跋恪年号(504—508)。④ 鸠集稽备：搜集与考核工作基本完成。⑤ 永安：北魏孝庄帝拓跋子攸年号(528—530)。

元魏史，道武[1]时，始令邓渊著国记[2]，唯为十卷，而条例未成。暨乎明元[3]，废而不述。神䴥[4]二年，又诏集诸文士崔浩、浩弟览、高谠、邓颖、晁继、范亨、黄辅等撰国书，为三十卷[5]。又特命浩总监史任，务从实录。复以中书郎高允、散骑侍郎张伟[6]并参著作，续成前史书，叙述国事，无隐所恶，而刊石写之，以示行路。浩坐此夷三族，同作死者百二十八人。自是遂废史官。至文成帝和平元年[7]，始复其职，而以高允典著作，修国记。允年已九十，手目俱衰。时有校书郎刘模[8]，长于缉缀，乃令执笔而口占授之。如是者五六岁。所成篇卷，模有力焉。

【注释】

① 道武：指北魏道武帝拓跋珪。② 始令邓渊著国记：邓渊，字彦海，安定(今河北省辛集市)人。博览经书，通晓典章制度，北魏道武帝时任著作郎，奉诏修撰国史，名为《国记》。③ 明元：北魏明元帝拓跋嗣谥号。④ 神䴥：北魏太武帝拓跋焘年号(428—431)。⑤ “又诏集”二句：据《魏书·崔浩传》记载：“神䴥二年，诏集诸文人撰录国书，浩及弟览、高谠、邓颖、晁继、范亨、黄辅等共参著作，叙成《国书》三十卷。” ⑥ 中书郎高允、散骑侍郎张伟：高允，字伯恭，渤海(今河北省景县)人。北魏太武帝时，任中书博士，迁侍郎，与崔浩同撰国史，领著作郎。文成帝时，官至中书令。献文帝时，迁中书监，加散骑常侍，进爵咸阳公。张伟，字仲业，太原中都(今山西省平遥县西北)人。学通诸经，生徒众多。北魏太武帝时，任中书

博士，转侍郎。⑦ 文成帝和平元年：文成帝，北魏文成帝拓跋浚。和平年号共6年(460—465)。⑧ 刘模：长乐信都(今河北省冀县西北)人。高允领秘书典著作，推选刘模为校书郎，共修《国记》。当时高允年已九十，不能执笔撰述，便指授裁断，刘模记录。

初，国记自邓、崔以下，皆相承作编年体。至孝文太和十一年[①]，诏秘书丞李彪、著作郎崔光[②]始分为纪传异科。宣武时[③]，命邢峦[④]追撰《孝文起居注》。既而崔光、王遵业[⑤]补续，下讫孝明之世[⑥]。温子升复修《孝庄纪》[⑦]，济阴王晖业撰《辨宗室录》[⑧]。魏史官私所撰[⑨]，尽于斯矣。

【注 释】

① 孝文太和：北魏孝文帝拓跋宏太和年号(477—499)。② 秘书丞李彪、著作郎崔光：李彪，字道固，顿丘卫国(今河南省范县西)人。出身寒微，好学不倦。北魏孝文帝时任秘书丞，参著作事。制定《国记》体例，但全书未成。崔光，原名孝伯，字长仁，东清(今山东省平原县西南)人。北魏孝文帝时，曾任中书博士、著作郎、中书侍郎，宣武帝时，累迁中书监，领著作。③ 宣武：北魏宣武帝拓跋恪。④ 邢峦：字洪宾，河间(今河北省任丘市北)人。少而好学，博览群籍。北魏宣武帝时，拜中书博士，迁员外散骑侍郎，受诏追撰孝文帝起居注。⑤ 王遵业：王遵业任著作佐郎，曾与司徒左长史崔鸿共修起居注。⑥ 孝明：北魏孝明帝拓跋诩。⑦ 温子升复修《孝庄纪》：温子升，字鹏举，晋大将军温峤之后。曾任南主客郎中，修起居注。撰《永安记》三卷，修《孝庄记》。⑧ 济阴王晖业撰《辨宗室录》：据《魏书·济阴王传》记载其长涉子史，亦颇属文，撰魏藩王家世，号为《辨宗室录》，四十卷，行于世。⑨ 魏史官私所撰：官修和私撰的魏代史书。

齐天保二年[①]，敕秘书监魏收[②]博采旧闻，勒成一史。又命刁柔、辛元植、房延祐、睦仲让、裴昂之、高孝干[③]等助其编次。收所取史官，惧相凌忽，故刁、辛诸子并乏史才，唯以仿佛学流，凭附得进。于是大征百家谱状，斟酌以成《魏书》。上自道武，下终孝靖[④]，纪传与志凡百三十卷。收谄齐氏，于魏室多不平。既党北朝，又厚诬江左[⑤]。性憎胜己，喜念旧恶，甲门盛德与之有怨者，莫不被以丑言，没其善事。迁怒所至，毁及高曾[6]。书成始奏，诏收于尚书省与诸家论讨。前后列诉者百有余人。时尚书令杨遵彦[7]，一代贵臣，势倾朝野，收撰其家传甚美，是以深被党援[8]。诸讼史者皆获重罚，或有毙于狱中。群怨谤声不息。孝昭世[9]，敕收更加研审，然后宣布于外。武成[10]尝访诸群臣，犹云不实，又令治改，其所变易甚多。由是世薄其书，号为"秽史"。

【注 释】

① 天保：北齐文宣帝高洋年号(550—559)。② 魏收：见《本纪》篇注。③ 刁柔、辛元植、房延祐、睦仲让、裴昂之、高孝干：《史通通释》注曰："刁柔，国子博士。辛元植，司空。房延祐，通直常侍。睦仲让，不著官秩。裴昂之，国子博士。高孝干，尚书郎。六人皆无传。"据《北史·魏收传》记载："房延祐、辛元植、陆仲让虽夙涉朝位，并非史才；刁柔、裴昂之以儒业见知，全不堪编辑；高孝干以左道求进。修史诸人祖宗姻戚多被书录。"④ "上自"二句：《魏书·孝靖帝纪》已经亡佚，《中兴书目》谓今本《孝靖帝纪》系后人用《北史》等拼凑而成。⑤ 江左：古时在地理上以东为左，江左也叫"江东"，指长江下游南岸地区，此处指东晋、宋、齐、梁、陈各朝统治的地区。⑥ 高曾：高祖、曾祖。⑦ 杨遵彦：杨愔字遵彦，北齐弘农华阴(今陕西省华阴市)人。东魏高欢时，官大行台右丞、吏部尚书。入齐，官至尚书令。高演篡夺帝位，杨愔被杀。⑧ 深被党援：指魏收得到杨遵彦的庇护。⑨ 孝昭：北齐武孝昭帝高演。⑩ 武成：北齐武成帝高湛。

至隋开皇，敕著作郎魏澹与颜之推、辛德源更撰《魏书》[1]，矫正收失。澹以西魏为真，东魏为伪，故文、恭列纪[2]，孝靖称传。合纪、传、论例，总九十二篇。炀帝以澹书犹未能善，又敕左仆射杨素[3]别撰，学士潘徽、褚亮、欧阳询等佐之[4]。会素薨而止。今世称魏史者，犹以收本为主焉。

高齐史，天统初[5]，太常少卿祖孝征述献武起居[6]，名曰《黄初传天录》。时中书侍郎陆元规常从文宣征讨[7]，著《皇帝实录》，唯记行师，不载它事。自武平后[8]，史官阳休之、杜台卿、祖崇儒、崔子发等相继注记[9]。

逮于齐灭，隋秘书监王劭、内史令李德林并少仕邺中[10]，多识故事。

王乃凭述起居注，广以异闻，造编年书，号曰《齐志》，十有六卷。李在齐预修国史，创纪传书二十七卷。自开皇初，奉诏续撰，增多齐史三十八篇，以上送官，藏之秘府。皇家贞观初，敕其子中书舍人百药仍其旧录，杂采它书，演为五十卷。今之言齐史者，惟王、李二家云。

【注释】

① 敕著作郎魏淡与颜之推、辛德源更撰《魏书》：魏淡，见《本纪》篇注。颜之推，字介，琅玡临沂（今山东省临沂市）人。仕齐为平原太守，齐亡入周，任御史上士。隋文帝时，太子召为学士。著有《颜氏家训》等。辛德源，字孝基，陕西狄道（今甘肃省临洮县西南）人。北齐文宣帝时，官至中书舍人。入北周，任宣纳上士。隋文帝时，与著作郎王劭同修国史。② 文、恭：指西魏文帝元宝炬，恭帝拓跋廓。③ 杨素：字处道，弘农华阴（今陕西省华阴市）人。出身北朝士族，北周时任车骑将军。入隋，深得隋文帝杨坚器重，进爵越国公，任内史令。隋炀帝时，拜为司徒，改封出楚国公。④ 潘徽、褚亮、欧阳询：潘徽，字伯彦，吴郡（今江苏省苏州市）人。精通史籍，文辞佳美。隋炀帝时，受诏与褚亮等协助越国公杨素预修《魏书》，杨素死后，编撰终止，改授京兆郡博士。褚亮，字希明，杭州钱塘（今浙江省杭州市）人。陈后主时，任尚书殿中侍郎。入隋，官太常博士。唐贞观年间，累迁散骑常侍。欧阳询，字信本，潭州临湘（今湖南省长沙市南）人。仕隋为太常博士。唐高祖时，任给事中。贞观初，历官太子率更令、宏文馆学士。⑤ 天统：北齐后主高纬年号（565—569）。⑥ 太常少卿祖孝征述献武起居：祖珽字孝征，范阳道（今河北省涞水县）人。北齐孝昭帝时，任著作郎。武成帝时，官至秘书监。后主高纬拜为尚书右仆射，入文林馆总监撰书，封燕国公。献武，高欢庙号。⑦ 中书侍郎陆元规常从文宣征讨：陆元规曾任北齐中书侍郎，因受祖珽告密，被配甲坊。文宣，指文宣帝高洋。⑧ 武平：北齐后主高纬年号（570—576）。⑨ 阳休之、杜台卿、祖崇儒、崔子发：阳休之，字子烈，北平无终（今天津市蓟县）人。仕魏，历官中书侍郎。北齐天统初，除吏部尚书。周武帝平齐，拜上开府，和州刺史。隋开皇二年罢任，终于洛阳。撰有《幽州古今人物志》三十卷。杜台卿，字少山，中山曲阳（今河北省曲阳县）人。仕齐，初任奉朝请，后历官

至中书黄门郎兼尚书右丞,修国史。入隋,任著作郎,修国史。祖崇儒,祖珽族弟,北周时曾任荣昌郡太守,隋文帝时,官宕州刺史。崔子发,生平不详,著有《齐记》三十卷。⑩ 秘书监王劭、内史令李德林并少仕邺中:王劭,生平见《六家》篇注。李德林,生平见《曲笔》篇注。少仕邺中,指王劭、李德林仕于北齐。

宇文周史,大统[1]年有秘书丞柳虬兼领著作[2],直辞正色,事有可称。至隋开皇中,秘书监牛弘[3]追撰《周纪》十有八篇,略叙纪纲,仍皆抵忤。皇家贞观初,敕秘书丞令狐德棻、秘书郎岑文本[4]共加修缉,定为《周书》五十卷。

隋史,当开皇、仁寿时[5],王劭为书八十卷,以类相从,定其篇目。至于编年、纪传,并阙其体。炀帝世,唯有王胄[6]等所修《大业起居注》。及江都之祸[7],仍多散逸。皇家贞观初,敕中书侍郎颜师古、给事中孔颖达共撰成《隋书》五十五卷,与新撰《周书》并行于时。

初,太宗以梁、陈及齐、周、隋氏并未有书,乃命学士分修。事具于上。仍使秘书监魏征[8]总知其务,凡有赞论,征多预焉。始以贞观三年创造,至十八年方就,合为《五代纪传》,并目录凡二百五十二卷。书成,下于史阁。惟有十志,断为三十卷,寻拟续奏,未有其文。又诏左仆射于志宁、太史令李淳风、著作郎韦安仁、符玺郎李延寿同撰[9]。其先撰史人,唯令狐德棻重预其事。太宗崩后,刊勒始成。其篇第虽编入《隋书》,其实别行,俗称为《五代史志》。

【注释】

① 大统:西魏文帝元宝炬年号(535—551)。② 柳虬:见《史官建置》篇注。③ 牛弘:字里仁,本姓尞。父允为后魏侍中,赐姓牛。好学博闻,勤于读书。隋初为秘书监,修五礼,拜礼部尚书。参与《周书》修撰。④ 岑文本:字景仁,邓州棘阳(今河南省新野县)人。博通经史。贞观年间,累迁中书舍人。曾参与修撰前五代史。⑤ 开皇、仁寿:隋文帝杨坚年号。⑥ 王胄:字承基,琅玡临沂(今山东省临沂市)人。隋炀帝时,任著作佐郎,征辽东有功,授朝散大夫。杨玄感起兵反隋失败,王胄受株连被杀。

⑦ 江都之祸：指隋炀帝游幸江都被杀事。代指隋朝灭亡。⑧ 魏征：字玄成，馆陶（今河北省馆陶县）人。唐太宗时任谏议大夫，多次劝谏太宗。贞观年间，任秘书监，校订内阁图书。⑨ 又诏左仆射于志宁、太史令李淳风、著作郎韦安仁、符玺郎李延寿同撰：于志宁，字仲谧，京兆高陵（今陕西省高陵县）人。唐太宗时，任中书侍郎，加散骑常侍，行太子中庶子。高宗即位，监修国史，预修高祖、太宗《实录》。李淳风，岐州雍（今陕西省凤翔县南）人。精通天文历法。唐太宗时，累迁太史令，预撰《晋书》及五代史，其中天文、律历、五行等都是李淳风所作。韦安仁，生平事迹不详。李延寿，见《六家》篇注。

惟大唐之受命也，义宁、武德间，工部尚书温大雅[①]首撰《创业起居注》三篇。自是司空房玄龄、给事中许敬宗、著作佐郎敬播[②]相次立编年体，号为“实录”。迄乎三帝[③]，世有其书。

贞观初，姚思廉[④]始撰纪传，粗成三十卷。至显庆元年，太尉长孙无忌与于志宁、令狐德棻、著作郎刘胤之、杨仁卿、起居郎顾胤等，因其旧作，缀以后事，复为五十卷[⑤]。虽云繁杂，时有可观。龙朔[⑥]中，敬宗又以太子少师总统史任，更增前作，混成百卷。如《高宗本纪》及永徽名臣、四夷等传，多是其所造。又起草十志，未半而终。敬宗所作纪传，或曲希时旨，或猥饰私憾，凡有毁誉，多非实录。必方诸魏伯起[⑦]，亦犹张衡之蔡邕焉[⑧]。其后左史李仁实[⑨]续撰《于志宁》、《许敬宗》、《李义府》等传，载言记事，见推直笔。惜其短岁，功业未终。至长寿中，春官侍郎牛凤及[⑩]又断自武德，终于弘道，撰为《唐书》百有十卷。凤及以喑聋不才，而辄议一代大典，凡所撰录，皆索责私家行状，而世人叙事罕能自远。或言皆比兴，全类咏歌，或语多鄙朴，实同文案，而总入编次，了无厘革。其有出自胸臆，申其机杼，发言则嗤鄙怪诞，叙事则参差倒错。故阅其篇第，岂谓可观；披其章句，不识所以。既而悉收姚、许诸本，欲使其书独行。由是皇家旧事，残缺殆尽。

【注释】

① 温大雅：字彦宏，太原祁（今山西省祁县）人。李渊父子起兵反隋，

温大雅曾参与机要。唐太宗时,累官至中书令。撰有《今上王业记》、《唐王府属记》等。② 房玄龄、许敬宗、敬播:房乔,字玄龄,齐州临淄(今山东省淄博市东北)人。参与玄武门事变,帮助李世民取得帝位。贞观初年,任尚书令。后任尚书左仆射,监修国史,封梁国公。曾受诏修成《高祖太宗实录》与《晋书》。许敬宗,见《史官建置》篇注。敬播,见《史官建置》篇注。③ 三帝:指唐高祖、唐太宗、唐高宗。④ 姚思廉:见《曲笔》篇注。⑤ 长孙无忌、刘胤之、杨仁卿、顾胤:长孙无忌,字辅机,洛阳(今河南省洛阳市东)人,唐太宗长孙皇后之兄。参与李渊起兵反隋,授任渭北行军典签。参与玄武门事变,帮助李世民取得帝位。历任尚书仆射、司空。贞观年间,奉命与房玄龄等修撰《贞观律》。唐高宗时,册封太尉,撰成《律疏》。武则天时,被许敬宗诬陷叛乱,流放黔州,自杀。刘胤之,徐州彭城(今江苏省徐州市铜山区)人。唐高宗时,任著作郎、弘文馆学士。曾与令狐德棻等修撰国史八十一卷。杨仁卿,曾任著作郎,参修国史。顾胤,苏州吴(今江苏省苏州市)人。曾以起居郎兼修国史,预修《太宗实录》。⑥ 龙朔:唐高宗年号(661—663)。⑦ 魏伯起:魏收字伯起。⑧ 张衡之蔡邕:《殷芸小说》卷三云:"张衡亡月,蔡邕母方娠,此二人才貌相类,时人云:邕即衡之后身也。"⑨ 李仁实:见《史官建置》篇注。⑩ 牛凤及:见《史官建置》篇注。

长安中,余与正谏大夫朱敬则、司封郎中徐坚、左拾遗吴兢奉诏更撰《唐书》,勒成八十卷①。神龙元年②,又与坚、兢等重修《则天实录》,编为三十卷,夫旧史之坏,其乱如绳,错综艰难,期月方毕。虽言无可择,事多遗恨,庶将来削稿,犹有凭焉。

大抵自古史臣撰录,其梗概如此。盖属词比事,以月系年,为史氏之根本,作生人之耳目者,略尽于斯矣。自余偏记小说,则不暇具而论之。

【注 释】

①"长安中"三句:据《唐会要》:"长安三年(703)正月一日敕,宜令特进梁王三思与纳言李峤、正谏大夫朱敬则、司农少卿徐彦伯、凤阁舍人魏知古、崔融、司封郎中徐坚、左史刘知几、直史馆吴兢等修唐史。采四方之

志，成一家之言，长悬楷则，以贻劝诫。”长安：武则天年号（701—704）。
② 神龙：唐中宗李显年号（705—707）。

【导读】

“正史”的名称，最早见于南朝梁阮孝绪《正史削繁》，这本书虽然已经失传，但是根据他的《七录·纪传录》的著录来看，有“国史”类目，即其所谓正史，包括了纪传、编年两种编撰体例。《隋书·经籍志》将史部分为十三类，第一类即为正史，其余则为古史（即编年）、杂史等，正史仅专指纪传体史书。自此以后，除《明史》在正史类目下标注“编年在内”以外，多依据《隋书·经籍志》的类目划分。因此，张舜徽先生认为“目纪传体史籍为正史，实始于《隋书·经籍志》”（《史通平议》）。清代官方确定《史记》到《明史》等二十四种史书为正史，正史成为官修史书的专门名称。刘知几《史通》撰写于《隋书》成书以后，但是依然依据阮孝绪《七录》，将纪传、编年二体视为正史，同时将《隋书·经籍志》列入霸史的《十六国春秋》也看作正史。

本篇论述的范围，篇末点明“大抵自古史臣撰录，其梗概如此”，而“自余偏记小说，则不暇具而论之”。吕思勉在《史通评》中指出：“《六家》篇所述六家，乃刘氏认为正史者；其《二体》，则刘氏以为可行于后世者也，已见前评。此篇即本《六家》、《二体》两篇，将历代可称为正史者，逐一叙述也。所举者皆不越二体之外；惟《尚书》及三坟、五典不然，以其时二体未兴也。”《六家》按照体例以寻找各家的流派，本篇则按照时间顺序一一介绍历代正史，从三坟、五典至《唐书》，对每部正史的编撰者、修订者、篇卷、评价、存佚，刘知几都有简略描述，同时，又加入自己对每部正史的评价。浦起龙对本篇及上篇《史官建置》叙议结合的写作笔法有较为清楚的揭示：“《史通》一书皆议论体，独《史官》、《正史》二篇属叙事体。观其所述，自《史》、《汉》而下，悉援序传原文。至梁、陈以还，咸举见闻所接。全书谈史，安可不辨史曹？全史就评，安可不综史部？议论、叙事，相须为用。是二篇者，虽《外篇》之压卷，实《内篇》之括囊。《史通》正本已尽于是。”（《史通通释》）浦氏的精到概括，足以引起我们对这两篇的重视。

吕思勉先生《史通评》认为本篇可以指示治学门径：“读书必先通目录

之学，乃不至于谫陋差误。此篇就所谓正史者，加以考核：先考某朝此等书有几，其几犹存；继考其成书之始末，及其善否。读者得此，知治某朝之史，有若干书可读，有若干书当读；读之当用何等眼光，实于学问大有裨益也。今日治史宗旨，既与古人不同；史书之范围，自亦与昔时有异。居今日而言史学，实当将一切书籍，悉数看作史材。书籍既多，指示门径之作，尤不容缓。”金毓黻先生《中国史学史》论本篇旨趣称：“外篇之首，冠以《史官建置》、《古今正史》二篇，古代之史家，即为史官，而史籍之精者，悉为正史，子玄取古代之史官及隋、唐以往之正史，序而列之，以明源流所自，观其于内篇之首，即云自古帝王编述文籍，外篇言之备矣，编述必出于史官，文籍悉归于正史。”评价颇高，认为本篇与上篇《史官建置》，即是中国古代史学史的滥觞，他在《中国史学史》的导言开篇中说：“吾国先哲精研史学者，以刘知几、章学诚二氏为最著，刘氏《史通·外篇》有《史官建置》、《历代正史》两篇，所论自上古迄唐初之史学源流演变，即中国史学史之滥觞也。”今人学习中国史学史，当从此二篇入手。

附　录

新唐书·刘子玄传

刘子玄名知几，以玄宗讳嫌，故以字行。年十二，父藏器为授《古文尚书》，业不进，父怒，楚督之。及闻为诸兄讲《春秋左氏》，冒往听，退辄辨析所疑，叹曰："书如是，儿何怠！"父奇其意，许授《左氏》。逾年，遂通览群史。与兄知柔俱以善文词知名。擢进士第，调获嘉主簿。

武后证圣初，诏九品以上陈得失。子玄上书，讥"每岁一赦，或一岁再赦，小人之幸，君子之不幸"。又言："君不虚授，臣不虚受。妄受不为忠，妄施不为惠。今群臣无功，遭遇辄迁，至都下有'车载斗量，杷椎碗脱'之谚。"又谓："刺史非三载以上不可徙，宜课功殿，明赏罚。"后嘉其直，不能用也。

时吏横酷，淫及善人，公卿被诛死者踵相及。子玄悼士无良而甘于祸，作《思慎赋》以刺时。苏味道、李峤见而叹曰："陆机《豪士》之流乎，周身之道尽矣。"子玄与徐坚、元行冲、吴兢等善，尝曰："海内知我者数子耳。"

累迁凤阁舍人，兼修国史。中宗时，擢太子率更令，介直自守，累岁不迁。会天子西还，子玄自乞留东都。三年，或言子玄身史臣而私著述，驿召至京，领史事。迁秘书少监。时宰相韦巨源、纪处讷、杨再思、宗楚客、萧至忠皆领监修，子玄病长官多，意尚不一，而至忠数责论次无功，又仕偃蹇，乃奏记求罢去。因为至忠言"五不可"，曰："古之国史，皆出一家，未闻借功于众。唯汉东观集群儒，纂述无主，条章不建。今史司取士滋多，人自为荀、袁，家自为政、骏。每记一事，载一言，阁笔相视，含毫不断，头白可期，汗青无日。一不可。汉郡国计书上太史，副上丞相，后汉公卿所撰，先集公府，乃上兰台，故史官载事为广。今史臣唯自询采，二史不注起居，百家弗通行状。二不可。史局深籍禁门，所以杜颜面，防请谒也。今作者如林，傥示褒贬，曾未绝口，而朝野咸知。孙盛取嫉权门，王劭见雠贵族，常人之情，不能无畏。三不可。古者史氏各有指归，故司马迁退处士，进奸雄；班固抑忠臣，饰主阙。今史官注记，类禀监修，或须直辞，或当隐恶，十羊九牧，其令难行。四不可。今监者不肯指授，修者又不遵奉，务相推避，以延岁月。五不可。"又言："朝廷厚用其才而薄其礼。"至忠得书，怅惜不许。楚客等恶其言诋切，谓诸史官曰："是子作书，欲致吾何地！"

始，子玄修《武后实录》，有所改正，而武三思等不听。自以为见用于时而志不遂，乃著《史通》内、外四十九篇，讥评今古。徐坚读之，叹曰："为史氏者宜置此坐右也。"又尝自比杨雄者四："雄好雕虫小伎，老而为悔；吾幼喜诗赋而壮不为，期以述者自名。雄准《易》作经，当时笑之；吾作《史通》，俗以为愚。雄著书见尤于人，作《解嘲》；吾亦作《释蒙》。雄少为范逡、刘歆所器，及闻作经，以为必覆酱瓿；吾始以文章得誉，晚谈史传，由是减价。"其自感慨如此。

子玄内负有所未尽，乃委国史于吴兢，别撰《刘氏家史》及《谱考》。上推汉为陆终苗裔，非尧后；彭城丛亭里诸刘，出楚孝王嚣曾孙居巢侯般，不承元王。按据明审，议者高其博。尝曰："吾若得封，必以居巢绍司徒旧邑。"后果封居巢县子。乡人以其兄弟六人俱有名，号其乡曰高阳，里曰居巢。

累迁太子左庶子、兼崇文馆学士。皇太子将释奠国学，有司具仪：从臣著衣冠，乘马。子玄议："古大夫以上皆乘车，以马为騑服。魏、晋后以牛驾车。江左尚书郎辄轻乘马，则御史劾治。颜延年罢官，乘马出入闾里，世称放诞。此则乘马宜从亵服之明验。今陵庙巡谒、王公册命、士庶亲迎，则盛服冠履，乘辂车。他事无车，故贵贱通乘马。比法驾所幸，侍臣皆马上朝服。且冠履惟可配车，故博带褒衣、革履高冠，是车中服。袜而镫，跣而鞍，非唯不师于古，亦自取惊流俗。马逸人颠，受嗤行路。"太子从之，因著为定令。

开元初，迁左散骑常侍。尝议《孝经》郑氏学非康成注，举十二条左证其谬，当以古文为正；《易》无子夏传，《老子》书无河上公注，请存王弼学。宰相宋璟等不然其论，奏与诸儒质辩。博士司马贞等阿意，共黜其言，请二家兼行，惟子夏《易传》请罢。诏可。会子贶为太乐令，抵罪，子玄请于执政，玄宗怒，贬安州别驾。卒，年六十一。

子玄领国史且三十年，官虽徙，职常如旧。礼部尚书郑惟忠尝问："自古文士多，史才少，何耶？"对曰："史有三长：才、学、识。世罕兼之，故史者少。夫有学无才，犹愚贾操金，不能殖货；有才无学，犹巧匠无楩柟斧斤，弗能成室。善恶必书，使骄君贼臣知惧，此为无可加者。"时以为笃论。子玄善持论，辩据明锐，视诸儒皆出其下，朝有论著辄豫。殁后，帝诏河南就家写《史通》，读之称善。追赠工部尚书，谥曰文。

六子：贶、餗、汇、秩、迅、迥。

《历代名著精选集》书目

水经注 洛阳伽蓝记
世说新语 颜氏家训
抱朴子 高僧传
文心雕龙 诗品·二十四诗品
金刚经 坛经
贞观政要 史通
大唐西域记 茶经
唐宋传奇 唐语林
唐诗三百首 宋词三百首
资治通鉴 梦溪笔谈
朱子语类 近思录
东京梦华录 武林旧事
容斋随笔 元朝秘史
元曲三百首 本草纲目
阳明传习录 日知录
徐霞客游记 五杂组
陶庵梦忆 闲情偶寄
东华录 阅微草堂笔记
扬州画舫录 曾国藩家书
人间词话